한국 언론 직면하기

한국 언론 직면하기

초판 1쇄 발행 · 2022년 9월 28일

지은이 · 이정환, 조항제, 심영섭, 김동원, 김양은
펴낸이 · 이부영
펴낸곳 · 재단법인 자유언론실천재단
주소 · 서울시 종로 자하문로5길 37 1층
전화 · (02)6101-1024 / 팩스 · (02)6101-1025
홈페이지 · www.kopf.kr

제작 배급 | (주)디자인커서
출판등록 | 2008년 2월 18일 제300-2015-122호
전화 · (02)312-9047 / 팩스 · (02)6101-1025

ⓒ이정환 외, 2022
ISBN 979-11-968105-9-7 03070
책값은 뒤표지에 표시되어 있습니다.

한국 언론 직면하기

이정환
조항제
심영섭
김동원
김양은

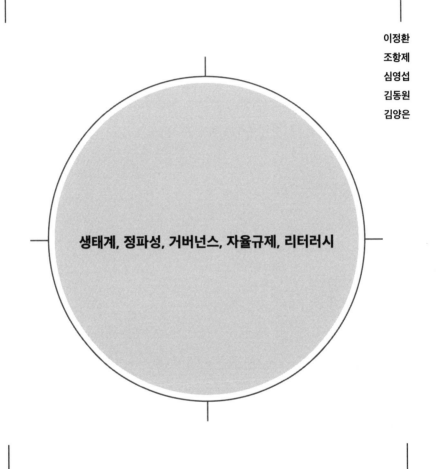

생태계, 정파성, 거버넌스, 자율규제, 리터러시

자유언론실천재단

머
리
말

　자유언론실천재단은 지난 해 언론의 사회적 책임과 공적 역할을 제고하고자 대안 담론 미디어 운동을 시작한다고 밝힌 바 있습니다. 대안 담론 매체의 창간과 유튜브 방송인 자유언론실천TV 개설이 그 사업의 일환이었습니다. 그러나 자유언론실천재단의 재정적 어려움과 실무 역량 부족으로 유튜브 콘텐트 몇 편 올린 것 말고는 이렇다 할 사업을 진척시키지 못했습니다. 이사장으로서 매우 아쉽고 안타깝습니다. 특별히 자유언론실천재단을 후원하는 분들에게 미안한 마음입니다.

　『한국 언론 직면하기』 출간은 당분간 대안 담론 매체의 창간을 대신하는 작업으로 매년 한 권씩 내는 것을 목표로 하고 있습니다. 매 시기 한국 언론의 화두라고 할 만한 주제를 5~6가지 골라 주제당 70쪽 안팎의 깊이 있는 분석을 내놓고자 합니다. 이 작업을 통해 한국 언론이 직면한 현실을 있는 그대로 보는 한편 위기 극복을 위한 의미 있는 논의 또한 진전되기를 희망합니다.

　이번 『한국 언론 직면하기』 작업에는 모두 다섯 분의 필자가 함께 했습니다. 총론격인 '저널리즘 생태계 변화'를 담당한 이정환 미디어오늘 대표, '언론의 정파성과 그 극복 방안으로서의 공정성'을 집필한 조항제 부산대 교수, '공영방송과 거버넌스'를 맡은 심영섭 경희사이 버대 교수, '자율규제의 패러다임 전환'을 촉구한 김동원 박사, 그리고 '디지털 시민과 미디어 리터러시'를 쓴 김양은 박사가 그들입니다. 다섯 편 모두 한국 언론의 위기를 말할 때 빼놓을 수 없는 주제들이고 글쓴이들은 해당 분야 최고의 전문가들입니다.

이정환 대표는 저널리즘 생태계 변화를 7가지 키워드로 설명합니다. 다른 필자의 배가 넘는 130여 쪽에 이르는 그의 글은 미디어오늘 편집국장과 대표로 있으면서 취재하고 겪었던 생생한 사례를 중심으로 쓴 르포르타주에 다름없는 글입니다. 그는 한국 언론의 비즈니스 모델이 전 세계 어디에도 없는 불가사의한 모델이라고 말합니다. 한국의 뉴스 시장이 다른 나라들과 다른 건 여전히 광고 시장이 살아 있기 때문인데, 문제는 그 시장이 시장의 원리로 작동하는 게 아니라 '이면 거래'로 굴러간다는 데 있고 바로 이 점이 저널리즘이 무너지는 가장 근본적인 이유 가운데 하나라고 말합니다. 우리는 장충기 문자나 박수환 문자를 기억합니다만 이 글에 나와 있는 광고시장의 작동 방식을 보면 말 그대로 기절초풍할 지경입니다. 포털이라는 가두리 양식장에 갇혀 이러지도 저러지도 못 하고 있는 한국 언론의 현실, 또한 언론계 내부를 향한 글이기도 한 혁신 없는 공영 언론의 문제와 오래된 주제인 편집권 독립 문제, 가짜뉴스의 진짜 책임을 진짜뉴스에 물은 글, 온라인 공론장의 위힘과 기회, 그리고 혁신을 말하면서 무늬만 혁신인 뉴스룸의 관성과 퇴행 등 7가지 키워드 모두 신랄한 문제제기입니다.

　각론을 다룬 네 편의 글 중 정파성 문제를 쓴 조항제 교수는 '갈등의 중심에는 정치가, 불신의 중심에는 언론이 있으면서 동반 악화를 꾀하는 점', 그래서 '정치와 언론의 동반 변화, 선순환 시도가 더 이상 미룰 수 없는 국민적 과제'로 다가오고 있다는 점에서 언론의 정파성과 공정성을 깊이 있게 살피고 그 해결책을 모색해야 한다고 말합니다. 심영섭 교수가 쓴 공영방송과 거버넌스 문제는 공영 언론 종사자뿐 아니라 국민들에게도 더 이상 미룰 수 없는 언론개혁 과제입니다. 정권만 바뀌면 되풀이 되는 공영 언론 흔들기는 국가적 국력 소모입니다. 심 교수는 정치 후견주의의 탈피와 시민 참여를 핵심 내용으로 제시하면서 시민 참여와 관련한 사례로 독일과 덴마크 공영방송 시스템을 소개하고 있습니다. 김동원 박사의 언론 규율의 세 공간과 자율 규제의 패러다임 전환은 어찌 보면 생소한 주제일 수도 있습니다. 그러나 지난 해 징벌적 손배제로 일컬어지는 언론중재법 개정안 사태 당시 언론 현업 단체 중심으로 '통합형 언론자율기구' 설립이 논의됐고 그것은 현재도 진행형입니다. 영국의 언론모니터독립기구IMPRESS가 사례로 소개되고 있습니다만 어쩌면 이 주제는 언론 현업 종사자와 단체, 언론학계, 언론시민단체가 함께 머리를 맞대야 실질적인 결과물이 나올 수 있을 터입니다. 김양은 박사의 미디어 리터러시는 누구나 중요하다고 얘기하면서도 대부분 우선순위에서 뒤로 미루는 주제입니다. 미디어 리터러시는 단순한 문해력 교육에서 영상 읽기와 참여를 넘어 지금은 빅 데이터와 알고리즘 인공지능의 디지털 사회를 제대로 읽어내는 대처 역량을 말합니다. 김 박사는 디지털 시민의 건강한 참여를 위한 조건으로 신뢰와 책임, 균형을 갖춘 미디어의 역할을 강조합니다. 또한 미디어 리터러시를 위한 법적 기반 확보와 컨트롤타워 설립, 미디어 조직의 지원과 협력, 교육 생태계 구축 등 그가 제시한 조건은 정부 정책 담당자와 언론계, 학교 현장에서 시급히 실행해야 할 내용들입니다.

자유언론실천재단은 『한국 언론 직면하기』 출간을 계기로 한국 언론의 공론장 회복을 위한 작은 노력들을 실천해나가겠습니다. 책 제목을 다소 어색하지만 '직면하기'로 한 것도 한국 언론이 직면한 여러 가지 어려움을 회피하지 말고 정면으로 맞서 극복해나가자는 의미입니다. 언론의 공론장 회복은 신뢰 회복이 전제 조건입니다. 이 책에서 다뤄지는 다섯 편의 글을 관통하는 하나의 주제도 '언론의 신뢰 회복'입니다. 아무쪼록 이 책 한 권이 언론의 신뢰도 제고를 위한 작은 시작이길 바랍니다.

집필에 참여한 필자 선생님들에게 거듭 감사드립니다. 아울러 책 발간에 많은 노력을 기울인 재단 기획편집위원회 위원들에게 고마움을 전합니다.

이부영 (자유언론실천재단 이사장)

차례

머리말   4

1   저널리즘 생태계 변화 : 키워드 7

이정환

1. 독자 없는 언론의 시대, 무너진 뉴스 비즈니스   14

2. 포털 가두리 양식장이 만든 새로운 게임의 규칙   45

3. 혁신 없는 공영 언론, 낮은 존재감과 희미한 공적 책무   58

4. 편집권 독립이라는 과제, 만연한 관행과 타협   75

5. '가짜뉴스'라는 유령, 진짜뉴스의 책임을 묻는다   94

6. 온라인 공론장의 위험, 그리고 기회   108

7. 무늬만 혁신, 뉴스 룸의 관성과 퇴행   121

8. 대안은 뭔가   128

2   한국 언론의 고질, 정파성과 그 극복 방안으로서 공정성

조항제

1. 한국 언론과 정파성 : 정파성을 보는 문제의식   137

2. 정치병행성과 편향성   148

3. 공정성 : 실용주의적 객관성과 미디어정의   168

4. 마무리   181

3 공영방송과 거버넌스

심영섭

1. 왜 아직도 '공영방송'인가?　　197
2. 좋은 공영방송을 위한 바람직한 정책이 필요한가?　　205
3. 공영방송 거버넌스 개선을 위한 다양한 시도　　209
4. 공영방송 거버넌스의 시민참여　　218
5. 정치 후견주의와 특별다수제의 문제　　252
6. 우리에게 바람직한 공영방송 거버넌스는?　　259

4 언론 규율의 세 공간과 자율규제의 패러다임 전환

김동원

1. 자율규제 쟁점의 맥락　　269
2. 직접규제의 공간: 헌법과 법률　　274
3. 자율규제의 공간: 저널리즘의 규범과 직능단체의 강령　　292
4. 직업 공동체의 실천 공간: 자율규제의 근거　　306
5. 자율규제의 패러다임 전환　　323

5 디지털 시민과 미디어 리터러시

김양은

1. 디지털, 탈진실 그리고 미디어 리터러시　　337
2. 영상 읽기에서 시민 참여로　　341
3. 시민의 비판적 리터러시　　355
4. 디지털 기술의 비판적 읽기와 성찰적 참여　　363
5. 국내 미디어 리터러시 교육을 둘러싼 쟁점　　369
6. 디지털 시민의 건강한 참여를 위한 조건　　376

이정환 (미디어오늘 대표)

1

저널리즘
생태계 변화
: 키워드 7

한국의 뉴스 산업은 B2C가 아니라 B2B 모델로
바뀐 지 오래다. 뉴스 비즈니스는 언젠가부터
독자들에게 서비스하는 모델이 아니라 광고주만 잡으면
지속가능한 모델이 됐다. 독자들이 떠나고
언론의 영향력도 줄어들고 있지만 여전히 광고 시장이
살아 있기 때문에 한국의 주요 언론사들은 아직
제대로 위기를 경험한 적이 없다. 세계 어디에도 없는
레거시 언론의 생존 모델이다. 좋은 기사가 수익과
성장으로 연결되지 않으니 내부적으로도
변화의 동력이 없고 당연히 위기의식도 없다.

"로두스에 가 봤어? 거기서는 정말 높이 뛸 수 있었는데." 누군가가 허풍을 떨자 듣고 있던 사람이 말했다. "그래? 여기가 로두스다. 여기서 그렇게 뛰어 봐라.^{Hic Rhodus, hic saltus}" 이솝 우화에 나오는 이야기다.

프리드리히 헤겔은 이 이야기를 비꼬아 이렇게 말했다. "여기에 장미가 있다. 여기서 춤을 춰라!^{Hic Rhodon, hic salta}" 'Rhodus(로두스)'를 'Rhodon(장미)'으로, 'saltus(뛰다)'를 'salta(춤추다)'로 철자만 살짝 바꾼 것이다. 이상과 관념을 넘어 현실을 바로 보고 성찰하라는 의미다. 이념이고 이상이고 뭐고 지금 뭘 할 수 있는지 묻는 프레임의 전환이다.

2022~2023 한국 언론의 제문제와 대안을 이야기하는 첫 번째 글에서 나는 이렇게 화두를 던지고 싶다. "여기가 우리의 바닥이다. 여기서 다시 뛰어야 한다."

우리에게 장미는 없다. 영광도 없다. 무너진 신뢰를 딛고 처절한 반성과 혁신을 모색해야 할 때다.

이 글에서는 한국 저널리즘 환경의 변화를 7가지 키워드로 분석하고 해법과 전망을 모색한다. 첫째, 뉴스 비즈니스의 붕괴와 둘째, 온라인 공론장의 플랫폼 종속, 셋째, 공영 언론의 위기, 넷째, 취약한 지배구조, 다섯째, 허위 조작 정보의 확산, 여섯째, 디지털 공론장의 진화,

일곱째, 무늬만 혁신, 뉴스 룸의 관성과 퇴행 순이다. 이성으로 비관하되 의지로 낙관하기 위해 현실을 냉정하게 들여다보고 본질과 사명을 고민해 보자는 게 나의 제안이다.

1. 독자 없는 언론의 시대, 무너진 뉴스 비즈니스

2022년 봄 한 기업 임원의 제보를 받았다. 아무개 언론사의 허위 왜곡 보도로 "회사의 존폐가 흔들릴 지경"이라는 하소연이었다. 〈미디어오늘〉은 이런 제보 또는 민원을 숱하게 받는다. 하지만 대개의 경우 언론의 정당한 비판 보도를 문제 삼을 수는 없다. 광고를 노리고 비슷비슷한 기사를 계속 내보내는 게 아닐까 의심스러운 경우도 있지만 일단 기사의 사실 관계가 잘못된 게 아니라면 섣불리 의도적이거나 악의적이라고 단정 지어선 안 된다. 설령 기자가 감정을 담아 기사를 썼더라도 결과적으로 공익적인 보도인 경우도 있기 때문이다.

기업의 홍보 담당 임원들은 그래서 언론과 정면 대응을 피하는 경우가 많다. 자칫 잘못 건드리면 전면전으로 치달아 집요하게 부정적인 기사를 쏟아낼 수도 있고 언론 중재나 소송까지 끌고 가더라도 이기기가 쉽지 않기 때문이다. 약점이 없는 기업은 없고 언론사와 소송으로 가면 표현의 자유와 국민의 알 권리라는 가치가 전가의 보도처럼 쓰일 때도 많다. '위법성 조각 사유'는 언론 보도의 의도성과 악의성을 크게 따지지 않기 때문에 언론의 위법을 입증하기는 매우 어렵다.

언젠가 다른 아무개 기업의 임원이 이런 말을 했다. "큰 개든 작은 개든 물면 아프죠."

많은 기업들이 적당히 광고를 주고 기사를 막는 관행에 의존하는 것도 이런 이유에서다. 아무리 마이너 언론사라도 검색해서 기사가 뜨면 홍보 담당자 입장에서는 견딜 수 없는 상황이 된다. "이런 거 하나 처리 못하느냐"고 문책을 당할 수도 있고 옷을 벗는 경우도 있다. 그래서 어렵게 미디어오늘에 제보를 하더라도 익명 처리해 달라고 요구하거나 언론사와 싸우는 것처럼 비춰지지 않게 해달라고 신신당부하는 경우가 많다.

그런데 이번 사건은 조금 달랐다.[1] 한 언론사 부사장이 비판 기사를 삭제해 줄 테니 3억 원의 광고비를 달라고 요구해서 받은 사건이다. 현금을 일시불로 입금한 뒤 약속대로 기사는 내려갔지만 며칠 뒤부터 여러 언론사에서 비슷한 내용으로 기사가 쏟아지기 시작했다. 이들이 하나 같이 기사 삭제를 조건으로 광고를 요구했고 시달리다 못한 이 기업은 결국 첫 보도를 낸 언론사 부사장을 강요와 공갈 혐의로 고소했다. 제보자는 자신들의 실명을 드러내도 좋다고 말했다. 그만큼 절박했다는 이야기다.

이 글에 사례로 거론한 여러 언론사의 실명을 밝히지 않는 것은 특정 언론사만 문제가 아니고 좀 더 구조적인 문제를 들여다봐야 한다

---

[1] 김도연, 〈손가락 3개 펼치며 천 아니고 억, 매경TV 경인총국의 '기사 거래'〉, 미디어오늘, 2022년 5월 27일

고 생각하기 때문이다.

미디어오늘 김도연 기자가 이 사건을 취재했는데, 고소장에 다음과 같은 내용이 있었다.

"(다른 직원에게 자리를 비켜달라고 한 뒤) 단 둘이 남아 있는 상황에서 한 손의 바닥을 펼치고 다른 손의 세 손가락을 펼친 손바닥에 가져다 댔습니다. 그러면서 '천만 원 아닙니다'라고 말했습니다."

고소장에는 이들의 대화 녹취록이 첨부돼 있는데 언론사 부사장이 이런 식으로 업체를 회유한 정황도 있다.

"기사를 제가 먼저 확인할 것 아닙니까? 그러면 이 관련 내용은 좀 드라이하게 업체 명을 좀 빼고, A업체라고 바꿔버리든지, 이제 그런 식으로 해서 내용을 어느 정도 순화를 시켜요. 그렇게 정정을 좀 하고요."

입금만 되면 이미 나간 기사는 빠질 것이고 후속 기사도 자기가 막을 것이란 이야기다. 게다가 후속 기사 계획이 잡혀 있다는 사실을 강조하면서 빨리 대응하지 않으면 막기 어려울 수도 있다고 엄포를 놓는다. 결국 이 기업 관계자는 '겁에 질려' 서둘러 입금을 했다고 털어놓았다. 다음은 그 부사장이 실제로 한 말이다.

"(후속 기사가) 화요일 날 잡혀 있는 거예요. (기사를 빼려면) 다른 기사로 대체를 해야 하는데 이게 뭐 뚝딱 해가지고 되는 게 아니라 다른 아이템을 뽑아내야 돼요. 엄청나게 힘들거든요."

후속 기사를 다른 아이템으로 대체하도록 힘을 써줄 수 있다는 의미다. 힘드니까 그에 걸맞는 대가가 있어야 가능하다는 이야기다.

"(만약 입금이 된다면) 그렇게 해서 친 프렌들리로 가는 거예요. 제가 앵커에게 지시를 해가지고 이걸 몇 개 아이템을 단신으로 쪼개요. 약간 다운을 시키는 거예요."

손가락 세 개, "천만 원 아닙니다"

그가 이야기하듯이 이런 식의 기사 거래는 일상적으로 벌어지는 일인 데다 시스템으로 진행된다. 불편한 기사가 나오면 광고로 딜을 한다. 딜이 되면 기사가 사라지거나 톤 다운되고 후속 기사도 중단된다. 만약 딜이 안 되면 후속 기사가 계속 나오고 다른 언론사에서 받아 쓰게 되고 회사 평판에 스크래치가 나고 홍보 담당자가 문책을 당하게 된다. 현장 기자들은 알면서도 외면하거나 그게 고과와 승진에 반영된다는 걸 알기 때문에 적극적으로 수용한다.

"그러니까 이게 만약에 협조가 되고 예를 들어서 우리하고 어떤 마무리가 됐다는 게 확인이 됐으면 그때는 (기자를) 불러야죠, 제가. 그리고 나서 그 친구들을 설득하는 거에요. '경영으로 풀었다', '빠다²⁾쳤으니까' 라고 하겠죠, 걔한데. '일단 서로 협조 관계로 하기로 했고, 이 건으로 인해서 상처를 많이 받았으니까, 추후에는 좋은 기사로 보답을 하자', 이렇게 해서 '그 건에 대해서 이제 방향을 좀 틀자', '어차피 보

---

2) 바터(barter), 교환했다는 의미인 듯.

도를 할 거라면 좋은 기사로 좀 하고 이렇게 하자', 이렇게 제가 조치를 취할 수는 있죠."

물론 이 기업 역시 문제가 없다고 보긴 어렵다. 애초에 광고를 주고 기사를 빼려고 한 시도부터 문제였고 뒤늦게 태도를 바꿔 소송을 시작한 경위도 석연치 않다. 사실과 다른 내용으로 기사가 나갔다고 주장하면서도 기사를 바로 잡기보다는 기사 삭제에 목을 맸다. 당장 기사를 막아야 하는 홍보 담당자 입장에서는 입금만 하면 기사를 삭제해 주겠다는 데 달리 대안이 없었을 수도 있다. 다음은 녹취록에 담긴 부사장의 말이다.

"숙제가 해결이 되면 기사가 오늘 당장 나오지 않습니다. 이렇게 삭제를 시키는 데 딱 하루가 걸립니다. 만약 삭제를 하더라도 영상 내리고, 보고서를 제가 또 만들어야 해요. 취재 방향이 우리가 지금 취재했던 내용하고 다른 부분이 있었기 때문에 이 부분을 삭제할 수밖에 없는 상황에 처했습니다, 해서 이걸 어떻게 하느냐, 오너한테는 제가 스크랩 보고를 따로 하죠. 그렇게 하고 나서 네이버, 다음, 우리하고 연계돼 있는, 이제 포털들한테 보고서 형식은 아니지만 관련된 내용을 이제 요약해서 이렇게 됐기 때문에 삭제 요청한다, 우리가 삭제한다고 삭제가 되는 게 아니에요. 그래서 이제 비공개로 하든지, 뭐 안 보이니까. 삭제는 안 하고 비공개로 하는 방식을 치죠. 아무도 못 보죠. 기사가 열리지 않으니까. 그런 식으로도 조정할 수가 있는 거고."

이 사건은 결국 재판까지 갈 가능성이 크다. 증거가 명확하기 때문에 공갈과 협박에 해당된다는 판결이 나올 수도 있고 개인적으로 돈을 받아 챙긴 게 아니라 회사 차원에서 광고 계약을 맺은 것이라고 주장하면서 빠져나갈 가능성도 있다.

이 부사장은 미디어오늘과 인터뷰에서 "지금까지 해온 것이 다 허공으로 날아간 느낌"이라면서 "앞으로는 어떤 방식으로 광고를 해야 할지 고민이 된다"고 털어놓기도 했다. 특별히 이번 건이 문제가 됐지만 수십 년 동안 해오던 방식 그대로라는 이야기다. 원래 늘 하던 건데 왜 문제를 삼느냐는 불만이 깔려 있었다.

다른 사례를 몇 가지 들어보자면, 소송까지 가지는 않았지만 한 신문사 기자가 "기사 삭제하고 싶으면 2,000만 원 내라"[3]고 요구한 사례도 있었다. 기사에 문제가 있다고 주장하는 취재원이 항의를 하자 기사 삭제를 조건으로 유료 서비스 가입을 요구했다가 입금이 되지 않자 삭제한 기사를 다시 노출해서 논란이 됐다.

미디어오늘 취재에 따르면 기업 관계자가 "잘 처리될 수 있도록 지속적으로 노력할 테니 조금만 기다려 달라"고 메시지를 보내자 기자가 "안 하는 걸로 알게요", "신뢰를 주지 않네요", "기사 다시 원상 복구 할게요"라고 답장을 보낸 것으로 확인됐다. 이 기자는 "그쪽에서 (언론과의) 관계를 잘해보고 싶다고 해서 내린 것"이라고 해명했지만 삭제한 기사를 다시 굳이 노출한 이유를 명확하게 설명하지 않았다.

미디어오늘에는 이처럼 쥐도 새도 모르게 사라진 기사에 대한 제보

---

3) 김도연, 〈기사 삭제하고 싶으면 2000만원 내라?〉, 미디어오늘, 2015년 4월 8일

가 숱하게 들어온다. 드러난 것은 일부일 뿐 알게 모르게 사라지는 기사 이면에서 온갖 거래가 오고 간다. 막상 취재에 들어가면 양쪽 모두 쉬쉬하는 경우가 대부분이다. 이런 일로 구설수에 오르는 걸 원하지 않는 데다 무엇보다도 홍보 담당자가 책임을 져야 하기 때문이다.

언젠가는 한 은행 간부가 언론사 부장에게 기사를 빼주면 2억 원을 주겠다고 제안한 사건이 드러나기도 했다.[4] 다음은 명예훼손 소송에 증거로 제출된 녹취록 가운데 일부다.

은행 간부: 서류 가지고 와서 정리하자, 이렇게.
언론사 부장: 정리는 나랑 어떻게 해야 돼요? 명확하게 다시 한 번.
은행 간부: 2개.
언론사 부장: 2개?
은행 간부: 앞으로 안 쓰는 걸로. 2억, 2억 줄게.

이 언론사 부장은 미디어오늘과 인터뷰에서 이렇게 말했다.
"모멸감이 들었다. 우리 언론이 적폐라는 소리를 듣는데 이게 현실이고, 이렇게 언론을 핸들링하고 있구나 생각했다. 기자는 글로 쓰고 반론을 받으면 된다. 반론을 실어주겠다고 여러 차례 말했는데 '마지막 카드'라는 말을 쓰며 협박했다."

---

4) 이재진, 〈하나은행의 '특별한' 제안 "2억 줄게, 기사 쓰지마"〉, 미디어오늘, 2018년 1월 11일

시민단체가 한 금융지주회사 회장을 부정청탁금지법 위반 혐의로 고발한 사실을 보도한 뒤 언론사 부장이 "지금 기사 내리자", "국장한 테 민원이 세게 들어왔다"며 기사 삭제를 지시한 사건도 있었다.[5] 기사를 쓴 이 언론사 기자는 미디어오늘과 인터뷰에서 "○ 부장은 참여연대 고발기사를 내리는 대신 ○○금융에서 금전 대가를 받았다"고 주장했으나 언론사와 금융지주회사는 모두 관련 사실을 부인했다. 시민단체가 고발한 사건은 무혐의 처분을 받았다.

전국금융산업노동조합 관계자는 미디어오늘과 인터뷰에서 "기자들을 만나면 ○○은행에 대한 비판적 기사가 나올 때 '장이 섰다'라고 말할 정도"라며 "'얼마를 주고 기사를 내렸다'라는 말이 파다하다"고 주장하기도 했다. 실제로 한 기사 삭제와 관련해 언론사 부장이 "3개 받았다"고 말한 게 3억 원을 받았다는 의미인지 항의를 '세게' 받았다는 말을 잘못 이해한 것인지를 두고 논란이 벌어진 적도 있었다.

"니 이번에 큰 공을 세웠다"

다른 한 신문사에서는 편집국장이 기사 삭제를 조건으로 기업에 5억 원의 협찬금을 요구해서 실제로 기사를 삭제한 사건도 있었다.[6]

---

5) 정철운, 〈이데일리 "참여연대 관련 기사 삭제" 논란〉, 미디어오늘, 2018년 5월 28일
6) 박서연, 〈경향신문 협찬금 대가 기업 기사 삭제 전말〉, 미디어오늘, 2019년 12월 23일

취재 기자가 사표를 던졌고 기자들이 항의해서 결국 편집국장과 광고 국장, 사장까지 물러나는 것으로 끝났다.

당시 사장과 기자의 통화 내용은 다음과 같다.

> 사장 : '뭐든지 시키는 대로 다 하겠다는데 어떻게 할까요' 하길래 나는 거절의 의미로 '5억 바로 들고 오면 해준다 캐라' 했거든. 못한다 할 줄 알고. 아, 그랬더니 ○○(광고국장)가 바로 전화하디만 '5억 바로 한다 캅니다' 이러더라고.
>
> 기자 : 한 10개 달라 하지 그러셨어요.
>
> (중략)
>
> 사장 : 니 이번에 큰 공을 세웠다. 요즘 이렇게 내겠다는 데도 없는데 수고 많았다. ○○(편집국장)이가 전화할 거다.

이 기사는 지역 배달판에만 1면 하단에 실렸고 판 갈이를 하면서 다른 기사로 대체됐다. 온라인에는 아예 남아 있지도 않다.

이에 앞서 이 신문사에서는 5개월 동안 취재한 기사가 갑자기 '킬' 되면서 기자들이 "우리는 부끄럽습니다"라는 제목의 집단 성명을 낸 적도 있었다.[7] 기사에 주요 대기업들이 등장하자 편집국장이 노골적으로 부담스럽다는 내색을 했고 결국 어렵게 취재해서 만든 시리즈

---

7) 박서연, 〈경향신문 기자들 "우리는 부끄럽습니다"〉, 미디어오늘, 2019년 3월 19일

기사는 하나도 출고되지 않았다.

기자들은 편집국장이 "구체적 외압이 있기도 전에 우려만으로 국장이 먼저 기사 검열을 했다는 사실이 절망적"이라면서 "최근 3~4년 사이 기업에 기사 사전 정보가 새는 일이 늘고 기업 기사에 대한 내부 견제도 심해졌다"고 비판했다.

그나마 진보적인 성향의 신문사라 이 정도의 내부 비판과 반성이 있었지만 직접적이든 간접적이든 많은 언론사에서 광고주의 영향력이 편집국에 보이지 않는 손으로 작동하는 경우가 많다. 편집권 독립의 문제면서 동시에 취약한 수익 구조의 문제이기도 하다. 기자들이 늘 옳지 않을 수도 있고 실수할 때도 많지만 멀쩡한 기사가 누군가가 불편해 한다는 이유로 사라질 때 그 이면에는 어떤 형태로든 이해관계가 걸려 있는 경우가 많다.

과거 종이 신문이 위세를 떨치던 시절에는 오후 5시면 광화문 동아일보사 앞에 기업 홍보 담당자들이 몰려들어 신문을 펼쳐 보는 게 일상이었다.[8] 신문 초판을 확인하고 문제가 될 만한 기사가 뜨면 배달판 인쇄 전에 손을 쓰기 위해서다. 홍보실 직원이 전면 광고가 들어갈 필름을 말아 쥐고 있다가 언론사로 뛰어가 기사를 바꾸는 경우도 있었는데 이때는 부르는 게 값이라고도 했다. 기사를 들어내면 그 자리에 다른 기사를 채워야 하기 때문에 아예 한 면을 통째로 들어내는 것이다.

---

8) 이정환, 〈재벌 앞에 서면 한없이 작아지는 언론〉, 미디어오늘, 2010년 1월 3일

"회장님 관련된 기사는 1억 원 주고라도 빼야 한다"[9]는 게 기업 홍보 담당자들이 공공연하게 하는 이야기였지만 지금은 단가가 훨씬 뛰었다. 앞서 살펴 본 것처럼 기사 한 건에 5억 원 이상에 거래되는 경우도 없지 않다.

그랬던 신문 가판이 폐지된 게 2005년인데[10] 2013년부터 일부 신문들이 '온라인 초판'이라는 이름으로 하나둘씩 가판 서비스를 부활하기 시작했다.[11] 지금은 전국 단위 일간신문 가운데 온라인 초판을 안 내는 곳이 거의 없다. 애초에 가판이라는 게 지역 배달판을 먼저 찍어서 내려 보내고 이를 미리 받아보는 성격이었다면 '온라인 초판'은 다음날 신문을 PDF로 미리 받아볼 수 있게 폐쇄형 서비스를 제공하는 성격이다. 심지어 가입자도 가려 받는다. (초판과 배달판 사이에 어떤 기사가 사라지는지 확인하기 위해 몇몇 언론사에 초판 가입을 문의했으나 미디어오늘에는 계정을 열어줄 수 없다는 답을 받았다.) 기업들이 최대 월 200만 원까지 내고 굳이 몇 시간 더 빨리 신문을 받아보는 건 결국 신문 인쇄 전에 부정적인 기사에 대응하기 위해서다. 신문사 입장에서는 기사를 미리 보내줄 테니 '바터'할 거 있으면 하라는 노골적인 거래 제안인 셈이다.

그 유명한 장충기 문자와 박수환 문자는 이런 현실에서 일상이라고 할 수 있다. 뉴스타파가 검찰 수사 자료를 입수해 공개했고[12] 미디어

9) 강성원, 〈"오너 관련 기사는 1억 주고라도 빼야"〉, 미디어오늘, 2015년 1월 25일
10) 안경숙, 〈조선일보, 3월 7일부터 가판 폐지〉, 미디어오늘, 2005년 2월 25일
11) 정철운, 〈조선일보, 9년 만에 가판 서비스 부활 왜?〉, 미디어오늘, 2013년 12월 23일

오늘이 후속 취재로 실명을 밝히고 해명을 들었다.

한 언론사 편집국장이 삼성전자 장충기 사장에게 이런 문자 메시지를 보냈다.[13]

"올 들어 삼성의 협찬 + 광고 지원액이 작년 대비 1.6억이 빠지는데 8월 협찬액을 작년(7억) 대비 1억 플러스(8억) 할 수 있도록 장 사장님께 잘 좀 말씀드려 달라는 게 요지입니다. (중략) 삼성도 많은 어려움이 있겠지만 혹시 여지가 없을지 사장님께서 관심 갖고 챙겨봐 주십시오. 죄송합니다. 앞으로 좋은 기사, 좋은 지면으로 보답하겠습니다."

다른 한 언론사 사장이 이런 메시지를 보낸 사실도 드러났다.[14]

"갤럭시6 폰 보내주셔서 고맙습니다. 일전엔 공연 티켓도 보내주셨는데, 감사 인사도 못 전했네요. 늘 신세지고 삽니다. 삼성 갤럭시6로 또 한 번 지구를 흔들었으면 좋겠네요. 고맙습니다. 건강 챙기시고요."

"천박한 기사, 다루지 않겠습니다"

지금 같으면 명백히 부정청탁 금지법 위반이지만 장충기 문자에 등

---

12) 박경현, 〈[장충기문자 대 공개] 기사 보고, 합병 축하… '장충기 문자' 속 언론인들〉, 뉴스타파, 2018년 4월 23일

13) 김도연, 〈삼성 장충기 문자 "무한충성", "과분한 은혜" 보냈던 기자는〉, 미디어오늘 2018년 4월 2일

14) 김도연, 〈한겨레·경향도 '장충기 문자'에 등장했다〉, 미디어오늘, 2018년 4월 25일

장한 대부분의 언론인들이 별다른 문제의식이 없었다. 이건희 회장의 성 매매 동영상이 논란이 됐던 무렵 한 통신사 상무는 이런 메시지를 보냈다.

"선배님, 천박한 기사는 다루지 않는 게 맞다고 생각합니다. 오히려 정치적 위기 국면 때마다 뉴스타파나 디스패치가 센세이셔널한 기사를 내놓는데, 그 배후가 더 의심스럽습니다. 배후의 정보가 나중에 입수되면, 그걸 알려주시기 바랍니다."

실제로 이건희 성매매 동영상은 뉴스타파와 한겨레, 미디어오늘 등을 제외한 대부분 언론사에서 언급조차 없거나 간단히 전달하는 데 그쳤다. 그 해 12월 구글코리아가 발표한 '한국에서 가장 많이 본 유튜브 영상' 1위가 뉴스타파 동영상이었다는 건 우습다 못해 서글픈 일이다. 언론이 외면한다고 해도 이슈가 사라지는 건 아니라는 참담한 현실 인식. 그리고 많은 사람들이 알게 됐다. 이 언론사들은 자신들의 이해관계 앞에 진실을 외면하는구나.

심지어 한 방송사에서는 보도국 간부가 이런 동영상이 있다는 제보를 받고 기자들에게 "기밀을 유지하라"고 지시하고 이를 삼성에 알려준 사실이 드러나기도 했다.[15] 이들은 광고주와 연대하고 광고주에게 충성할 기회를 놓치지 않았다. 상당수 언론사에서 그게 이들이 이 자리를 지키는 이유고 비결이다.

---

15) 심인보, 〈YTN 간부, 이건희 동영상 제보 삼성에 '토스'〉, 뉴스타파, 2018년 3월 5일

언론의 바닥은 여기가 끝이 아니다. 로비스트 박수환 씨와 조선일보 송희영 주필의 대화를 들여다보면 기사 거래가 어떤 식으로 이뤄지는지 짐작할 수 있다. 두 사람은 그리스와 이탈리아로 요트 여행을 다녀온 사이인데 이 요트가 하루 빌리는데 3,000만 원이 넘는다는 사실이 알려져 화제가 됐다. 이 돈을 누가 댔을까. 박수환 문자에 이런 대목이 있었다.[16]

송희영 : 대우 빼라 했음다.
박수환 : 성은이 망극하옵나이다.
송희영 : 사회면 톱을 일단 2단 크기로 줄였음다.

뉴스타파는 "실제로 이 문자가 오고 간 다음날 조선일보에는 문자메시지 내용과 똑같이 대우조선해양 관련 기사가 배치됐다"고 보도했다. 송희영 주필은 배임 수재 등의 혐의로 1심에서 징역 1년에 집행유예 2년을 선고 받았는데 항소심에서 무죄로 뒤집혔다. 재판부는 "피고인이 대우조선해양뿐만이 아니라 부실기업에는 공적자금 지원보다 국민주 공모가 바르다는 방식의 견해를 드러낸 것으로 보인다"며 "부정한 청탁에 의해 썼다고 볼 만한 근거가 없다"고 밝혔다.[17]

---

16) 정철운, 〈'장충기 문자'보다 부끄러운 '박수환 문자'〉, 미디어오늘, 2019년 2월 4일
17) 박형빈, 〈'대우조선 청탁 칼럼' 송희영 전 조선일보 주필 2심서 무죄〉, 연합뉴스, 2020년 1월 9일

박수환 씨는 이 신문사 사회부장에게는 에르메스 스카프를 선물로 보냈고 에디터의 딸을 아무개 기업의 인턴으로 채용하는 데 힘을 써 주기도 했다.

박수환 씨와 동아일보 김재호 사장의 문자 메시지 대화에서는 "저희 클라이언트인 ○○와 동아일보가 작지만 1억짜리 프로젝트를 했는데 아주 프로페셔널하게 해줬다"면서 "○○가 아주 좋아해서 내년에는 조금 더 할 수 있을 것 같다"고 말하는 대목이 나온다. 뉴스타파가 확인한 결과[18] 이 무렵 실제로 4차례 기획 기사가 게재됐다. 동아일보의 해명은 "동아일보 외에도 여러 언론사에서 비슷한 시기에 홍보 기사를 게재했고, 기업 후원이 있다는 사실을 지면에 명시했다"는 것이었다.

부끄럽지만 이게 우리 모두가 바로 봐야 할 한국 저널리즘의 현실이다. 나는 민주언론시민연합 기고[19]에서 "길들여진 맹수와 무너진 신뢰 비즈니스"라는 표현을 쓴 적 있다.

산에 가면 "짐승에게 먹이를 주지 마시오"라는 팻말이 붙어 있다. 사람들이 던져주는 과자 부스러기 따위를 먹다 보면 사냥을 하지 않고 영양 불균형으로 내성이 떨어져 병에 걸리기 쉽기 때문이다. 나는 한국 언론도 마찬가지라고 생각한다. 눈앞에 있는 달콤한 것들을 집

---

18) 강민수, 〈'로비스트' 박수환 문자③ 동아일보 사주와 박수환〉, 뉴스타파, 2019년 1월 30일
19) 이정환, 〈언론의 타락과 저널리즘의 추락, 사회적 해법이 필요하다〉, 민주언론시민연합, 2018년 2월 1일

어 먹다 보면 당장 주린 배를 채울 수는 있겠지만 더 이상 사냥을 할 수 없게 되는 건 물론이고 결국 먹이를 던져주는 누군가에게 계속 의존하게 된다.

한국의 뉴스 산업은 B2C가 아니라 B2B 모델로 바뀐 지 오래다. 뉴스 비즈니스는 언젠가부터 독자들에게 서비스하는 모델이 아니라 광고주만 잡으면 지속가능한 모델이 됐다. 독자들이 떠나고 언론의 영향력도 줄어들고 있지만 여전히 광고 시장이 살아 있기 때문에 한국의 주요 언론사들은 아직 세대로 위기를 경험한 적이 없다. 세계 어디에도 없는 레거시 언론의 생존 모델이다. 좋은 기사가 수익과 성장으로 연결되지 않으니 내부적으로도 변화의 동력이 없고 당연히 위기의식도 없다.

광고가 보험료라면 무엇을 위한 보험일까

나는 월간 〈신문과 방송〉에 언론의 신뢰를 주제로 기고한 글에서 변질된 신문 광고 시장을 이렇게 평가했다.[20]

"공식적으로 집행되는 광고는 물론이고 지면의 이면에서 거래되는 협찬과 후원은 모두 부정적인 기사를 관리하기 위한 사적 보험의 성격이다. 광고 효과가 거의 또는 전혀 없는데도 기업들이 수천억 원의

---

20) 이정환, 〈언론의 신뢰는 왜 중요한가〉, 월간 신문과방송, 2018년 10월

광고 또는 협찬·후원을 집행하는 이유다. 물론 사고가 터졌을 때 보험이 작동하지 않으면 보험료를 계속 납입할 이유가 없다. 2009년 삼성 비자금 특검 이후 보험 시장이 더욱 확대됐고 아직까지 확실하게 작동하고 있다는 의미다."

광고는 광고로 끝나지 않는다. 어차피 광고 효과가 거의 없다는 걸 누구나 안다. 세상에 공짜 점심은 없는데 효과 없는 광고를 돈 내고 실을 때는 그에 상응하는 대가를 기대하기 마련이다.

세상 모든 걸 다 재단하고 가장 정의로운 척 심판의 칼날을 휘두르지만 그 칼날은 광고주 앞에서 멈춘다. 현장 기자들의 위축 효과도 문제지만 뉴스 룸 내부의 충돌도 많고 무엇보다도 취재 시스템이 취재가 잘 되고 잘 팔리는 이슈에 집중돼 있다. 미국에서 '뉴스의 사막'이 사회석 문제라고 하지만 나는 한국에서 '뉴스의 사막'은 주류 언론의 출입처 바깥에 있다고 생각한다. 언론이 다루지 않거나 다루지 못하는 이슈의 구멍이 커지고 있다. 자본권력에 대한 감시와 비판이 그 가운데 하나다.

나는 미디어오늘에서 미디어 전문 기자로 일하면서 언론과 자본의 관계가 두 차례 큰 변화를 맞는 걸 지켜봤다. 첫 번째는 2007년 김용철 변호사의 고발로 시작된 삼성 특별검사 사건이고 두 번째는 2017년 국정 농단 사건이 촉발한 삼성전자 부회장 이재용의 구속 사건이었다. 공교롭게도 10년 간격을 두고 일어난 두 사건은 언론의 자본 종속을 더욱 심화시켰다. 2007년 이전에는 비판 기사를 썼다가 광고를 받고 기사를 빼는 일이 흔했지만 2007년 이후에는 감히 기업을 건드린다는 건 엄두도 내기 어려운 일이 됐다. 그러다가 2017년을 지나면서 언론이 기업에 얼마나 충성심을 보이느냐에 따라 광고 배정 물량이 달라지는 시대로 진입했다. 업계 용어로 말하자면 과거에는 '조지면서' 광고를 받았는데 이제는 이렇게 열심히 잘 써줬으니 광고를 달라는 방식으로 권력 관계가 바뀌었다. 기업의 홍보 담당자들은 언론사가 너무 많아서 힘들다고 하소연한다. 한 군데 광고가 뜨면 온갖 신문들이 광고를 달라고 아우성이라 어쩌다 '원 턴one turn' 광고를 돌리는 것 말고는 대부분 협찬이나 후원으로 푼다. 이런 경쟁 구도에서는 감히 광고주를 '조진다'는 걸 엄두도 내기 어렵다.

한겨레 곽정수 기자에 따르면[21] 언젠가 삼성전자 장충기 사장이 임원회의에서 "홍보팀은 기자들과 술이나 먹고 골프나 치면서 삼성에 안 좋은 기사가 나오면 뒤늦게 언론사 쫓아가서 이건희 회장의 이름 빼고 제목 조금 고치는 게 고작"이라고 불만을 터뜨린 반면, "기획팀은 홍보팀도 모르는 언론사들의 삼성 관련 취재 계획이나 동향을 보고해 홍보팀을 곤혹스럽게 만든 적이 자주 있었다"고 칭찬했다고 한다. 이제 광고로 기사를 막던 시대를 지나 광고로 언론을 길들이는 시대로 진입했다. 기업 입장에서도 뒤늦게 기사를 수정하는 것보다 애초에 그런 기사가 나오지 않게 언론을 관리하는 방향으로 전략이 바뀌고 있다는 하나의 사례라고 볼 수 있다.

---

21) 곽정수, 〈'신뢰받는 리더쉽'이 삼성엔 절실하다〉, 한겨레21, 2010년 11월 15일

광고가 아니라 기사를 판다

3~4년 전 한 언론사 중견 간부가 이런 말을 했다.

"언젠가부터 달마다 마지막 날에 광고가 한꺼번에 몰리는데 왜 그런지 아세요? 이번 달에 잘 봐줬으니 이만큼 광고를 드린다 이거죠. 지켜보고 있다, 이런 의미랄까요. 언론을 광고로 길들이는 거죠."

이를 테면 7월 29일에 어떤 기업을 비판하는 기사가 나갈 경우, 이틀 뒤 7월 31일로 예정된 광고가 집행되지 않을 수도 있다는 의미다. 아마도 "이번 달에는 예산이 부족해서 광고 집행을 못하겠네요" 정도로 설명하겠지만 그게 무슨 의미인지 모두가 안다. 위에서 불편하게 생각하니 광고를 못 주겠다는 이야기다. 이런 일이 반복되면 언론사에 충분한 시그널을 주고 현장 기자들에게는 직간접적으로 위축 효과를 불러일으키게 된다.

그나마도 지면에 실리는 광고는 일부에 지나지 않고 나머지는 협찬과 후원 성격으로 결국 기사에 반영된다. 홍보 담당자들을 만나면 "요즘 누가 신문에 광고를 하나요"라고 웃어넘기는데 그 이면에는 "어차피 광고 효과도 없잖아요"라는 의미가 깔려 있다. 기자들도 "삼성은 얼굴 없는 기부 천사인가"[22] 반문하는 게 한국 언론의 현실이다. 광고가 실리지 않았는데도 광고비가 입금되는 기묘한 현실은 여전히 적응

---

22) 안경숙, 〈삼성의 '얼굴' 없는 광고를 아십니까〉, 미디어오늘, 2011년 1월 12일

하기 쉽지 않다. "협찬으로 푼다"고 말하는 건 기사 하나 써주고(써달라고 하고) 광고비를 받았다(줬다)는 다른 말이다.

미디어오늘도 언젠가부터 많지도 않은 광고가 월말에 몰린다. 그나마 기사를 문제 삼아 광고가 중단되는 일을 지난 10여 년 동안 타협 없이 감당해 왔다. 미디어오늘은 특히 언론과 기업의 부적절한 거래를 비판하는 기사를 많이 쓰기 때문에 많은 기업들과 척을 져야 했다. 기업 입장에서는 필요할 때 보험이 작동하지 않는다면 보험료를 낼 이유가 없는 것이다. 미디어오늘은 상대적으로 규모가 크지 않고 광고 의존도가 낮기 때문에 버틸 수 있지만 2007년 삼성 비자금 특검 때 한 신문사는 신문 용지를 살 돈이 없을 정도로 어렵다는 이야기가 나돌기도 했다.

나는 2020년에 여러 언론학자와 함께 쓴 단행본 『저널리즘 모포시스』[23]에서 이렇게 진단한 바 있다.

"한국 언론이 신뢰를 잃게 된 여러 가지 역사적 배경과 요인을 짚어볼 수 있겠지만 가장 결정적인 건 언론이 더 이상 권력에 맞서지 않는다는 것을 모두가 알게 됐기 때문이다. 언론이 자기네들 먹고 사는 문제 때문에 진실을 말하지 않는다는 확증 편향, 정치권력을 비판하지만 자본권력을 비판하지 못하는 비참하고 고루한 현실을 독자들도 모두 알고 있다는 이야기다."

---

23) 이정환 외, 『저널리즘 모포시스』, 팬덤북스, 2020년 11월 30일

임종수 세종대학교 교수 등은 2015년 언론정보학보에 게재된 논문, '뉴스와 광고의 은밀한 동거'[24)]에서 "언론이 헤드라인에서는 비판적 묘사를 하지만 본문에 들어가서는 비판적 표현을 줄이고 전체적인 맥락을 드러내는 프레임 구성에서는 우호적 태도로 기술하는 은밀한 보도공학을 구사하는 것으로 해석된다"고 분석한 바 있다. "신문사들이 광고주 보도를 할 때 우호적인 태도가 교묘하게 감추어 포장되고 있다"는 이야기다.

"언론의 이런 양태는 바깥으로는 언론의 공정성을 강조하지만, 안으로는 광고주의 입장을 대변하는 '은밀한 거래'를 염두에 둔 의례적 객관주의 보도 관행의 존재 가능성을 시사한다. 기사가 나간 후 광고주로부터 받을 수 있는 공격(예컨대 광고 취소)을 최대한 방어할 수 있는 명분을 확보하는 동시에 기사 전체를 읽은 독자가 전반적으로 해당 기업에 대해 동정의 여지를 갖도록 고도의 기법을 동원하는 회피 전략을 구사한다고 볼 수 있다. 적지 않은 현업 종사자들은 이러한 관행이 가능한 것은 취재기자 – 데스크 – 편집자로 이어지는 게이트키핑 과정의 폐쇄성 때문이라고 주장하기도 한다."

임 교수 등은 "광고주와 신문사 사이의 이런 은밀한 거래관계는 결국 신문에 대한 신뢰성을 떨어뜨리고, 궁극적으로 사회적 공론장으로써 언론 본연의 저널리즘 가치를 훼손할 우려를 제기한다"면서 "언론

---

24) 임종수, 〈뉴스와 광고의 은밀한 동거〉, 한국언론정보학보 통권 66호, 2014년

이 사회적 공기로써의 역할을 하기 보다는 상업적 이익을 고려한 거래성 보도를 한다는 의심을 살 수 있다는 의미"라고 설명했다.

미디어오늘은 지금까지 숱하게 이런 기사를 내보냈지만 달라진 건 거의 없다.[25] 기사와 광고의 경계가 갈수록 모호해지고 있는 건 그래야 팔리기 때문이다. 오히려 언론과 자본의 유착은 갈수록 더 심해지고 있다. 광고가 안 팔리자 아예 기사를 팔고 있는 상황이다.

조선일보는 800만~2,500만 원씩 받고 병원 홍보 기사를 내보낸 사실이 드러났다.[26] 헬스 섹션을 전담하는 영업 직원은 미디어오늘과 인터뷰에서 "어차피 이거는 광고비"라면서 "우리가 지면 계획을 하면 협조 공문이 베스트 클리닉 멤버에게 먼저 간다. 마감이 안 되면 그 뒤 일반 병원에 공문을 보낸다"고 설명했다. 베스트 클리닉 가입비는 연간 500만 원 수준인데 멤버가 되면 광고 협찬 단가가 낮아지고 광고 기사 지면을 우선 확보할 수 있다는 설명이다. 이름만 들으면 알 수 있는 병원들이 멤버로 참여하고 있었다.

경비 용역 업체 컨택터스의 폭력적인 집회 진압이 논란이 됐던 2012년 8월, 이 회사 홈페이지에 버젓이 홍보 기사 목록이 떠 있어 화제가 된 적 있다.[27] 경제신문들은 물론이고 MBC와 YTN 같은 방송

---

25) 이정환, 〈언론과 자본의 오랜 유착, 네이티브 광고는 떳떳할 수 있나〉, 슬로우뉴스, 2014년 7월 14일
26) 정철운, 〈조선일보 건강섹션, 병원 돈 받고 기사 쓴다〉, 미디어오늘, 2014년 3월 16일
27) 박장준, 〈한겨레도 돈 받고 컨택터스 홍보기사 썼다〉, 미디어오늘, 2012년, 7월 13일

사들과 연합뉴스와 뉴시스 같은 통신사들, 한겨레와 경향신문, 프레시안 같은 진보 성향 언론사들까지 포함돼 있어 눈길을 끌었다. 흥미로운 대목은 그나마 네이버가 홍보성 기사들을 관리(제재)하기 시작하면서 광고 단가가 떨어졌다는 사실이다. 과거에는 아예 대놓고 업체 전화번호나 구매 링크까지 띄워놓은 보도자료가 버젓이 기사로 둔갑해 실리는 경우도 흔했다.

기사형 광고 2,000건, 국가기간통신사의 민낯

연합뉴스는 최근까지도 홍보사업팀을 꾸려놓고 기사형 광고를 팔아왔던 것으로 드러났다. 역시 미디어오늘이 10년 전부터 지적했던 문제지만 그동안 달라진 게 없다.[28] 2021년 7월, 미디어오늘이 입수한 문건을 보면 연합뉴스의 기사형 광고는 1회에 23만 8,000원부터 100회 900만 원 상품까지 있었다. 'ㅇㅇㅇ 종합시장, 스마트한 디지털 전통시장으로 탈바꿈' 'ㅇㅇ콘텐츠 코리아랩, 8일까지 2020 콘텐츠 시제품 제작 2차 지원 사업 모집' 'ㅇㅇ익스프레스, 11·11 글로벌 쇼핑 페스티벌 진행' 같은 기사들이 모두 돈을 받고 게재한 기사형 광고였지만 이런 사실을 기사에 명시하지 않았다.

미디어오늘이 확인한 놀라운 사실 가운데 하나는 홍보사업팀에서

---

28) 금준경, 〈연합뉴스 내부 문건 포털 제재 언급해놓고 버젓이 기사형 광고〉, 2021년 9월 2일

작성한 기사에 일관되게 '박○○ 기자'라는 사람이 등장하는데 이 사람은 정작 메일 주소도 없고 연합뉴스 홈페이지의 기자 명단에도 존재하지 않는다는 것이었다.[29]

이 기사를 읽고 기시감이 들어서 찾아보니 2012년에 나간 미디어오늘 기사도 거의 비슷했다. 미디어오늘이 단독 입수한 연합뉴스의 내부 문건에 따르면 연합뉴스는 기자를 보내서 기사를 써주는 취재 상품을 200만~300만 원을 받고 팔았다. 기사 없이 사진만 찍어주는 취재 상품은 71민 5,000원이었다. 이렇게 만든 기사는 포털에도 그대로 전송됐다. 그때도 지금처럼 연합뉴스 관계자는 "홍보 수요가 있고 이런 요구에 답하는 것이 언론의 기능 중 하나"라는 식으로 해명했다.[30] 보도자료를 연합뉴스를 통해 내보내는 것도 연합뉴스의 공적 역할 가운데 하나라는 논리지만 중요한 건 독자들이 그게 돈 받고 나간 기사라는 걸 모른다는 사실이다.

그나마 10년 전에는 적당히 뭉개고 넘어갈 수 있었지만 2021년에는 제휴평가위원회의 제재를 피할 수 없었다는 게 차이일 뿐이다. 제휴평가위원회가 다른 언론사들의 기사형 광고를 문제 삼아 퇴출시킨 전례가 있어 연합뉴스만 예외를 둘 수 없는 상황이었다. 연합뉴스는 10년 전과 같이 "언론을 통해 알릴 '기회의 창'이 제한됐던 이들에게

---

29) 정민경, 〈연합뉴스에 기자 페이지도 이메일도 없는 '기자'가 있다〉, 미디어오늘, 2021년 7월 7일
30) 박장준, 〈국가기간통신사의 이상한 '알바'〉, 미디어오늘 2012년 8월 14일

언론 접근의 기회를 확대 제공하기 위해서였다"는 해명을 반복했다.

연합뉴스는 미디어오늘 보도 이후 문제가 된 기사 2,000건 이상을 한꺼번에 삭제하고 부랴부랴 꼬리를 잘랐지만 포털 제휴평가위원회에서 1년 노출 제한 조치를 받았다. 이후 재심의를 통해 다시 노출되긴 했지만 솜방망이 처벌에 형평성에 문제가 많다는 비판이 쏟아졌다. 대마불사인가. 다른 언론사들은 진작 퇴출되고도 남았을 제휴 위반이지만 연합뉴스는 살아남았다. 애초에 제휴평가위원회가 한 번 내린 결정을 뒤집은 건 연합뉴스가 유일했다.

포털 제휴평가위원회는 '기사로 위장한 광고 전송'과 '등록된 카테고리(보도자료 등) 외 기사 전송' 등 부정행위에 5건당 벌점 1점을 부과한다. 누적 벌점이 4점 이상이면 포털 내 모든 서비스에서 최소 24시간 노출이 중단되고, 6점 이상이면 포털과의 계약 유지 여부를 다시 평가받게 된다. 연합뉴스의 기사형 광고 2,000여 건은 벌점 129.8점에 해당하는 부정행위였다.

진짜 심각한 건 이렇게 기사와 광고를 거래하는 비즈니스가 연합뉴스만의 문제가 아니라는 데 있다. 미디어오늘이 30여 차례 기사형 광고 문제를 연속 보도하고 연합뉴스가 초유의 노출 제한 조치를 당하는 일련의 과정에서 대부분의 언론사들이 침묵했던 것은 이런 비판에서 스스로 떳떳하지 못하기 때문일 수도 있다.

다음은 KBS '질문하는 기자들'에서 김효신 기자의 발언 가운데 일부다.[31]

"제가 취재 중에 만난 한 언론사, 디지털 팀의 직원이 무슨 이야기를 했느냐 하면요. '기자님, 지금도 경제 분야 관련 뉴스를 보세요. 포털에. 똑같은 제목이 30개, 50개씩 올라와 있습니다. 그러면 이거는 뭔가요?' 결국은 업계에 만연돼 있다는 이야기를 하시더라고요. 그래서 경제 보도 중심으로 해서 이런 것들이 많이 발견됐는데요. 아무래도 기업들이라든지 홍보 가능성이 높아서. 그래서 저희도 봤더니 예를 들어서 벌써 지난 6월에 네이버 포털 뉴스에 올라온 기사를 하나 소개를 해드리자면 새로 출시된 맥주가 편의점에서 인기라고 하면서 상품명, 가격까지 나와 있어요. 이것은 광고인가 기사인가 이 수준이거든요."

김효신 기자가 지적했듯이 돈을 받고 쓴 보도자료 기사도 당연히 문제지만 일상적으로 언론이 받아쓰는 기업의 보도자료 기사가 근본 원인일 수도 있다. 기사 한 건에 얼마 하는 식으로 돈을 받지는 않지만 그렇게 기업 보도자료를 꾸준히 소화해 주면 월말에 광고가 들어온다. 이것은 대가를 받는 것인가, 안 받는 것인가. 암묵적인 사인과 합의, 어디까지가 기사형 광고고 어디서부터는 아닌지 경계도 모호하다.

---

31) 질문하는 기자들 Q, 〈기사인가? 광고인가? 연합뉴스는 왜 광고 기사를 포털에 전송했나〉, KBS, 2021년 9월 12일

세금으로 신문 광고, 4년 동안 1조원 육박

기업뿐만 아니다. 언젠가부터 정부 광고도 기묘하게 기사형 광고로 변질되는 사례가 늘어나고 있다. 2021년 국정감사에서 김의겸 열린민주당 의원이 제공한 자료에 따르면[32] 한 신문에 실린 "술도 발암물질… 아무리 소량이라도 무조건 해롭다"는 기사는 국립암센터에서 1,000만 원을 받고 진행한 기사형 광고였다. 다른 신문사에 실린 "식품 산업 전문 인력 양성… 푸드테크·미래식품 계약학과 신설"이란 기사는 농림수산식품교육문화정보원에서 2,730만 원을 댔다. 한 경제신문에 실린 "부산 엑스포는 국가 역량 세계에 뽐낼 기회"라는 기사는 4,500만 원짜리 기사였다. 모두 국민들이 낸 세금이다.

미디어오늘 성철운 기자가 지적했듯이 정부광고법은 "정부 기관 등은 정부광고 형태 이외에 홍보 매체나 방송 시간을 실질적으로 구매하는 어떤 홍보 형태도 할 수 없다"고 규정하고 있지만 이런 불법 행위가 관행으로 반복되고 있다.

"이 양성자를 이용한 방사선 치료를 받으면 어린이 환자는 10년 완치율이 무려 80%에 이릅니다. 이 조그만 아이에게 어떻게 칼을 대서 암을 제거할 수 있겠습니까… 외과적인 처치로는 민감한 부위의 종양 세포를 완벽하게 제거하기가 힘듭니다."

---

32) 정철운, 〈기사인 줄 알았더니 세금 들어간 정부 광고〉, 미디어오늘, 2021년 10월 1일

〈넝쿨째 굴러온 당신〉이라는 드라마의 한 장면이다. 주인공 방귀남 (유준상)이 세미나에서 한 발언인데 이 대사를 포함해 여덟 차례 원자력 발전의 홍보 메시지를 집어넣는데 한국원자력문화재단이 1억 6,500만 원을 방송사에 협찬했다.[33] 방사선 치료와 원자력 발전이 무슨 관계인지도 의문이지만 이런 어설픈 메시지에 세금을 쓴다는 것도 이해하기 어려운 일이었다.

〈시사인〉이 보도한 농협중앙회의 기사형 광고도 혀를 내두를 정도였다.[34] '농협의 농축산물 유통 구조 혁신'을 내용으로 한 2회 기획 특집 기사에 1억 1,000만 원이 나갔다. 고재규 기자는 "돈을 주는 대가로 기획 기사를 만들어내는, 나쁘게 말하면 '청부 기사'"라고 평가했다. 실제로 농협중앙회 홍보실은 광고나 협찬이 아니라 '기획 보도'라는 항목을 두고 예산을 별도로 책정한 것으로 확인됐다.

조선일보는 기사 6건에 5,660만 원, 중앙일보는 9건에 3억 7,500만 원, 동아일보는 13건에 6억 2,872만 원을 받았다. 경향신문은 인터뷰 한 건에 3,300만 원, 한겨레에 실린 "농협, 출하 농산물 50% 책임 판매"란 기사는 1,247만 원이었다. 농협중앙회 홍보실 관계자는 〈시사인〉과 인터뷰에서 "기획 보도는 우리가 하고 싶은 이야기를 기사화해 독자들이 오해 없이 판단하기 때문에 홍보 효과가 커서 기사 협찬을 해왔다"라고 밝혔다.

---

33) 조현미, 〈퀴즈에 드라마에… 원전 홍보비 무차별 살포〉, 뉴스타파, 2014년 10월 11일
34) 고재규, 〈농협아, 기사 줄게 돈 다오〉, 시사인, 2013년 10월 17일

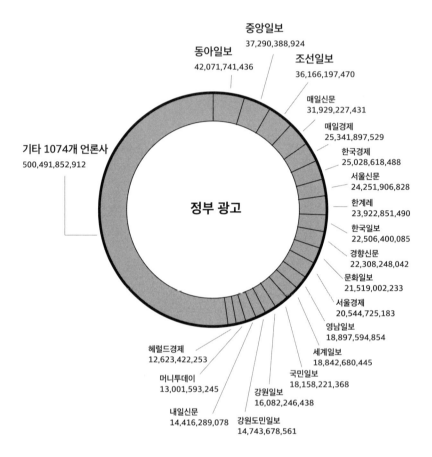

[그림1] 2016년 1월부터 2020년 4월까지 정부 광고 누적 집계

중앙일보
37,290,388,924

동아일보
42,071,741,436

조선일보
36,166,197,470

매일신문
31,929,227,431

매일경제
25,341,897,529

한국경제
25,028,618,488

서울신문
24,251,906,828

한겨레
23,922,851,490

한국일보
22,506,400,085

경향신문
22,308,248,042

문화일보
21,519,002,233

서울경제
20,544,725,183

영남일보
18,897,594,854

세계일보
18,842,680,445

국민일보
18,158,221,368

강원일보
16,082,246,438

강원도민일보
14,743,678,561

내일신문
14,416,289,078

머니투데이
13,001,593,245

헤럴드경제
12,623,422,253

기타 1074개 언론사
500,491,852,912

정부 광고

자료 : 전국언론노동조합

전국언론노동조합이 한국언론진흥재단에 정보 공개를 요청해 받은 자료에 따르면[35] 2016년부터 2020년 5월까지 한국의 정부 부처와 공기업, 지방 정부가 언론사들에 집행한 광고가 9,536억 원으로 집계

됐다. 신문 매체만 분류한 것이고 방송은 포함돼 있지 않은 자료다. 개별 집행 내역을 보면 동아일보가 421억 원으로 가장 많고 중앙일보가 373억 원, 조선일보가 361억 원 순이었다. 광고주 순위는 중소기업은행이 545억 원으로 1위, 토지주택공사가 365억 원, 경북도청이 319억 원, 대구시청이 228억 원, 서울시청이 218억 원 순이었다. 전국언론노동조합은 이 데이터를 확보하기 위해 정보공개 청구를 하고 거부당하자 행정소송까지 해서 받아냈다.

전국언론노동조합 자료는 신문 광고만 집계한 것이지만 방송 광고를 더하면 규모가 훨씬 늘어난다. 미디어오늘이 한국언론진흥재단 자료를 분석한 결과,[36] 2017년부터 2021년 4월까지 지상파와 종합편성채널 방송사들에 집행한 정부 광고는 676억 원에 이른다. 여기에는 지방정부와 공공기관, 공기업 광고는 빠진 집계다. 역시 정보공개 청구를 해야 전수 집계가 가능한 상황이다. 문화체육관광부 자료에 따르면 2020년 기준 정부기관과 공공기관에서 집행한 광고비는 1조 893억 원이었다. 제일기획이 추산한 국내 광고 시장의 광고비 규모가 12조 원 수준인데 정부 광고가 이 가운데 9.1%를 차지한다는 이야기다.[37]

---

35) 정철운, 〈드디어 공개된 매체 정부광고, 누가 많이 주고 많이 가져갔나〉, 미디어오늘, 2022년 6월 4일
36) 김예리, 〈정부 부처 54곳 광고비 집행 일간지 1위는〉, 미디어오늘, 2021년 5월 31일
37) 허찬행, 〈구독자 조사와 지역신문의 정부 광고〉, 한국지역언론학회 학술세미나, 2022년 7월 8일

한국에서 '뉴스의 사막'은 어디일까

프랑스의 언론학자 줄리아 카제가 "값싼 신문의 시대가 끝났다"고 말했던 건[38] 그동안 언론이 뉴스를 거의 공짜로 내보내면서 도달률과 영향력을 상품으로 광고를 끼워 파는 모델로 성장했지만 이제 이런 모델이 더 이상 작동하지 않게 됐기 때문이다. 이른바 페니 페이퍼 penny paper가 처음 등장한 게 1832년이라면 200년이 채 되지 않아 그 시대가 끝나가고 있는 것이다.

한국의 뉴스 시장이 다른 나라들과 다른 건 여전히 광고 시장이 살아 있기 때문인데, 문제는 그 시장이 시장의 원리로 작동하는 게 아니라 이면 거래로 굴러간다는 데 있다. 그리고 이게 저널리즘이 무너지고 있는 가장 근본적인 이유 가운데 하나다. 스스로 먹고 사는 문제를 해결하지 못하면서 누구를 비판하고 누구를 감시하겠는가. "우리는 기사와 광고를 엿바꿔먹지 않는다"고 말할 수 있는 언론사의 기자라면 그게 진짜 불편한 기사를 쓰지 않았기 때문은 아닌지 돌아볼 필요도 있다. 한국 언론의 '뉴스의 사막'은 어디일까.

---

38) 이정환, 〈2018 GEN 서밋 참가기-'증강 뉴스 룸'의 시대, 더 강력한 저널리즘을 이끈다〉, 신문과 방송, 2018년 7월호

2. 포털 가두리 양식장이 만든 새로운 게임의 규칙

2013년 무렵, 한 건설회사 홍보 담당 임원으로부터 놀라운 이야기를 들었다.

"아무개 신문에 분양 광고를 전면으로 내는데 1억 원이 들었는데, 하루 종일 전화가 30통도 안 오더라고요. 그런데 네이버에 기사를 걸기로 하고 1,000만 원을 줬더니 네이버 1면에 한 줄짜리 기사 제목이 5시간 노출됐는데 전화가 300통이 왔습니다. 하루 종일 불통이 났죠. 비용은 10분의 1인데 효과는 10배니까 비용 대비 100배 정도 효과가 난단 이야기가 되나죠."

종이신문 광고 효과가 예전 같지 않더라, 그리고 포털의 영향력이 대단하더라는 취지의 이야기였지만 더 놀라운 건 언론사에 돈을 주고 네이버 1면에 기사를 내보내는 거래가 공공연하게 벌어지고 있다는 사실, 그것도 알바 수준의 푼돈이었다. 돈 받고 기사를 걸어주는 대가가 고작 1시간에 200만 원 밖에 안 된다는 것도 참담한 현실이었다.

그 무렵 언론사 온라인 광고 담당자들 사이에서는 "(홍보 기사를) 하루 10건만 서너 시간씩 돌려도 한 달이면 수 억, 1년이면 수십 억"이란 이야기가 나돌곤 했다. 심지어 미디어오늘에도 기사 좀 걸어달라는 온갖 홍보 대행사들의 제안과 유혹이 끊이지 않았다. 당연히 미디어오늘은 모두 거절했지만 상당수 언론사들이 이런 거래를 새로운 수익 모델로 받아들였다. 기사형 광고의 문제는 앞에서 충분히 이야기했지만 여기서 짚고 넘어갈 부분은 포털 뉴스 생태계에서 작동하는 게임의 법칙이다.

그 무렵 한 포털 서비스 기업 임원에게 직접 들은 하소연이다.

"언론사들이 돈을 받고 기사를 내보내는 정황도 있고 의심스러운 경우도 많지만 어디까지나 언론사의 편집권의 영역이라 포털이 문제 삼을 수는 없죠. 돈 받고 쓴 것 아니냐고 물어볼 수도 없고요. 기사 가치가 있다고 생각해서 쓴다는 건데, 뭐라 하겠습니까."

포털 입장에서는 서비스의 퀄리티를 생각해서라도 문제가 많은 기사를 걸러내야 했겠지만 애초에 포털과 언론사의 관계는 일반적인 갑을 관계가 아니었다. 제휴평가위원회가 출범하면서 기사형 광고를 제재하긴 하지만 연합뉴스처럼 명확하게 드러나는 경우가 오히려 예외적이라고 할 수 있다. 언론과 포털의 관계는 갑을 관계가 기묘하게 뒤엉켜 있다. 인론시들이 콘텐츠 공급자면서 언론사 입장에서 포털은 또 언론의 감시와 비판의 대상이기도 하다.

다음은 내가 2015년에 썼던 데스크 칼럼[39]의 한 대목이다. "포털은 약점이 많다. 흔히 슈퍼 갑이라고 불리지만 독과점 규제 이슈에 민감할 수밖에 없고 공신력에도 신경을 쓰지 않을 수 없다. 툭하면 세무조사를 받고 국정감사 때마다 증인으로 불려 다니느라 바쁘다. 언론사들과 전재료 재계약을 앞둔 시점이면 비판 기사가 쏟아졌다가 계약이 끝나면 비판 기사가 사라지는 기이한 현상도 해마다 반복되고 있다.

---

39) 이정환, 〈포털 잡아야 선거 이긴다? 새누리당의 위험한 욕망〉, 미디어오늘, 2015년 9월 14일

오죽하면 두들기면 나오는 ATM(현금지급기)이라는 우스갯소리가 나돌 정도다."

포털 전재료는 모든 언론사들이 극비로 취급하지만 어느 언론사가 얼마를 올려 받았다더라는 소문이 끊이지 않았다. 전재료뿐만 아니라 비공식적인 협찬과 후원도 상상을 뛰어넘는 금액으로 집행됐다. 네이버는 2020년부터 전재료 시스템을 중단하고 '미니멈 개런티(최소 수익 보장)'와 광고 수익 배분 방식으로 전환했는데 대부분 언론사에서 과거 전재료 이상을 받고 있는 것으로 알려졌다. 네이버의 높은 점유율 때문에 어렵다고 하니 네이버 안에서 먹고 사는 모델을 만들어주겠다고 제안하고 이를 받아들이면서 불편한 동거가 계속되고 있는 상황이다.

기자협회보 최승영 기자는 이를 "전재료라는 '수익 보장 비즈니스 모델BM'이 사라지고 '수익 기대 모델'로 변화되는 것"이라며 "언론이 영원히 포털 밖 세상을 꿈꿀 수 없게 될 가능성이 크다는 점이 치명적"이라고 평가하기도 했다.[40] 한국 언론의 네이버 의존도는 갈수록 높아지고 있다. 최승영 기자의 지적처럼 네이버가 상생 모델을 제안할 때마다 네이버라는 거대한 가두리 양식장의 울타리가 높아지는 느낌이다.

---

40) 최승영, 〈사라진 전재료, 굳게 닫힌 녹색 문… 그래도 저 문을 열고 나가야 한다〉, 기자협회보, 2020년 2월 5일

네이버 검색 제휴만 돼도 5억 원 가치

네이버 뉴스캐스트 시절, 언론사들이 직접 네이버 1면에 노출할 기사를 편집하고 네이버는 제휴 언론사들이 편집한 '판'을 랜덤 롤링했다. 공정성 논란을 벗어나 언론사들의 퀄리티 경쟁을 유도하려는 전략이었겠지만 결과는 참담했다.

뉴스캐스트가 저널리즘의 바닥을 두들기던 무렵 이준행이라는 개발자가 '충격 고로케'라는 이름의 웹 사이트를 만들어 화제가 된 적 있다. 언론사들이 얼마나 제목에 '충격'이라는 단어를 많이 쓰는지 집계한 프로젝트 웹 사이트였다.

당시 미디어오늘 기사를 보면[41] 2013년 1월 1일부터 1월 7일까지 주요 언론사 기사 제목 가운데 '충격'이란 단어가 포함된 기사가 192건이나 됐다. "신혼인데 속옷도… 더러운 아내 폭로 충격"(중앙일보), "20대 남 부킹녀와 모텔 갔지만…반전에 충격"(한국경제), "박하선·류덕환, 호텔 수영장 사진포착!… 충격"(매일경제), "이영자 에로 영화 찍을 뻔 했다 충격 고백"(이투데이) 같은 기사들이었다. 같은 기간 동안 제목에 '경악'이 들어간 기사도 71건이나 됐다. 그해 1월 한 달 동안 제목에 '충격'이란 단어를 가장 많이 쓴 언론사는 매일경제신문이었고 '숨막히는'이라는 단어를 가장 많이 쓴 언론사는 스포츠조선이었다.

---

41) 정철운, 〈'충격'적이고 '경악'스런 기사 찾아봤더니…'헉'!〉, 미디어오늘, 2013년 1월 7일

한국경제신문은 '알고보니'라는 단어를 가장 많이 쓴 언론사에 선정 됐다.[42]

이준행 씨는 미디어오늘과 인터뷰에서 "연예인의 가십보다 노동자들의 고공농성과 자살처럼 더 충격적이고 경악스러운 일이 많은데도 언론사들은 선정적인 기사만 보여주며 정작 중요한 이슈는 짚어주지 않고 있다"면서 "많은 사람들이 이 사이트를 통해 언론의 문제점을 공감했으면 좋겠다"고 말하기도 했다.

벌써 10여 년 전 이야기지만 그 뒤로 달라진 건 거의 없다. 네이버에 검색 제휴만 돼도 기업 가치가 뛴다고 하고 실제로 검색 제휴 언론사들이 5억 원에 사고 팔린다는 이야기도 나돌았다. 네이버 검색 제휴를 도와준다는 학원도 등장했다. 검색 제휴가 되면 기사형 광고를 네이버에 노출시킬 수 있기 때문에 작정하고 매출을 만들 수 있다. 검색 제휴 언론사 서너 개를 만들어 팔고 나와 수십억 원을 챙겼다는 누군가의 이야기도 업계 관계자들 사이에 화제였다. 지금은 가격이 낮아졌다고 하지만 네이버 울타리 안과 밖의 차이는 엄청나다.

미디어오늘이 숱하게 기사로 다루긴 했지만 네이버가 만든 '공유지의 비극'은 공유지에 참여한 언론사들이 스스로 해결할 수 있는 문제가 아니었다. 언젠가 한 포털의 임원이 울분을 토하면서 이런 말을 했다. "언론사들이 자기 이름을 내걸고 그렇게 저질 기사를 내걸 거라고

---

42) 정철운, 〈누리꾼에 가장 많은 '충격' 준 언론사는?〉, 미디어오늘, 2013년 1월 30일

전혀 생각 못했습니다. 자기네 웹 사이트 톱 기사로는 이런 기사를 걸지 않을 거잖아요."

사실 네이버의 이런 고민이 뉴스캐스트를 뉴스스탠드로 전환하는 계기가 됐다. 고심 끝에 뉴스스탠드는 언론사 톱 화면과 뉴스캐스트 화면을 동일하게 설정해야 한다는 기준을 내걸었는데 역시 상당수 언론사들이 톱 기사를 버려가면서까지 뉴스스탠드에서도 낚시 장사를 계속했다. 뉴스스탠드도 뉴스캐스트만큼이나 저질 낚시 기사가 넘쳐났다.

공짜 뉴스 생태계와 공유지의 비극

한국 언론에게 포털은 위기의 원인이면서 결과다. 언론 스스로 머리를 깎을 수 없을 뿐더러 이 공유지의 비극에 동참하고 있기도 하다. 여론집중도조사위원회가 뉴스 이용 점유율을 조사한 결과를 보면 2018년 기준으로 포털이 89.3%를 차지하고 일간 신문 웹 사이트는 4.6%에 그쳤다. 방송사와 통신사, 인터넷 신문 등 웹 사이트를 다 합쳐도 2.0% 밖에 안 된다. 로이터저널리즘연구소가 펴내는 디지털 뉴스 리포트에 따르면 언론사 웹 사이트 직접 방문 비율이 한국은 4%로 조사 대상 국가 가운데 가장 낮았다.

뉴스 기업 입장에서 뉴스 브랜드의 해체는 온라인 공론장의 가장 큰 위험이자 도전이다. 언론은 끊임없이 이슈 파이팅을 해야 하지만 한국에서는 그 이슈 파이팅의 영역이 네이버와 카카오로 제한된다. 많

[그림2] 언론사 사이트를 직접 방문한다고 답변한 이용자의 비율

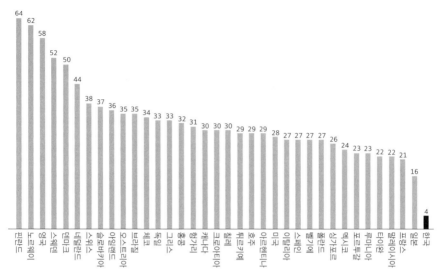

자료 : 로이터 디지털저널리즘 리포트

은 사람들이 "네이버에서 봤는데"라고 하지 "네이버에서 조선일보 기사를 봤다"거나 "경향신문 기사를 봤다"고 말하지 않는다.

네이버는 끊임없이 공정성 논란에 휘말렸다. 다음도 마찬가지지만 한국의 양대 포털의 높은 점유율을 생각하면 애초에 공정성 논란에서 자유로울 수 없는 구조였다. 네이버가 직접 뉴스를 편집하던 시절에는 기사 한 건을 1,000만 명 가까이 읽는 일도 벌어졌다. 네이버가 어떤 뉴스를 1면에 내거느냐에 따라 또는 어떤 기사를 내걸지 않느냐에 따라 한국 사회의 여론이 요동을 쳤다.

결국 네이버 스스로도 그 힘을 감당하기 어려운 지경에 이르러 나

온 것이 2009년 뉴스캐스트였고 뉴스캐스트가 만신창이가 된 뒤에 나온 게 2013년 뉴스스탠드였다. 1면에 아예 뉴스를 없애고 언론사 아이콘만 나열하는 극단적인 선택이었다. 하지만 이때부터 이미 뉴스 소비는 빠른 속도로 온라인에서 모바일로 넘어왔고 모바일에서는 여전히 공정성 이슈가 살아 있었다.

네이버는 급기야 뉴스 편집을 포기하고 2017년 알고리즘 편집을 도입했고 2018년부터는 언론사 채널 구독을 밀고 있다. 다음은 일찌 감치 2015년부터 알고리즘 편집으로 전환했고 2021년 10월 모바일에 카카오뷰를 도입하면서 아예 알고리즘 편집도 없앤다는 계획이었지만 카카오뷰의 반응이 신통치 않아 고심하는 분위기다. 네이버나 다음이나 아예 뉴스를 포기하는 방안까지 검토했던 것으로 알려졌지만 여전히 뉴스는 포털의 핵심 콘텐츠이자 미끼 상품이다. 포털 입장에서는 이 정도 비용으로 이렇게 압도적인 과점 체제를 유지할 수 있다면 포기할 이유가 없다.

'가두리 양식장'의 '이너 써클'

우여곡절 끝에 2016년에 뉴스제휴평가위원회가 출범했지만 결국 '가두리 양식장'의 '이너 써클'을 강화하는 데 그쳤다는 비판이 많았다. 애초에 제휴평가위원회가 출범하게 된 배경에 포털이 언론사의 진입과 퇴출을 임의적으로 판단하고 결정해서는 안 된다는 문제의식이 있었지만 위원회에 한국신문협회와 한국기자협회 등 언론 유관 단체들이 참여하면서 결국 고양이에게 생선 가게를 맡긴 격이라는 평가가 나돌았다.

포털 입장에서는 이미 콘텐츠가 넘쳐나는 상황에 추가로 비용을 지불하면서 콘텐츠를 늘릴 이유가 없고 적당히 진입을 통제할 명분으로 위원회를 내세웠을 수도 있다. 콘텐츠 제휴^{CP}를 걸어 잠그면서 검색 제휴를 늘리긴 했지만 애초에 "제휴를 맺어야 검색해준다"는 것도 근본적으로 포털의 개방성과 중립성에 위배되는 원칙이다. 네이버의 '이너 써클'은 한국 언론의 파괴적 혁신을 지연시켜 왔다.

'가두리 양식장'을 벗어나기 위한 대안으로 아웃링크가 거론된 건 2017년부터였다. 구글처럼 검색 결과를 직접 언론사 사이트로 넘어가게 해야 한다는 주장이었다. 한국신문협회는 네이버와 다음이 뉴스 서비스로 얻는 매출이 3,500억 원이 넘는다는 분석 결과를 내놓기도 했다. 포털 사이트가 지금까지 성장한 게 결국 공짜 뉴스 덕분 아니냐는 논리였다.

한국 언론은 오랫동안 '죄수의 딜레마'에 빠져 있었다. 조선일보와 중앙일보 등이 모바일만큼은 포털에 주도권을 내줄 수 없다고 버티다가 들어온 게 2015년이다. 두 신문사는 결국 전재료와 기타 등등의 프리미엄을 두둑이 챙긴 것으로 알려졌다. 네이버가 언론사들의 ATM(현금지급기) 아니냐는 자조 섞인 우스갯소리가 나돌기도 했다.

한때 정부 지원금을 받는 연합뉴스가 앞장서서 포털 제휴를 중단해야 한다는 주장을 하기도 했지만[43] 연합뉴스 역시 연간 수백억 원에 이르는 제휴 매출을 포기할 이유가 없다. 연합뉴스가 뉴스 도매상의 역할에 머물러야 한다는 주장도 설득력을 얻기 어려웠다.

포털 뉴스 아웃링크 논란이 한창이던 2018년 5월, 한 언론사 편집국장이 페이스북에 이런 글을 남겼다. "(아웃링크가 안 된다는 건) 일제시대 독립운동가에게 친일파가 하는 소리. 우리가 독립하면 일본만큼 잘 살 수 있어? 지금 이만큼 사는 게 누구 덕인데. '조센징'들은 안 돼. (이런 식이지.)"

아웃링크라는 건 네이버나 다음 등 포털 사이트에서 뉴스 링크를 클릭했을 때 네이버 안에서 뉴스를 보여주지 말고 언론사 사이트로 직접 이동하게 하라는 이야기다. 그때만 해도 아웃링크는 전혀 현실성 없는 이야기처럼 들렸다. 일단 네이버가 CP(콘텐츠 제공) 제휴 언론사들에게 전재료라는 명목으로 주는 돈이 연간 수백억 원 규모, 여기에 직간접적으로 나가는 후원이나 협찬을 더하면 네이비와 다음에게서 언론사에 나가는 돈이 연간 1,000억 원에 육박할 거라는 관측도 있었다. 네이버와 다음이 전재료 시스템을 없애고 광고 수익 배분으로 돌아선 뒤에도 이 금액은 늘었으면 늘었지 줄지는 않았다는 게 업계 관계자들의 지배적인 관측이다.

네이버가 갑자기 아웃링크로 가겠다고 하고 어느 날 갑자기 이 돈을 끊으면 언론사들이 가만히 있을까. 아웃링크 논란이 한창이던 2018년 5월, 네이버가 비공식적으로 CP 제휴 언론사들 의견을 물었

---

43) 이정환, 〈언론과 포털, 연합뉴스의 동상이몽〉, 관훈저널, 2013년 9월

더니 나가겠다고 답변한 언론사는 단 한 군데뿐이었고 나머지 언론사들은 모두 아웃링크를 반대한다고 답변했다.[44] 심지어 '독립 운동' 운운했던 그 언론사도 반대표를 던진 것으로 알려져 뒷말이 많았다.

아웃링크? "나가는 놈만 손해"

그때나 지금이나 포털 뉴스를 아웃링크로 전면 전환하기 위한 전제 조건은 다음과 같다. 어디는 남고 어디는 빠지는 방식으로는 죄수의 딜레마 상황에서 빠져나올 수 없다. 지금은 '나가는 놈만 손해'라는 게 모든 언론사들이 갖고 있는 현실적인 판단이다. 가두리 양식장을 벗어나려면 줄어드는 전재료 이상의 수익을 보전할 대안을 찾아야 하지만 아웃링크로 가면 네이버가 군이 돈을 주고 뉴스를 사들일 이유가 없게 된다.

물론 다 같이 네이버를 빠져 나와서 한국 국민들이 다시 검색으로 뉴스를 찾고 직접 언론사 사이트를 방문하기 시작하면 지금 네이버가 주는 광고 수익 배분 이상의 매출을 만드는 것도 가능하겠지만 상당한 시간이 걸릴 것이고 누구도 그게 가능할 거라고 장담하기 어렵다.

한국 언론이 한꺼번에 포털 탈퇴를 한다는 것도 현실적으로 상상하기 어려운 가정이다. 지금은 '나가는 놈만 손해'인 국면이다. 제휴평가

---

44) 전혁수, 〈네이버 아웃링크 선택한 언론사는 달랑 한 곳〉, 미디어스, 2018년 5월 10일

위원회에는 아직도 뉴스 제휴를 해달라는 언론사들이 줄을 서 있다. 천하의 조선일보도 네이버와 인연을 끊을 수 없는 게 현실이고 독립 언론 뉴스타파도 재수와 삼수 끝에 그 어렵다는 콘텐츠 제휴 계약을 맺었다. 네이버에 뜨면 읽히고 안 뜨면 안 읽히는 게 한국 언론이 당면한 참담한 현실이다.

포털 사이트 네이버에는 하루 3만 6,000여 건의 기사가 쏟아진다. 2021년 기준으로 콘텐츠 제휴 69개 언론사에서 쏟아내는 기사들이다. 여기에 검색 제휴까지 포함하면 하루 네이버 데이터 베이스에 들어오는 기사가 6만 건에 육박한다. 네이버 관계자에게 비공식적으로 확인한 통계다. 네이버 페이지뷰는 하루 3억 뷰, 이 가운데 뉴스가 1억 뷰 정도를 차지한다. 전체적으로 뉴스와 연예, 스포츠 콘텐츠가 3억 뷰 가운데 70% 성도를 차지한다. 이른바 한국형 포털 서비스의 장점이 없는 것은 아니다. 독자 입장에서는 네이버나 다음에 들어가면 세상의 모든 뉴스를 공짜로 볼 수 있다. 검색만 하면 10년 전 20년 전 기사도 불러 올 수 있고 여러 언론사 기사를 비교하면서 볼 수 있다. 이런 정도의 뉴스 서비스는 세계 어느 나라에도 없다.

매일경제신문 기자 출신의 네이버 유봉석 전무는 지난 2014년 미디어오늘과 인터뷰에서 이렇게 말했다.[45]

---

45) 이정환, 〈네이버 뉴스스탠드의 비극, 누구를 탓할 것인가〉, 미디어오늘, 2014년 1월 22일

"콘텐츠 생산자들이 자체적으로 보유한 플랫폼에서만 이용자를 만나는 것을 고집해서는 안 되는 시대가 됐다. 원 소스 멀티 퍼블리싱^{one} source multi publishing 시대다. 직접 플랫폼을 구축할 수 없거나 구축하더라도 많은 이용자들을 끌어들일 자신이 없다면 사람들이 많이 모이는 외부 플랫폼에서 콘텐츠를 세일즈하는 게 현실적이다. 나는 네이버가 게이트 쉐어링의 다양한 통로를 매개하는 역할을 할 수 있을 거라고 본다. 잘 하고 싶다. 언론사도 네이버만 바라보지 말고 다양한 콘텐츠 유통 플랫폼을 확보할 필요가 있다. 당장 성과가 안 나오더라도 앞으로 언론의 힘은 단순히 발행부수나 시청률, 트래픽 차원을 넘어 얼마나 다양한 외부 플랫폼에 노출되느냐에 따라 결정될 거라고 본다."

『게이트 쉐어링^{gate sharing}』, 유봉석 전무가 2013년에 펴낸 책 제목이다. 어떤 이슈를 선택하거나 선택하지 않거나, 이른바 게이트키핑 ^{gate keeping}이 전통적인 언론사의 역할이었다면 유봉석 전무가 말하는 '게이트 쉐어링'은 특정 플랫폼에 갇히지 말고 플랫폼을 공유하고 플랫폼을 확장하면서 도달률과 영향력을 확대하자는 의미로 이해할 수 있다.

"콘텐츠의 생산 전략만큼이나 제휴를 통한 소싱과 유통 전략이 플랫폼과 콘텐츠의 파워를 결정짓는 핵심 요소가 됐다"는 분석이었다. 그리고 네이버라는 플랫폼이 그 역할을 하겠다는 게 유봉석 전무의 꿈이고 야망이었을 것이다.

"애초에 게이트의 의미가 다르다. 게이트키핑은 자체 플랫폼 시대, 게이트 워칭은 주변부 사이트의 콘텐츠가 나의 플랫폼 내부에서 유통

되는 시대, 게이트 쉐어링은 주변부 사이트의 콘텐츠가 나의 플랫폼에 있는 게이트를 통해 노출되지만 그 혜택은 주변부 사이트와 공유하는 시대로 나뉜다. 게이트키핑 시대가 보장했던 온실에서 벗어나 이용자들에게 적극적으로 어필할 수 있는 전략을 짜야 한다. 콘텐츠 생산자의 미래는 게이트 쉐어링에 달려 있다고 해도 지나친 말이 아니다."

그의 꿈은 이뤄졌을까. 안타깝게도 네이버의 지난 10년은 온갖 공격과 방어의 역사였다. 네이버 나름으로는 최선의 해법을 찾아가는 과정이었겠지만 공유지의 비극을 피할 수 없었고 언론도 퇴행을 거듭했다.

3. 혁신 없는 공영 언론, 낮은 존재감과 희미한 공적 책무

"국민이 공영방송을 통제할 수 있어야 하는 거 아니에요? 아래로부터 국민이 공영방송이 잘못하고 있다고 하면, 국민이 저 방송은 지금 잘못하고 있으니까 사장이 물러나라든지, 그런 의견들이 반영되고 논의가 될 수 있는 시스템들을 만들어야죠. 물론 그전에 국민의 뜻을 제대로 대변해서 방송할 수 있는 경영진들이 먼저 선임이 돼야죠. 그게 제일 중요하죠."[46]

우리는 해직 언론인 이용마 기자의 유언을 기억한다. 이용마는 2012년 MBC 파업을 주도했다는 이유로 해고됐다가 병을 얻어 세상을 떠났다. 문재인 대통령은 당선 직후 이용마를 만난 자리에서 "공영방송의 지배구조를 개선하는 법적 장치를 확실히 제도화할 필요가 있다"면서 "국회에 시민사회까지 참여하는 사회개혁 기구를 구성해 언론에 대한 적폐를 해소할 수 있는 대책, 공영방송이 본분을 다 하도록 하는 제도적인 입법을 하자고 제안해뒀다"고 밝힌 바 있다. 그러나 그 약속은 끝내 지켜지지 않았다.

마지막 순간 이용마 기자가 페이스북에 남긴 글은 이것이다.

"공영방송 사장 선임 과정에 공론화위원회 방식의 국민대표단 제도를 전격 도입해 국민들이 직접 사장을 뽑을 수 있게 하면 공영방송 종사자들이 정치권 눈치를 볼 일이 없어질 것이다. (중략) 이런 의견성 글도 거의 마지막이 아닌가 싶다. 온몸의 에너지가 빠져서 머리로 정리하는 것도 쉽지 않다."

그렇게 힘겨운 투쟁 끝에 되찾은 MBC가 문재인 정부 5년 동안 어떤 보도를 내보냈는지 돌아보면 좋은 평가를 내리기는 어렵다.

"100만 명 정도 되는 숫자가 어느 정도인지 느낌이 있는데요. 딱 보니까 이건 그 정도 된다, 느낌이 왔죠. 면적 계산하고 이런 거 별로 중요하지 않습니다. 경험 많은 사람은 감으로 알죠."[47]

조국 반대 집회와 지지 집회가 광화문과 서초동에서 맞붙었던 2019년 10월, 박성제 당시 MBC 보도국장이 TBS '김어준의 뉴스 공장'에

---

46) 강성원, 〈이용마 기자 "공영방송 사장 국민이 뽑아야"〉, 미디어오늘, 2019년 2월 25일

나와서 했던 말이다. 실제로 100만이냐 아니냐 논란이 있었지만 눈여겨 볼 부분은 이 발언을 계기로 MBC가 노골적으로 친 정부 성향으로 돌아섰다는 비판이 쏟아졌다는 데 있다. 실제로 서초동 집회에 엄청난 인파가 쏟아져 나왔던 건 사실이고 의미 부여를 할 만한 사건인 것도 분명했다. 분명한 건 그 무렵 MBC는 한쪽 입장을 대변한다는 평가를 의식하지 않았고 오히려 노선을 명확하게 하고 시청률 반등의 수단으로 삼았다는 사실이다. 지지자들은 열광했지만 진보 성향의 시청자들조차 "왜 MBC는 정권이 바뀔 때마다 극단을 오가느냐"며 안타까워 했을 정도다.

강준만 전북대학교 명예교수는 지역 신문 공동 칼럼에서 "역대 어느 방송사의 보도국장이 그런 정치적 발언을 공개적으로 한 적이 있었던가"라며 개탄했다.[48] "박성세의 MBC는 검찰과의 본격적인 전쟁에 뛰어든 것처럼 보였다"면서 "누가 옳건 그르건, '조국 사태'로 인해 '두개로 쪼개진 나라'에서 어느 한편을 돕는 게 과연 그가 스스로 던진 질문에 대한 답이었을까?"라고 반문했다.

나는 2022년 미디어오늘 신년 사설에서 지지부진한 언론 개혁 이슈와 관련해 "정치의 책임도 크지만 정치 탓만 해서는 아무 것도 바뀌지 않는다"고 지적한 바 있다.[49] "언론 개혁 의제가 제자리에 멈춰 있

47) 김경필, 〈MBC 보도국장 "조국 지지 집회 딱 보니 100만명"〉, 조선일보, 2019년 10월 2일
48) 강준만, 〈[강준만의 '易地思之'] MBC, 이게 '방송 민주화'인가?〉, 무등일보, 2022년 1월 18일
49) 미디어오늘, 〈말만 앞섰던 언론 개혁, 정치 의존 넘어야 한다〉, 미디어오늘, 2022년 1월 4일

다면 그것은 대통령이 의지가 없어서가 아니라 언론인들이 처절하게 싸우지 않았기 때문이고 스스로를 혁신할 준비가 안 돼 있기 때문"이 란 이야기다.

이용마 기자가 남긴 질문

만약 문재인 대통령이 집권 초반에 "공영방송 사장을 대통령이 임 명하던 제도는 과거로 남겨둬야 한다"고 선언하고 "민주주의의 확장 을 위해 국회와 시민사회가 공영 언론의 새로운 거버넌스를 논의해 달라"고 제안했다면 어땠을까. 언론인들이 2012년 총파업 때의 결기 로 공영 언론의 독립과 다양성 확보, 공론장 복원을 위한 새로운 생태 계 모델을 제안하고 요구했다면 한국 사회는 문재인 정부 5년이 지난 지금 여전히 같은 질문을 들고 있지 않을 것이다. 이명박과 박근혜 정 부와 싸웠던 언론운동 진영이 이제 윤석열 정부와 싸워야 하는 상황 이라면 그건 문재인 정부 때 제대로 싸우지 않았기 때문일 수도 있다.

윤석열 정부가 들어선 뒤 뒤늦게 공영방송 지배구조 개선 논의가 본격화하고 있지만 여전히 갈 길이 멀다. 더불어민주당이 적극적으로 검토하고 있는 독일 ZDF 모델은 사회단체, 종교단체, 직능단체, 정당 의 대표 등으로 구성된 60명의 방송 평의회를 두고 있다.[50] 평의원은

---

50) 정철운, 〈공영방송 지배구조 개선, 돌고 돌아 독일식까지 왔다〉, 미디어오늘, 2022년 4월 15일

추천 기관에서 선출하고 16개 주 정부 총리들이 임명한다. 이들이 경영, 인사, 전략 수립, 프로그램 제작 및 편성, 사후심의를 맡는다.

심영섭 경희사이버대학교 교수는 미디어스와 인터뷰[51]에서 "독일식 평의회의 역할은 단지 사장만 뽑는 것에서 끝나지 않는다. 본부장급에 대한 임명권과 동의권이 있고, 프로그램 성격을 좌우할 수 있을 정도의 투자(250만 유로 이상)를 결정할 수 있고, 내적 다원주의에 따라 내부에서 방송을 심의하기도 한다"며 "이런 기능이 제대로 되어야 독일식 모델인 것이고 이게 아니라면 사장 추천 기능 정도밖에 못하게 되는 것"이라고 설명했다. 독일식이든 영국식이든 지배 구조 개선을 논의하기에 앞서 공영방송의 공공성을 어떻게 강화하고 보장할 것인가에 대한 원칙과 철학이 전제돼야 한다는 이야기다.

문재인 성부가 임명한 MBC 최승호 사장은 인터뷰 작가 지승호 씨와 인터뷰에서 이런 대화를 한 적 있다.[52] 박근혜 정부 시절 인터뷰인데 지금 읽어보면 마치 예언처럼 들린다.

지승호: 만약에 다시 정권이 바뀐다면 공영방송을 빨리 정상화시켜야 한다는 생각에 '코드 인사'의 유혹에 빠질 수도 있을 거 같은데요?

51) 송창한, 〈'독일식' 공영방송 지배구조? 숲에서 길 잃은 것 아닌가〉 미디어스, 2022년 4월 19일

최승호: 그럴 겁니다. 그러면 보복과 보복의 악순환이 계속되겠죠. 대통령이 바뀔 때마다 극단에서 극단으로 왔다 갔다 합니다. 결국 방송의 신뢰도가 극한으로 떨어지게 되겠죠. 공영방송이 죽으면 세지는 건 종편이거든요. 그 폐해는 고스란히 국민들 몫이 됩니다.

SBS 윤춘호 기자는 최승호 전 사장과 인터뷰에서 다음과 같이 냉소적인 평가를 남겼다.[53] 이때는 문재인 정부 말기, MBC 사장을 지내고 물러난 뒤다.

"가장 큰 책임은 청와대와 여당에게 있겠지만 당신 같은 사람은 무엇을 했느냐고 묻고 싶었다. 나름대로 노력을 했지만 사장이라는 자리가 자기 마음대로 말을 할 수 있는 자리가 아니라고 했다."

다음은 SBS 인터뷰에서 최승호의 발언이다.

"책임은 져야 되는데 개입은 하지 않는다는 게 참 어려운 일인 거 같습니다. 개별적인 보도에 대해서 개입하지 않기 위해 노력은 했지만 중심을 잡으려는 생각은 했습니다. 팩트에 근거해서 보도를 해야 한다, 양쪽 이야기를 최대한 같이 다뤄주는 게 좋지 않겠느냐 그런 이야기를 항상 했습니다."

---

52) 지승호, 〈정권이 아닌 약자의 편에 서라〉, 철수와영희, 2014년
53) 윤춘호, 〈방송사 사장에서 다시 현장으로…PD 최승호의 고백과 다짐〉, SBS, 2022년 2월 26일

노력은 했지만 사장이 할 수 있는 역할에 한계가 있었다는 이야기다. 많은 아쉬움을 남기는 인터뷰였다. 왜 이용마 기자와의 약속을 지킬 수 없었는지 묻고 답했어야 하지 않을까. 최승호 시절 MBC가 그가 꿈꾸던 공영방송의 모델이었는지, 그렇지 않다면 무엇이 문제였는지를 물었어야 했다.

나는 2021년 9월, KBS 라디오 방송의 날 대담에서 이런 이야기를 했다.[54]

"MBC나 KBS가 만약 특정 정파의 편에 서서 일부 시청자들에게 박수를 받으려고 한다면 그건 매우 위험한 일일 뿐만 아니라 공영방송의 정체성을 스스로 포기하는 일이 될 거라고 봅니다. 불편하지만 옳은 소리, 어렵게 지켜낸 방송 독립이라는 가치에 걸맞는 방송을 만들어야 합니다. 그게 국민들이 공영방송을 지켜야 할 명분이 될 거고요. KBS가 있어서 다행이다, 그래도 MBC가 옳은 말을 한다, 이런 말이 나올 수 있어야 합니다."

우리가 공영방송의 역할과 정치적 독립을 이야기하는 것은 공영방송이 저널리즘의 기준이 돼야 한다고 보기 때문이다. 상업적인 언론과는 다른 높은 수준의 공적 책무와 사명을 구현하는 언론이 버티고 있어야 사회의 퇴행을 막을 수 있다고 보기 때문이다. 그러나 지난 10여 년의 경험을 보면 혼란과 갈등의 국면에 공영 언론이 어떤 역할을

---

54) 최영묵·이정환, 〈[방송의 날 기획 대담] 3편. 위기의 시대, 공영방송의 역할을 묻고 답하다〉, KBS, 2020년 9월 3일

했는지 묻지 않을 수 없다.

2012년 뜨거웠던 MBC의 여름

다음은 이명박 정부 마지막 해였던 2012년 7월, 내가 미디어오늘 편집국장을 맡고 있던 시절 썼던 칼럼 가운데 일부다.

"MBC 노동자들은 이미 이겼다. 이명박과 김재철은 이제 물러날 시간만 앞두고 있다. 군색하게 자리를 지키고 있지만 이들은 껍데기나 마찬가지다. 국민들은 그 어느 때보다도 공정한 방송을 염원하고 있다. 정말 잘 싸웠다. 다시는 그 어느 정권도 방송을 탐할 수 없도록 소중한 역사적 교훈을 만들어냈다. 그렇기 때문에 언제 파업을 접고 돌아가든 그건 중요하지 않다. 이 뜨거웠던 투쟁의 기억으로 달라진 방송을 만들 거라고 믿는다. 당신들은 이미 이겼다."[55]

MBC노동조합은 김재철 당시 사장의 퇴진을 요구하면서 무려 170일 동안 파업을 이어갔다. 김재철 사장은 대량 해고와 징계로 겁박하고 시용 직원들로 그 자리를 채우면서 겨우겨우 버티고 있었다. 급기야 간판 상품이었던 뉴스데스크의 시청률이 1% 수준으로 떨어지는 지경까지 갔다.

유난히 뜨거웠던 그해 여름 서울 시청 광장에서 열린 이른바 '김재

---

55) 이정환, 〈파업 163일… MBC 여러분, 정말 잘 싸웠습니다〉, 미디어오늘, 2012년 7월 11일

철 헌정 콘서트'에는 4,000여 명의 지지자가 몰려들었다. 무대에 오른 가수 박완규 씨는 "진실을 전하기 위해서 정말 외로워서 눈물이 흘러도 진실의 바다에 뛰어들 수 있겠냐"고 물었고 뜨거운 환호가 쏟아졌다. 김재철 퇴진 서명 운동은 일찌감치 100만 명을 훌쩍 넘겼고 자발적인 후원과 모금도 쏟아졌다. 요리 커뮤니티 회원들이 MBC를 찾아와 삼계탕 200인 분을 끓여주고 가기도 했다. 나중에 TBS와 YTN 사장을 지낸 정찬형 라디오본부장은 "이렇게 오래 갈 줄도 몰랐지만 이렇게 신나게 잘 싸울 줄도 몰랐다"고 털어놓기도 했다.

그럼에도 사상 최장의 파업은 언론 노동자들의 굳은 결기를 보여줬지만 김재철 퇴진을 끌어내지 못했다. 정권만 바뀌면 해결된다는 정서가 있었던 것도 사실이지만 이명박 정부는 마치 MBC의 몰락이 정권에 도움이 된다고 생각하는 것처럼 요지부동이었다. 결국 파업이 끝난 뒤에도 김재철 사장은 쉽게 물러나지 않았고 그해 12월 박근혜 대통령이 당선되면서 MBC 정상화의 꿈도 미뤄졌다.

결국 김재철 사장은 박근혜 정부가 출범한 뒤 2013년 3월에서야 자진 사퇴 형식으로 물러났다. 방송문화진흥회가 김재철 해임안을 통과시키고 MBC 주주총회를 앞둔 시점이었다. 나무늘보처럼 버티던 김재철 해임안이 통과된 건 김재철이 워낙 함량 미달의 인물이었기 때문이지만 정권의 의지라기보다는 여권 추천 이사들 가운데서도 이탈표가 나왔기 때문에 가능했다. 3억 원에 육박하는 퇴직 연금을 받기 위해 해임이 아니라 사퇴라는 꼼수를 선택했다는 관측도 있었다. 어차피 박근혜 정부 입장에서도 이명박이 임명한 김재철은 버리는 카드였을 가능성이 크다.

음수사원 굴정지인

　박근혜 정부는 김재철의 후임으로 김종국, 안광한, 김장겸 등을 선임했다. 안광한과 김장겸 전 사장은 노동조합 조합원들을 비제작 부서로 발령내고 노조 탈퇴를 종용하는 등의 혐의로 각각 징역 1년과 징역 8개월에 집행 유예 2년을 선고 받았다. 낙하산으로 내려온 사람들이 하필 왜 이런 수준이냐고 탓할 수도 있지만 그게 낙하산 사장들의 구조적인 한계였다. 뽑아준 사람에게 충성해야 다음 자리가 보장되기 때문이다. 역대 정권의 어느 대통령도 눈치 보지 않는 공영방송 사장을 만드는 데 결단을 내리지 않았다는 사실이 안타까울 따름이다.

　공영방송을 정치에서 분리해야 한다는 주장은 역사적으로 뿌리가 깊다. 김대중 전 대통령이 대통령의 KBS 사장 임면권을 임명권으로 바꾼 것은 지금 돌아보면 엄청난 결단이었다.[56] 임면권은 임명과 면직의 권한을 갖는다는 것이고 이걸 임명권으로 축소하는 건 면직의 권한을 뺀다는 의미다. 정권이 바뀌더라도 이전 정권에서 임명한 사장을 내보내지 않겠다는 원칙을 제도로 구현한 것이다. 대통령 입장에서 볼 때는 임명은 내가 하지만 설령 나에게 불편한 보도를 하더라도 당신의 임기를 보장하겠다는 의미도 된다.

　통합방송법의 이 조항이 다시 거론된 건 2008년 8월 이명박 정부 시절, KBS 이사회가 정연주 당시 KBS 사장을 해임하면서다. 정연주

권력의 리모컨,
공영방송 낙하산 사장의 연대기

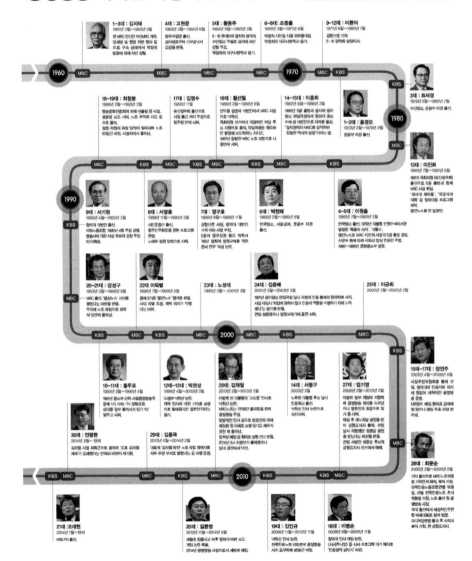

미디어오늘 2015년 4월22일 5면

사장 역시 한겨레 기자 출신으로 어느 정도 낙하산 성격이 없었던 것은 아니지만 이명박 정부는 노골적으로 정 사장의 뒤를 캐면서 퇴진을 압박했다. 급기야 KBS가 국세청을 상대로 한 소송에서 항소를 취하한 게 배임에 해당된다며 검찰 고소와 감사원 감사를 거쳐 해임했다. 정 전 사장은 무죄 선고를 받았고 해고 무효 소송에서도 승소했다. 임기가 보장된 KBS 사장을 해임할 권한과 명분이 없으니 어차피 청와대가 장악한 이사회를 내세워 몰아낸 정말 안 좋은 선례였다.

공영 언론 투쟁이 한창이던 2012년 3월, 나는 미디어오늘 사설에서 다음과 같이 썼다.[57] 그때나 지금이나 나는 공영 언론 문제가 지지부진한 데는 언론 운동 진영의 책임도 크다고 생각한다.

"정연주가 노무현의 낙하산이었다면 김인규는 이명박의 낙하산이다. 최문순이 노무현의 코드 인사였다면 김재철은 이명박의 코드 인사다. 착한 낙하산과 나쁜 낙하산의 차이일 뿐이다. 김인규의 KBS와 김재철의 MBC가 문제가 많은 것은 사실이지만 김인규나 김재철이 문제의 핵심은 아니다. 실제로 이병순의 KBS와 김인규의 KBS는 크게 다르지 않았고 엄기영의 MBC나 김재철의 MBC 역시 정도의 차이는 있을 뿐 정권의 눈치를 보는 건 마찬가지였다."

지금은 여기에 이렇게 덧붙일 수 있을 것 같다.

문재인 정부에서 KBS의 양승동과 김의철, MBC의 최승호와 박성

---

56) 최훈길, 〈김내공 "KBS 사장 임기보장 차원, '임명'으로 바꾸었다"〉, 미디어오늘, 2008년 8월 21일

57) 미니어오늘, 〈정연주와 김인규, 최문순과 김재철의 차이〉, 미디어오늘, 2012년 3월 7일

제를 낙하산이라고 보기는 어렵겠지만 문재인 정부가 과거에서 교훈을 얻었다면 어떻게든 임기 중에 공영방송의 독립을 제도화했어야 한다는 아쉬움이 남는다. 윤석열 정부가 어떤 사람을 선임할지 지켜봐야겠지만 핵심은 공영방송의 정치적 독립이 대통령의 선의로 작동해서는 안 된다는 것이다. 좋은 사람을 뽑으면 낙하산이 아니다? 우리 편이 보기에만 그럴 뿐이다. 근본적으로 청와대가 공영방송 사장을 임명하는 구조에서는 어떤 형태로든 공정성 논란이 제기될 수밖에 없다. 이용마 기자가 삶의 마지막 끈을 놓기 전까지 애타게 당부했던 것이 바로 이것이다.

이명박과 박근혜 정권 5년을 지나면서 깨달은 건 공영방송 사장을 애초에 임명권자에게 알아서 충성할 사람을 꽂아 넣을 수 있다면 임면권이든 임명권이든 큰 차이가 없다는 사실이다. 박근혜 정부 시절 안광한 MBC 사장은 상암동 사옥 로비에 "음수사원 굴정지인飮水思源 掘井之人"이라는 현판을 내걸었다. 해석하기 나름이겠지만 "나를 뽑아 준 사람이 누구인지 생각해야 한다"는 뜻으로 읽는 사람들이 많았고 실제로 안광한 사장 시절 MBC는 납작 엎드려 정권에 충성하면서 공영방송의 바닥을 보여줬다.

공영방송 문제는 결국 사람의 문제가 아니라 지배 구조의 문제로 풀어야 한다. 2017년 12월 MBC가 박성제 사장을 선임하는 과정에서 시민 평가단 방식을 도입하기로 검토한 적 있지만 최종 후보를 압축하는 단계일 뿐 결국 방송문화진흥회가 결정을 하고 대통령이 임명하는 구조에서는 근본적인 변화를 기대하기 어렵다는 지적도 있었다. 마치 방 안의 코끼리처럼 문제의 본질을 외면해 왔을 뿐이다.

한국의 주요 공영 언론의 사장 선출 시스템은 여전히 정권에 예속돼 있다. 100% 정부가 지분을 보유하고 있는 KBS는 이사 11명을 모두 방송통신위원회가 추천하는데 여기에서 사장이 선출된다. 이사 11명 가운데 7명이 정부와 여당 몫이고 나머지 4명이 야당 몫이다.

정부를 대신해 사실상 KBS를 지배하는 방송통신위원회는 위원장과 부위원장을 포함해 상임위원 5명으로 구성되는데 역시 정부와 여당이 3명을 추천하고 야당이 2명을 추천한다. 합의제 구조라고 하지만 결국 3 대 2의 의결 구도에서 극단적인 경우 야당 추천 위원들이 퇴장하고 정부 여당 추천 위원 3명이 다수결로 결정하는 경우가 많다. 애초에 이명박 정부 출범 때부터 선거 특보 출신의 최시중 씨가 위원장을 맡는 등 태생적으로 정치적 종속에서 벗어날 수 없는 구조였다. 방송과 통신의 융합 환경에 대응한다는 명분으로 정보통신부와 방송위원회를 통합해 출범했으나 실제로는 막강한 이권을 배분할 권한을 쥐고 방송과 통신을 쥐락펴락하는 여론 장악의 첨병으로 활동해 왔다.[58]

MBC는 방송문화진흥회가 70%, 정수장학회가 30%의 지분을 갖고 있다. 방송문화진흥회에서 MBC 사장을 선임하는 셈인데 방송문회진흥회 이사는 모두 방송통신위원회가 선임한다. KBS는 물론이고

---

58) 이정환, 〈잔혹했던 언론 탄압 5년의 역사〉, 미디어오늘, 2012년 9월 30일

MBC도 대통령과 여당이 사장 선임에 개입하는 구조라 태생적으로 낙하산 논란에서 자유로울 수 없다.

이런 한계를 단적으로 드러낸 게 이른바 '큰집' '쪼인트' 사건이다. 신동아 보도에 따르면[59] 2010년 2월 엄기영 MBC 사장이 물러난 건 '좌파 대청소'를 제대로 하지 못한 책임을 물어서다. 김우룡 전 방송문화진흥회 이사장은 "(청와대에서) 엄 사장에게 문 걸어 잠그고 이사들 사표 받아오라고 시켰다"고 털어놓았다. 엄 사장이 '좌파 척결'을 제대로 하지 못하자 그 역할이 후임 김재철 사장에게 넘어갔고 김재철 사장은 "'큰집'에 불려가 '쪼인트'를 까이고 매도 맞고" 한 뒤 "MBC 내부의 좌파 70~80%를 정리"했다.

YTN은 한국전력공사의 자회사인 한전KDN이 21.4%, KT&G가 20.0%, 한국마사회가 9.5%, 우리은행이 7.7% 등 공기업 및 정부 관계 회사 지분이 58.5%에 이른다. 이명박 정부 때는 대통령 선거 특보를 지낸 구본홍 씨가 낙하산으로 내려와 거센 충돌을 빚었고 후임 배석규 사장은 대규모 해고와 징계로 맞섰다.

연합뉴스는 뉴스통신진흥회가 30.8%, KBS가 27.8%, MBC가 22.3%의 지분을 보유하고 있다. 뉴스통신진흥회 이사장은 역시 대통령이 임명한다. 뉴스통신진흥회 이사회는 7명인데 정부와 여당이 4명을 추천하고 야당이 1명, 한국방송협회와 한국신문협회가 각각

---

59) 한상진, 〈김재철 사장, '큰 집'에 불려가 조인트 맞고 깨진 뒤 좌파 정리했다〉, 신동아, 2010년 4월호

1명씩 추천한다. 연합뉴스 역시 사실상 대통령이 사장을 임명하는 구조라고 할 수 있다.

방송사 사장이 '큰 집' 불려가 '쪼인트' 까이던 시절

정권이 바뀌고 윤석열 정부가 들어선 상황에서 돌아보면 문재인 정부가 왜 좀 더 적극적으로 언론 개혁 이슈를 밀어붙이지 않았는지 아쉬움이 남는다. 문재인 대통령은 선거 공약으로 공영방송 지배 구조 개선과 규제 체제 개혁, 지역 다양성 강화, 미디어 개혁위원회 설치 등을 내걸었지만 어느 하나도 제대로 진행된 게 없다. 엉뚱하게도 더불어민주당이 언론중재법 개정안을 밀어붙였다가 엄청난 비판과 반발에 부딪혀 집권 후반의 동력을 허비했다. 언론개혁을 '징벌적 손해 배상'으로 풀려 했던 철학의 빈곤이 빚은 안타까운 현실이었다.

정권 연장이 가능하다고 믿었던 것일까. 아니면 적당히 정권에 우호적인 박성제 체제의 MBC가 맘에 들었던 것일까. 당연히 정도의 차이는 있고 박성제의 MBC를 김재철의 MBC와 비교하긴 어렵지만 문제의 근본 원인이 공영방송의 정치적 독립에 있다는 걸 제대로 이야기해주는 사람이 대통령 주변에 없었던 게 아닐까. 문재인 정부 시절의 KBS나 MBC가 박근혜 정부 시절보다 낫다고 보는 사람들도 있겠지만 여전히 대통령이 임명한 사장이라는 태생적 한계에서 자유로울 수 없었다.

손석춘 건국대학교 교수는 2021년 11월 전국언론노동조합 창립 33

주년 기념 토론회에서 "언론 개혁이 특정 정파의 이해관계 수준에서 제기되는 사례가 부쩍 늘어나고 있다"면서 "정파에 과도하게 편향된 언론개혁론이 전면에 나서면서 언론운동의 위기가 심화되고 있다"고 지적한 바 있다. "언론운동에 나선 조직과 개인들이 기존 정치체제에 함몰돼 가고 있다"는 비판도 뼈를 때린다.

나는 2022년 1월 미디어오늘 신년 사설에서 다음과 같이 제안한 바 있다. 정권이 바뀐 지금도 이 제안은 여전히 유효하다.

"지난 20여 년의 경험에서 확인했듯이 언론 개혁은 대통령의 선의로 작동하는 게 아니다. 정권을 바꾸거나 또는 지키는 걸로 가능한 한 판 승부가 아니다. 집권 여당이 180석을 확보했다고 갑자기 새로운 세상이 열리는 것도 아니다. 서 있는 곳에 따라 풍경이 달라지게 마련이고 투쟁의 방식도 달라져야 한다. 제도로 풀어야 할 문제도 있지만 새로운 질서를 세우려면 낡은 관행에 맞서고 기득권을 해체하는 작업부터 시작해야 한다. 여전히 우리는 5년 전 이용마 기자가 남긴 질문을 들고 있다. 우리에게는 정치권력으로부터 언론의 자유를 확보하는 것뿐만 아니라 언론의 사명과 공적 책무에 복무하기 위해 높은 수준의 윤리적 기준과 시민들의 신뢰를 확보해야 하는 과제가 남아 있다. (중략) 언론개혁의 주체는 언론이고 그 대상도 언론이다. 정치의 책임도 크지만 정치 탓만 해서는 아무 것도 바뀌지 않는다."

4. 편집권 독립이라는 과제, 만연한 관행과 타협

언론이 정치권력이나 자본권력의 압력에서 자유로워야한다는 문제의식과 별개로 언론사 내부에서 편집권을 흔드는 구조적인 요인을 간과해서는 안 된다. 광고와 기사를 맞바꾸자는 건 광고주의 달콤한 제안이기도 하지만 이들과 타협하고 편집국에 이를 강요하는 건 언론사 내부의 의사 결정권자들이다. 단순히 기사 한 건을 살리느냐 날리느냐의 문제를 넘어 저널리즘의 원칙 위에 군림하는 힘의 논리 문제고 결국 뉴스 룸의 조직 문화 문제다.

언론사에서는 언제나 의견 충돌이 끊이지 않는다. 인사권을 쥐고 있는 최종 의사 결정권자가 어느 쪽에 힘을 실어주느냐에 따라 언론의 논조와 색깔이 바뀌게 된다. 문제는 의사 결정권자가 외부의 압력에 흔들리거나 현장 기자와 데스크의 판단을 힘으로 꺾으려 할 때 발생한다. 누군가가 최종 판단을 해야 하지만 그게 다른 종류의 이해관계와 얽혀 있을 때 저널리즘 원칙을 희생하는 결과가 될 수 있다. 이것은 단순히 사장을 잘 뽑는 문제 이상이다.

몇 년 전 한 언론사에서 사장이 시사 주간지 커버스토리의 기사 가치를 문제 삼아 기사를 교체할 것을 지시하자 편집장이 사표를 낸 사건이 있었다.[60] 사장은 커버스토리로 내기에는 기사의 함량이 부실하

---

60) 장슬기, 〈한겨레 감사 결과 '밑줄 그었지만 편집권 침해는 아냐'〉, 미디어오늘, 2018년 3월 19일

다고 주장했는데 알고 보니 이 기사에서 다루는 기업의 임원이 편집인을 만나고 간 사실이 드러났다. 직접적으로 광고를 거래한 정황은 드러나지 않았지만 기자들 입장에서는 광고주의 영향력이 작용한 것 아니냐는 의심을 거둘 수 없었다. 이 편집인은 "이 사건은 '사장의 편집권 침해 사건'이 아니라 '함량 미달 기사 고집 사건'"이라고 주장했지만 함량의 기준이 광고주를 의식해서 높아진 것 아니냐는 비판이 있었다. 기사의 출고 여부를 두고 의견이 엇갈릴 때 최종 판단을 누가 하느냐를 두고 격론이 오갔다.[61]

이 언론사의 경우 사장은 발행인이고 편집인을 따로 두고 있다. 경영과 편집을 분리하고 있기 때문에 사장이 편집권을 침해했다는 주장이 가능한 것이다. 그런데 편집권의 주체인 편집인이 기사 수정 또는 보류를 지시했을 경우 그게 편집권 침해에 해당하는지는 논란의 여지가 있다. 애초에 사장과 편집인이 의견이 다르지 않았다는 것도 중요한 대목이다.

서 있는 곳에 따라 풍경이 다르기 마련이지만 분명한 것은 있다. 부당하다고 생각하는 지시를 거부하거나 최소한의 논쟁과 토론이 살아 있는 조직을 만들어야 한다는 것이다. 언론사 내부에 의견 대립이 없을 수는 없다. 실제로 취재가 부실한 기사라면 보완을 지시할 수 있고 취재 대상이 광고주라고 하더라도 반론의 권리를 보장하는 게 맞다.

61) 장슬기, 〈한겨레21 'LG 영수증 기사' 사장이 직접 수정 요청했다〉, 미디어오늘, 2017년 11월 17일

다만 문제가 되는 건 상당수 언론사에서 이런 권리가 유독 광고주들에게 더 열려 있고 그걸 전제로 광고를 거래하는 경우가 많기 때문이다. 이런 구조적 모순에서 자유로운 언론사는 많지 않다.

한국의 대표적인 시사 주간지로 자리 잡은 〈시사인〉의 출발이 〈시사저널〉이란 걸 모르는 사람은 많지 않을 것이다. 이른바 '시사저널 사태'는 2006년 6월 19일 금창태 당시 시사저널 사장이 이학수 당시 삼성전자 부회장을 다룬 기사를 삭제한 사건을 말한다. 데스킹과 편집을 다 끝내고 윤전기가 돌기 직전에 사장이 기사를 바꿔치기 한 것이다. 이에 반발해 사표를 낸 편집국장의 사표를 수리하고 기자들을 징계하면서 파업에 돌입했고 대체 인력을 투입하면서 파행을 계속하다가 23명의 기자 전원이 사표를 던지면서 일단락됐다.

금 사장은 기자회견까지 열면서 "기사를 싣지 말라고 한 적이 없다. 더 검증하고 확실한 증거를 확보하고 당사자의 반론도 보장해 추후에 다시 다루자고 한 것"이라고 주장했지만 기자들은 "금 사장이 기사 작성 전에 삼성 쪽의 전화를 받고 사장실로 불러 이학수 부회장과의 친분을 거론하며 기사를 빼줄 것을 요구했다"고 반박했다.[62] 금 사장은 자신에게 기사를 빼라고 지시할 권한이 있다고 판단했고 기자들에게 복종을 요구했다. 최종 판단은 사장이 한다는 생각이었겠지만 그게 구성원 전체의 의견을 거스를 정도로 중요한 판단이었을까.

---

62) 김상만, 〈시사저널 사태 끝 안 보인다〉, 미디어오늘, 2007년 2월 7일
63) 한겨레, 〈한국 언론계의 불행, '시사저널 사태'〉, 한겨레, 2007년 1월 23일

한겨레는 "한국 언론계의 불행, '시사저널 사태'"라는 제목의 사설에서 이렇게 지적한 바 있다.[63]

"이번 사태가 진정 걱정스러운 것은, 편집권이 발행인의 사유물처럼 다뤄지고 있기 때문이다. (중략) 편집권은 발행인의 전유물이 아니라 편집과 제작에 참여하는 구성원 전체가 공유하는 것이어야 한다. 편집권이 일부의 전유물로 전락하면, 언론의 공공성과 신뢰는 땅에 떨어진다. 시사저널 경영진과 그들을 도와 잡지를 만들고 있는 언론인들은 이제라도 무엇이 시사저널과 한국 언론을 위한 일인지 다시 생각해야 한다. 진정한 언론인이라면, 더 늦기 전에 사태 해결에 나서는 게 도리다."

"편집권은 위임되는 것, 누구도 독점해선 안 된다"

금창태 사장은 "편집권은 경영권의 핵심"이라고 주장했지만 시사저널 사태를 계기로 편집권의 범위를 두고 심도 깊은 논의가 이어졌다. 이승선 충남대학교 교수는 한국언론정보학회 포럼에서 "편집권의 귀속 문제를 넘어 다른 관점의 논의가 필요한 것 같다"며 "편집권이라는 기존의 개념에 △ 편집국 종사자와 경영진의 약속 △ 편집국 종사자가 경영진에 거는 기대가 함께 포함된 '편집 규범'의 개념이 필요하다"고 제안하기도 했다.[64]

설령 금창태 사장이 편집을 총괄하는 편집인이라고 하더라도 현장 기자들과 다른 판단을 일방적으로 강요해서는 안 된다는 이야기다. 게

다가 그게 편집인과 친분이 있는 인사와 관련된 기사거나 유력 광고주와 관련된 기사라면 기사 삭제의 명분을 충분히 구성원들에게 설득해야 한다는 게 시사저널 사태로 한국 사회가 다다른 결론이다.

김서중 성공회대학교 교수는 KBS와 인터뷰에서 다음과 같이 지적했다.[65]

"편집인이 최종 책임을 진다고 하는 것은 편집에 관여하는 사람들끼리 편집 내용에 관한 갈등이 발생한다고 했을 경우에 그런 것들을 특정인의 주장대로 갈 수 없기 때문에 조율하고 조정하는 역할을 하고 그 공동의 결정 과정을 통해서 얻어진 결론을 통해서 책임을 진다 이런 의미로 해석해야 마땅하죠."

시사인 이종태 국장은 700호 데스크 레터에서 "편집권이란 것이 뭔지 헷갈리지만 권력이나 자본의 압박·유혹에 굴하지 않는 자세가 이른바 '편집권 독립'의 일부라는 것은 분명하다"면서 "나의 잠정적이고 편의적인 '실무지침'은, 기사가 팩트에 근거해서 논리적으로 작성되었다면 세상으로 내보낸다는 것"이라고 밝힌 바 있다. 의견이 다를 때 국장의 뜻을 관철시킬 수 있다는 의미보다는 정당한 기사가 외부의 압력과 공격에 직면할 때 이 기사가 발행될 수 있도록 지키는 게 훨씬 더 중요한 역할이라고 본다는 이야기다.

이충재 한국일보 논설위원이 2015년에 주요 신문사 편집국장들을

---

64) 정은경, 〈시사저널 사태, 편집권 개념 확장 필요〉, 미디어오늘, 2007년 2월 15일
65) 박전식, 〈[이슈&비평] ②뉴스 편집권은 누구 권한인가?〉, KBS, 2006년 7월 2일

인터뷰해 작성한 논문[66]에 따르면 이들은 "경영진의 편집권 침해가 심각하지만 현재 신문 위기를 감안하면 불가피하고 어느 정도는 용인할 수밖에 없다"는 데 의견을 모았다. 한국에서는 신문법에 따라 편집인이 편집권을 행사하게 돼 있지만 상당수 언론사들이 편집권을 편집국장과 기자들에게 위임하고 있기 때문에 편집국장이라고 하더라도 독단적으로 자신의 주장을 관철시킬 수는 없다. "편집국장은 캐스팅보트를 쥐고 있을 뿐"이라고 보는 편집국장도 있었다.

한 신문사 편집국장은 이렇게 말하기도 했다.

"편집권은 당연히 발행인 또는 편집인에게 있다. 법적 분규가 발생했을 경우 최종 책임을 지기 때문이다. 편집인이 1면 톱을 바꾸라면 바꿔야 한다. 다만 그 권한의 일부를 편집국장에게 위임한 것으로 봐야 한다."

그러나 다른 신문사 편집국장은 이렇게 말했다.

"우리 신문사의 경우는 회장이 편집인을 겸임한다. 그러나 회장은 편집에 관여하지 않고 편집국장이 핵심 롤을 수행한다. 회장이 사실상 신문 제작에 관한 전권을 일임한 걸로 볼 수 있지만 그렇다고 해서 국장이 임의로 난도질할 수는 없다."

---

66) 이충재, 〈종합일간지 편집국장의 편집권에 대한 인식 연구〉, 한국언론학보, 2015년 12월

편집국장 물러나라고 요구하는 기자들

편집권의 개념 정의와 현장에서의 인식의 차이와 관련해서는 남시욱 문화일보 사장이 관훈저널에 쓴 글[67]에 잘 정리돼 있다. 동아일보와 경향신문 등은 편집권이 편집 책임자에게 귀속된다고 규정하고 있다. 중앙일보와 한겨레, 국민일보 등은 편집권을 편집국 구성원들이 공유한다는 사실을 강조하되, 최종적인 편집 권한과 편집권 수호의 책임이 편집국장에게 귀속된다는 입장이다. 조선일보나 한국일보 등은 편집권이 누구에게 귀속되는지 규정하지 않고 있다. 2001년 상황이지만 2022년 기준으로도 여전히 이 세 가지 입장이 충돌하고 있다고 보는 게 맞을 것이다.

이른바 조국 사태가 한창 끓어올랐던 2019년과 2020년 한겨레에서는 여러 차례 편집권 논란이 있었다. 2019년 9월 5일 한겨레 강희철 기자가 "'우병우 데자뷔' 조국, 문 정부 5년사에 어떻게 기록될까"라는 제목의 기사를 썼는데 이 기사가 온라인에 출고됐다가 4분 만에 삭제된 것이다. 미디어오늘이 알아 봤더니 담당 데스크는 "이 시기에 나갈 기사가 아니라 무기한 보류하기로 했다"고 설명했다.[68] 한겨레 기자 31명이 모여 "박용현 편집국장 이하 국장단은 '조국 보도 참사'에 책임지고 당장 사퇴하라"는 제목으로 성명을 내고 "현재 한겨레 편

---

67) 남시욱, 〈편집권 독립의 이상과 한계〉, 관훈저널, 2001년 봄호 통권 78호
68) 박서연, 〈한겨레, 조국 비판 칼럼 출고 후 삭제 후폭풍〉, 2019년 9월 6일

집국은 곯을 대로 곯았다"고 비판했다.

2020년 1월에는 기사 제목을 두고 갈등이 폭발했다. 에디터석 편집 기자 19명이 "박용현 편집국장의 독단적 편집권을 거부한다"라는 제목의 성명을 내고 편집 에디터가 사표를 던지는 일까지 벌어졌다.

문제의 기사는 처음에 제목이 "검찰, 유례없는 넉 달 과도한 수사, 조국 거짓 해명 얽혀 여론 양극화"였는데 편집국장의 지시로 "검찰, 유례없는 넉 달 '먼지털기 수사' '태산명동 서일필' '검 칼날 무뎌져'"로 바뀌었다. 이 기사의 제목은 다시 "검찰, 조국 수사 어땠나?… '태산명동 서일필' '조국 부적격 드러나'"로 바뀌었다.[69]

첫 번째 제목이 조 전 장관의 거짓 해명에 좀 더 무게를 두는 반면 두 번째 제목은 따옴표를 치긴 했지만 검찰 수사 결과 별거 없더라는 단정적인 판단이 담겨 있다. 첫 번째 제목에서는 '과도한 수사'와 '거짓 해명'이 대립하지만 두 번째 제목에서는 '먼지털기 수사'가 '서일필(나온 건 쥐 한 마리 뿐)'과 인과 관계를 이룬다. 세 번째 제목은 가장 중립적인 제목이지만 판단을 유보하는 밋밋한 제목이다.

이 일련의 논란에서 눈여겨 볼 대목은 같은 사건을 두고 해석이 다를 경우 최종 판단을 누가 내리느냐다. 편집국장이 마지막 단계에서 판단할 문제라고 생각하는 사람도 있고 생각이 다르더라도 그걸 존중해야 한다는 사람도 있을 수 있다. 반면, 판단과 결정은 편집국장이나

69) 최현준, 〈검찰, 조국 수사 어땠나?…"태산명동 서일필" "조국 부적격 드러나"〉, 한겨레, 2019년 12월 31일

데스크가 하더라도 편집국 기자들 입장에서는 당연히 이에 항의하거나 비판할 수 있어야 한다고 생각하는 사람도 있을 것이다. 애초에 편집권이라는 개념이 기자들과 공유할 수 있는 것이냐 아니냐에 따라 판단이 다를 수도 있다.

유독 한겨레에서 이런 논란이 많았던 건 그나마 한겨레라는 조직이 건강하기 때문이라고 생각한다. 대통령 선거를 앞둔 2022년 3월에는 열심히 취재한 기사가 출고되지 않았다는 이유로 한 기자가 사표를 던지는 일도 있었다. 윤석열 당시 대통령 후보에게 치명타를 입힐 수도 있는 보도였지만 취재가 부실하다는 지적도 만만치 않았다. 한겨레 데스크들이 윤석열 후보의 눈치를 봐서 기사를 킬했다고 보기는 어렵지만 그동안의 한겨레 기사들과 비교해도 특별히 더 나간 기사는 아니었기 때문에 논란이 쉽게 사그라지지 않았다.

당시 정은주 한겨레 부국장은 미디어오늘과 인터뷰에서 이렇게 말했다.

"회의를 거듭하고 거듭했다. 이 절차를 안 밟을 수 없었다. 이게 사실은 데스크라는 사람들이 하는 일이다. 현장 기자는 기자의 몫이 있고, 데스크의 몫이 있다. 이 같은 절차는 데스크의 몫이라고 판단했다."

결국 기사 완결성의 문제였고 누구에게 더 유리한가를 따지지 않고 데스킹 문제로 접근했다는 이야기다. 이 경우는 외압이나 눈치 보기라기보다는 일상적인 게이트키핑의 과정이라고 보는 게 맞을 것 같다. 다만 취재 기자 입장에서는 당연히 문제 제기를 할 수 있고 데스크들은 설명해야 할 책임이 있다. 이처럼 외부로 공론화된 경우라면 독자들에게도 상황과 맥락을 설명해야 한다. 편집권이 데스크뿐만 아니라 기자들과 공유하는 가치라고 이해한다면 이런 과정이 자연스럽다.

2018년 기자협회보 보도에 따르면[70] 주요 언론사들이 대부분 편집국장과 보도국장에 대한 임명 동의 제도를 두고 있다. 경영진이 뉴스룸의 최고 책임자를 선임할 때 구성원들의 동의를 반드시 얻어야 한다는 의미다. 노사 갈등의 골이 깊었던 SBS는 2017년 보도본부장은 물론이고 사장까지 임명 동의제를 도입했다. 당시 윤창현 전국언론노동조합 SBS본부 본부장은 "지난 10년 동안 방송 독립성을 지키기 위해 편성규약, 보도준칙을 제정했지만 결국 어떤 사람이 권한을 쥐고 있느냐가 중요하더라"고 말했다. 아무리 규약이나 준칙이 있더라도 그것만으로는 대주주의 영향력에서 자유로울 수 없다는 이야기다. 경향신문과 동아일보, 한겨레, 한국일보 등이 임명동의제를 시행하고 있지만 세계일보와 조선일보, 중앙일보 등 사주가 있는 언론사들은 여전히 사주가 선임하면 그대로 임명된다.

"사장님 힘내세요", 부끄러움은 왜 기자들의 몫인가

우리는 중앙일보 기자들이 대검찰청 로비에 도열해서 "사장님 힘내세요"를 외쳤던 낯 뜨거운 장면을 기억한다.[71]

---

70) 김달아, 〈아직도 국장 임명동의제 안 하는 데가 있어?〉, 기자협회보, 2018년 7월 11일
71) 한겨레, 〈홍씨 소환 안팎, 출두 현장 중앙일보 기자 '격려 인사'〉, 1999년 10월 1일 3면

1999년 9월 30일, 홍석현 당시 중앙일보 사장이 탈세 혐의로 검찰에 조사 받으러 가던 날이었다. 중앙일보 기자들은 "사태의 본질은 중앙일보 흠집 내기를 통해 언론에 재갈을 물리려는 정치적 음모"라는 내용의 성명서를 발표하기도 했다. 실제로 정치적 탄압을 받고 있다고 느꼈을 수도 있지만 한국 언론사에 남을 부끄러운 순간이었다.

장자연 사건으로 세상이 발칵 뒤집혔던 2012년에는 조선일보가 방상훈 사장을 대신해 다른 언론사들을 대상으로 수십억 원 규모의 소송을 남발하기도 했다. 미디어오늘이 인터뷰한 조선일보 출신의 한 기자는 "상층에서 기사 제목이 내려왔다는 말이 돌았다"고 말하기도 했다.[72] 실제로 방 사장은 장자연 사건과 무관한 것으로 드러났지만 기자들이 방패막이로 나섰다는 건 조선일보라는 신문사의 성격과 한계를 드러낸다.

왜 부끄러움은 기자들의 몫인가.

편집권을 둘러싼 최근의 가장 드라마틱한 사례는 2021년 서울신문의 호반건설 기사 삭제 사건이다.

호반건설이 2019년 포스코 지분 19.4%를 넘겨받은 데 이어 서울신문 우리사주조합 지분 29.0%를 넘겨받아 대주주가 된 게 2021년 9월의 일이다. 호반건설은 지분 인수와 별개로 210억 원의 특별 위로금을 지급하기로 했고 발행인과 편집인을 분리하는 등 편집권 독립을

---

72) 미디어오늘, 〈방상훈 물타기, 위에서 기사 제목 내려왔다〉, 2021년 5월 30일 온라인판

위한 최소한의 제도를 마련하기로 약속했다.

그러나 이 약속은 서울신문이 3년 전에 내보냈던 "호반건설 대해부" 기획 기사를 한꺼번에 삭제하면서 허망하게 무너졌다. 미디어오늘이 확인한 결과, 황수정 편집국장이 부장단 회의에서 "호반 측이 삭제를 요구해왔던 호반건설 그룹 대해부 기사를 내리기로 결정했다"고 공지했고 다음 날 57건의 기사가 한꺼번에 사라졌다. 황수정 국장은 미디어오늘과 인터뷰에서 "편집권 관련된 부분이 아니라고 판단한다"고 말했다.[73]

김상열 회장이 사내 게시판에 글을 올려 "반론 기회조차 없이 지속된 기사들로 호반그룹은 큰 상처를 입었다"며 "기사의 진실성이 밝혀진다면 회장 직권으로 다시 게재하겠다"고 밝혔지만 논란에 불을 지폈다. 애초에 기사의 게재 여부를 회장이 '직권으로' 판단할 수 있다고 생각한다는 대목에서 이 사건의 본질을 읽을 수 있다.

당초 이 기획 시리즈는 2019년 6월, 호반건설이 갑작스럽게 포스코 지분을 인수하면서 2대 주주로 떠오른 뒤 작성된 기사들이다. 서울신문은 이례적으로 "호반건설에 대한 제보를 받는다"는 공지까지 띄워가면서 호반건설을 비판하는 기사를 쏟아냈다.

이런 대응이 적절했느냐를 두고 의견이 다를 수는 있지만(실제로 서울신문 기자들이 지면을 사유화하는 것 아니냐는 지적도 일부에서 있었다. 그러나 공영

---

73) 정철운, 〈서울신문 사장, 호반 기사 삭제 사태에 "늦었지만 넓은 이해 부탁"〉, 미디어오늘, 2022년 3월 29일

언론의 대주주 자격을 묻는 기사가 필요하다는 주장에 힘이 실리기도 했다) 분명한 것은 이미 발행된 기사를 처리하는 방식이다. 그것도 이제는 직접적인 이해 관계자인 최대 주주에 관련된 기사다. 잘못된 기사라면 바로 잡고 정정 보도를 냈어야 하고 설령 기사를 삭제해야 할 정도로 사실 관계가 다른 것으로 밝혀졌다면 역시 독자들에게 이를 알리고 사과하는 게 순서다. 기사 내용에 문제가 없는데 단순히 대주주가 불편해 한다는 이유로 기사를 삭제한 거라면 이 신문의 신뢰와 평판에 엄청난 상처가 될 수밖에 없다. 무엇보다도 이 과정에서 편집국 기자들과 어떤 논의도 없었다는 사실을 기자들은 받아들이기 어려웠다.

대주주의 전횡도 문제지만 가장 기본적인 원칙을 양보한 서울신문 데스크들의 대응도 안타까운 대목이다. 설령 대주주가 기사 삭제를 요구했더라도 이를 거부하거나 설득하는 것이 데스크의 권한이면서 책임이다. 그럴만한 사정이 있었다면 최소한의 의견 수렴과 토론의 절차가 필요했을 것이다. 일련의 사건을 거치면서 서울신문 기자들의 자긍심과 120년에 육박하는 서울신문의 역사에 큰 상처가 났다는 사실을 누구도 부인할 수 없다.

주식회사 언론사의 딜레마

서울신문 기자들은 성명을 내고 "동의할 수 없다. 현 상황을 경영진에 의한 편집권 침해로 보고 엄중하게 받아들인다"고 밝혔다. 이들은 "기사 삭제는 부끄러운 일"이고 "사주와의 관계를 고려해 기사 게재 지속 여부를 판단하는 것은 부당할 뿐더러 그 자체로 자본권력에 의한 편집권 침해"라고 거세게 반발했지만 기사는 끝내 복구되지 않았다.[74]

김동훈 한국기자협회장은 "서울신문 사태는 소유자가 편집권을 맘껏 휘두르고, 경영권자가 소유권자에 편집권을 갖다 바친 굴욕적인 사건"이라고 비판했다.[75]

서울신문은 원래 정부와 공기업이 과반 지분을 보유한 공영 언론이었다. 2002년부터 우리사주조합이 지분을 인수하면서 독립 언론의 열망을 키워왔지만 몇 차례 증자를 거치면서 다시 정부 지분이 늘어났고 20년 가까이 정부가 낙하산 사장을 내려 보냈다. 이명박 정부 때는 신재민 당시 문화체육관광부 차관이 당시 노진환 사장에게 "망신당하는 것보다 자진 사퇴하는 것이 낫지 않겠느냐"며 퇴진을 종용한 사실이 드러난 바 있다. 문재인 정부 들어서도 고광헌 사장이 "청와대에서 제안을 받았다"고 밝혀 논란을 키웠다. 정권을 잡으면 대통령이 임명하거나 관여할 수 있는 자리가 7,000개 정도 된다고 한다. 진보와 보수를 막론하고 역대 대통령들에게 서울신문 사장 자리도 그런 자리 가운데 하나였을 것이다.

우리사주조합이 호반건설에 지분을 넘기기 직전까지 서울신문 기자들 사이에서는 호반건설의 지분을 사들여서 독립 언론으로 가자는

---

74) 윤유경, 〈호반 보도 삭제 사태에 "부끄러워" 서울신문 기수별 규탄 성명〉, 미디어오늘, 2022년 1월 19일

75) 김예리, 〈서울신문 기사 삭제, 대주주에 편집권 바친 초유의 굴종〉, 미디어오늘, 2022년 1월 24일

주장이 힘을 얻기도 했다. 조합원 419명이 180억 원을 대출 받아 호반건설의 지분을 모두 인수하고 월 51만 원 상당의 이자 비용을 부담하자는 방안이었다.[76] 그러나 투표 결과는 호반건설에 지분을 넘기자는 안이 56.1%의 찬성으로 통과됐다.

나는 서울신문 사태와 관련해 월간 〈신문과 방송〉 기고에서 이렇게 지적한 바 있다.[77]

"서울신문 구성원들이 어떤 선택을 하든 선택에 따른 결과는 그들이 감당할 몫이다. 중요한 판단 기준은 저널리즘에 대한 확고한 신념과 이를 보호하고 보장하기 위한 소유와 경영, 경영과 편집의 분리가 지켜져야 한다는 것이다. 줄리아 카제가 말한 것처럼 공공재로서의 저널리즘이라는 가치와 주식회사 언론사라는 현실이 부딪히는 딜레마를 극복하는 것이 과제다."

일련의 사건을 돌아보면 '오너'가 있는 언론사와 그렇지 않은 언론사의 차이를 발견할 수 있다. '오너'는 실질적으로 언론사를 지배한다. 편집국장을 비롯해 임원을 임명하거나 갈아치울 수 있고 승진에 목매는 간부급 언론인들을 줄 세울 수 있다. 그래서 데스크들은 마지막 선택의 순간이 되면 '오너'를 지키기 위해 기사를 뒤집기도 하고 이미 내보냈던 기사를 삭제하기도 한다. 심지어 기사가 잘못된 게 없는 데도

---

76) 김예리, 〈서울신문 '1대주주' 인수자금 대출 상환 놓고 부담 목소리〉, 2021년 6월 1일
77) 이정환, 〈주식회사 언론의 딜레마 '소유 – 경영 – 편집 분리'라는 오랜 숙제〉, 신문과방송, 2021년 7월호

경쟁 언론사에 굴욕적인 사과를 감수해야 하는 상황도 벌어진다. 매일경제신문(매경)과 한국경제신문(한경)이 전면전을 벌이다가 매경 편집국장이 한경에 찾아가 사과를 한 사건이 오래도록 회자되는 건 한경이 매경 회장의 약점을 잡았고 서슬 푸른 매경이 꼬리를 내렸기 때문이다.[78]

언론에 권력이 있다면 그 권력은 불의에 맞설 때 발휘된다. 언론의 본령은 권력을 감시하고 비판하는 것이다. 그런데 '오너' 리스크는 진실에 복무하는 언론의 아킬레스건이다. 정의를 위해 싸우는 기자들이 사주의 이해에 복무하기 위해 저널리즘 원칙을 포기해야 한다는 건 정말 참담한 일이다. 권력에 맞서라고 우리가 언론에 부여한 공적인 권력을 언론 위에 군림하는 '오너'가 휘두르고 있는 꼴이다. 기자들의 부끄러움은 저널리즘을 잠식한다.

중요한 것은 '오너'가 누구든 편집인이나 편집국장이 누구든 편집권 독립을 위한 최소한의 견제와 균형의 원리가 필요하다는 사실이다. 많은 언론사들이 현실적인 제약 조건을 갖고 있다. 대통령이 사장을 임명하는 언론사도 있고 창업자가 과반 지분을 확보하고 대대로 지배하는 언론사도 있다. 건설회사나 사모펀드가 대주주가 되는 경우도 있다. 우리사주조합이 소유하고 있는 언론사도 있고 협동조합으로 운영되는 언론사도 있다.

지배구조가 어떻든 편집권을 둘러싼 갈등은 모든 언론사의 숙명과

---

78) 김유리, 〈매경·한경 '2차 지면대전 직전' 수습〉, 미디어오늘, 2015년 3월 18일

도 같다. 광고주가 기사를 빼달라고 요청할 때, 또는 사장이나 회장이 친분이 있는 누군가의 부탁을 받고 기사를 마사지해달라고 요청할 때, 이를 방어하는 것이 데스크의 역할이고 이게 바로 편집권 독립이 필요한 이유다. 편집국 내부에서 정치적 견해가 충돌할 때 최선의 판단을 내리고 그에 따른 책임을 지는 것도 편집권을 위임 받은 사람이 감당해야 할 몫이다. 어느 조직이나 마찬가지지만 나를 뽑아준 사람을 배신하기는 쉽지 않다. 그래서 편집권 독립이란 결국 나를 뽑아준 사람에게 다른 이야기를 할 수 있는 조직 문화를 만드는 것이라고 할 수 있다.

펜타곤 페이퍼 사건을 다룬 실화 영화 '더 포스트'에서 워싱턴포스트 캐서린 그레이엄 회장은 한참을 고민하다 "Let's go. Let's publish.(갑시다. 발행하죠.)"라고 말한다. 정부와 소송을 벌이면 증권거래소 상장이 무산되고 자칫 회사의 경영권까지 뺏길 수 있는 상황에서 기자들의 손을 들어준 것이다. 캐서린은 자서전에서 편집권이란 개념을 이렇게 정리한 바 있다. "에디터(편집자)에게 무엇을 하라, 하지 말라는 것은 발행인의 권리가 아니다. 발행인의 분명한 책임은 신문이 완벽하게, 정확하게, 공정하게, 탁월하게 발행되는 것을 지켜보는 것이다."

그랬던 워싱턴포스트도 발행인과 편집인의 사이가 계속 원만했던 것은 아니다. 스타일 섹션의 편집에 불만을 이야기하자 편집국장이 "당신이 여기서 손을 떼지 않으면 편집과 발행을 할 수 없다"고 맞서 물러나게 한 일화도 유명하다.[79] 애초에 펜타곤 페이퍼 기사가 회장

---

79) 김택환, 〈'언론 어제' 캐서린 그레이엄〉, 신동아, 2005년 3월 23일

건설·금융 자본이 언론을 삼키고 있다

8개 언론사 건설·금융 등 대주주 전환
지역 건설사 '중앙 진출' 과정에서 중앙언론 인수
'로비' 도구 전략 우려 "자본이 신뢰를 사고 판다"

서울신문, 헤럴드, G1(강원방송), UBC(울산방송), 전자신문, 아시아경제, KBC(광주방송), 매일신문. 8년 전과 비교했을 때 대주주가 바뀐 언론사들이다. 서울신문과 헤럴드, UBC, 전자신문은 건설사가 대주주로 올라섰다. 아시아경제는 KMH에서 시모펀드로, KBC는 건설사에서 금융투자회사로 대주주가 바뀌었다. 매일신문은 천주교대전에서 지역 여고 7반의 송출회사가 대주주로 올랐다.

언론의 지배구조를 확인해본 전과 비교한 결과 대주주가 바뀐 언론사는 8곳이다. 5곳이 건설사, 2곳이 사모펀드. 1곳이 운송회사가 대주주가 됐다. 기업의 언론 소유 문제는 어제오늘의 일이 아니지만 특정 유형의 기업이 언론을 소유하는 경우가 늘고 있다는 점에서 주목할 만하다. 장제된 [...]

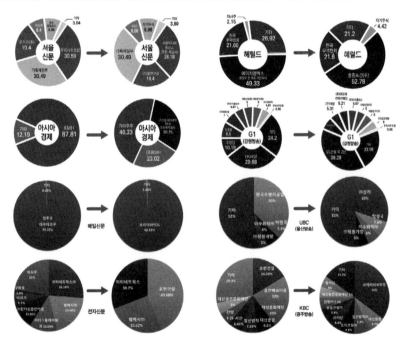

서울
신문
30.50

서울
신문
30,49

헤럴드
에이치앤씨알엑스
49.33

헤럴드
충흥토건(주)
52.78

아시아
경제
KMH
87.81

아시아
경제
(주)KMH
23.02

G1
(강원방송)
24.2

G1
(강원방송)
22.58

매일신문
대구경북우
93.32%

매일신문
코리아데일리
98.63%

UBC
(울산방송)

UBC
(울산방송)

전자신문
이티넷웍스
30.7%

전자신문

KBC
(광주방송)

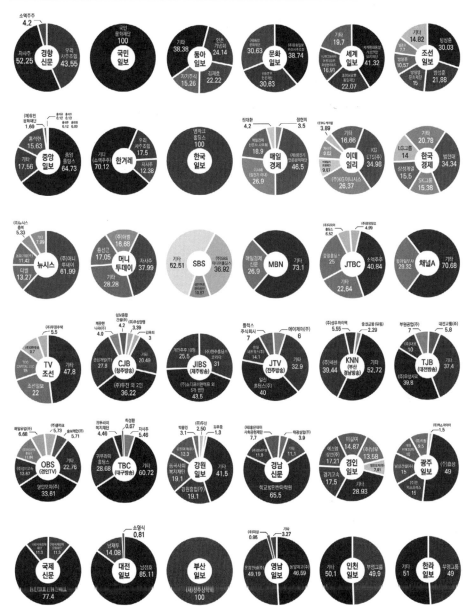

미디어오늘 2022년 5월18일 4면과 5면

의 결단 때문에 가능했다기보다는 저널리즘 원칙을 최우선의 가치를 두고 끊임없이 충돌과 갈등, 대립을 겪으면서 합의에 이르렀기 때문에 가능했던 것이라고 봐야 한다.

편집권은 회장이나 사장에 의해 주어지는 것이 아니라 부단한 투쟁의 결과라고 보는 게 맞을 것이다. 공영방송의 지배구조 이슈도 마찬가지였지만 저널리즘의 원칙이 누군가의 선의로 가능하다면 정작 필요할 때 얼마든지 빼앗길 수도 있는 것이기 때문이다. 편집권을 행사하는 자가 무슨 가치를 위해 그 권한을 행사하느냐, 그리고 그 권한이 충분히 감시와 견제 위에서 작동하느냐가 관건이다.

5. '가짜뉴스'라는 유령, 진짜뉴스의 책임을 묻는다

2017년 1월, 반기문의 퇴주잔 논란은 많은 사람들이 속고 언론도 속고 아직까지도 잘못 알려져 있는 사건 가운데 하나다. 유엔 사무총장을 지낸 반기문 씨가 유력한 대권 주자로 떠오르던 무렵, 부친의 묘소를 찾아 성묘하는 장면이 여러 언론에 보도됐다.

그런데 성묘를 끝내고 퇴주잔을 받자마자 '원 샷'하는 동영상이 인터넷에 떠돌면서 반 씨에 대한 여론이 급격히 악화됐다. 여러 가지 에피소드가 있었지만 결정적으로 이 영상 하나로 이미지가 뒤바뀌었다. 여러 언론사 기사가 아직까지 그대로 남아 있는데 한 기사를 보면[80] "선친 묘소에 뿌려야 할 퇴주잔을 본인이 마셔버려 구설에 올랐다"면서 "오랜 외국 생활로 감을 잊은 게 아니냐", "잘 모르면 하지를 말든가, 굳이 저런 모습을 연출해야 했나" 등의 누리꾼들 반응을 소개했다.

많은 사람들이 이 영상이 사실이라고 생각했는데 이 '움짤'은 사실 앞뒤를 잘라 붙여 만든 편집된 영상이었다. 반 씨가 묘소에 술을 뿌리고 다시 술을 받는 장면이 사라진 '악마의 편집'이었다.

조선일보도 "일각에선 제향이 진행된 후 음복할 차례에 마신 것이라고 주장했다"면서 "반 전 총장이 오랫동안 외국 생활을 했다며 옹호하는 이들도 나왔다"고 보도했을 뿐이다. "해당 영상만으로는 반 전 총장이 정확히 어느 과정에서 술을 마신 것인지 알 수 없다"면서 결국 사실 확인 없이 논란을 확대 재생산한 것이다.

누가 이 '움짤'을 만들었는지는 확인할 방법이 없다. 다만 이걸 '가짜뉴스'라고 부른다면 '가짜뉴스'를 확산시킨 건 이른바 메이저 언론이었다.

반기문 씨가 나중에 공개한 영상을 보면 첫 잔을 건네받아 산소 주변에 뿌렸고 두 번째 잔은 산소 앞에 내려놓았고 세 번째 잔을 음복한 것으로 확인됐다. 동아일보 등이 보도했지만[81] 이미 퇴주잔 논란이 세상을 휩쓸고 있었고 반 씨의 해명과 진실을 기억하는 사람들은 많

80) 김지숙, 〈아직도 시차적응? 반기문, 이번엔 '퇴주잔' 논란〉, 한겨레, 2017년 1월 17일
81) 박태근, 〈반기문 측 "퇴주잔 논란, 악의적 편집" 풀 영상 공개 적극 해명〉, 동아일보, 2017년 1월 17일

지 않았다. 이런 종류의 이슈가 늘 그렇듯이 진실은 재미가 없고 관심도 끌지 못한다.

버스 기사가 울부짖는 아이 엄마를 내려주지 않고 한 정거장을 그냥 가더라는 사연이 언론에 보도된 적 있다. 이른바 240번 버스 사건이다. 이 논란의 발원지는 한 커뮤니티 게시판이었다. 아이가 먼저 내렸는데 버스 뒷문이 닫혀 엄마는 내리지 못했고 다음 정거장에서 울며 뛰어가는 아이 엄마에게 욕설까지 하더라는 내용이었다.

"아주머니가 울부짖으며 아기만 내리고 본인이 못 내렸다고 문 열어달라고 하는데 무시하고 그냥 건대입구역으로 가더군요. 앞에 있는 사람들도 기사 아저씨에게 내용을 전하는데 그냥 무시하고 가더군요. 다음 역에서 아주머니가 문 열리고 울며 뛰어나가는데 큰소리로 욕을 하며 뭐라뭐라 하더라고요. 만일 아이를 잃어버리면 책임을 지실선시."

그러나 알고 보니 버스가 좌회전을 하느라 차선을 바꾸는 바람에 바로 내려줄 수 없었지만 10미터쯤 가다가 차선을 다시 바꿔서 20초 뒤에 261미터 떨어진 곳에 아이 엄마를 내려준 것으로 확인됐다. 당초 알려진 것과 달리 아이 나이는 4세가 아니라 7세였다. 폐쇄회로 TV 영상이 공개됐고 버스 기사는 그제서야 마녀 사냥에서 벗어날 수 있었다.[82]

82) 금준경, 〈경비원 부실선물·240번 버스 논란, 언론이 '가짜뉴스'다〉, 미디어오늘, 2017년 10월 6일

버스 기사의 딸로 추정되는 한 누리꾼이 올린 글을 보면 이 버스 기사는 너무 괴로워서 극단적인 생각까지 했다고 한다. 버스 기사는 중앙일보와 인터뷰에서 "요즘도 15층 아파트에서 뛰어내리고 싶은 충동에 휩싸인다"며 "세상이 무서웠다"고 말했다.[83] 다음 날 글쓴이는 "나로 인해 상황이 커져서 죄송하다"는 사과문을 올렸다.

무엇이 진짜 '가짜뉴스'인가

이 경우 애초에 글쓴이의 문제가 크지만 커뮤니티 게시판에 떠도는 글을 받아 쓴 언론의 책임이 훨씬 더 크다. 커뮤니티 게시판에 떠도는 글은 '가짜뉴스'가 아니다. '가짜뉴스'가 아니라 언론의 받아쓰기 보도가 진짜 문제였다. 온라인 커뮤니티에는 원래 온갖 과장과 비약, 차별, 혐오가 난무한다. 애먼 '가짜뉴스' 탓을 해서는 안 된다. '진짜' 언론사들이 잘못된 정보에 의미를 부여하고 이슈를 키운 것이 문제의 본질이다.

인천의 한 병원 의사가 "정부가 코로나19 확진자 수를 줄이기 위해 검사를 막고 있다"고 주장한 글이 화제가 된 적 있다. 2020년 4월 국회의원 선거를 앞둔 무렵이었다.

한국일보에 따르면 페이스북에서 "정부의 사악한 짓을 퍼트려 달

---

83) 김민상, 〈240번 버스 기사 "죽어도 악플 남는 게 두렵다"〉, 중앙일보, 2018년 3월 19일

라"며 이 글이 퍼지기 시작했고 다음 날 보수 성향 유튜브 채널 '신의 한 수'에서 "의사 양심선언! 정부가 코로나 검사를 막고 있다"는 영상을 내보내면서 걷잡을 수 없이 여론이 악화됐다.[84] 급기야 선거를 이틀 앞둔 4월 13일, 중앙일보가 이 글을 인용해 "투표일 다가오자 '마술'처럼 환자 급감"이라는 기사를 내보냈다.[85]

이 의사가 나중에 "(의도와는 달리) 제 글이 정부가 감염을 숨기기 위해 검사 수를 줄이고 있다는 음모론으로 뒤바뀐 채 편집돼 인용됐다"고 해명했지만 이런 사실은 거의 알려지지 않았다.

심지어 중앙일보는 이 기사에 앞서 "'정부가 총선 전 코로나 검사 막는다', 의사가 부른 조작 논란"이란 제목의 기사를 내보내고 이 의사가 사례 정의 지침을 오해한 것 같다는 분석을 내놓기도 했다. 한 신문사에서도 논조가 다른 기사나 칼럼이 나올 수 있지만 애초에 사신들의 주장을 강조하기 위해 사실이 아닌 주장을 끌어들였다는 비판을 피할 수 없었다.

이런 기사를 보면 도대체 무엇이 진짜 '가짜뉴스'인가 묻지 않을 수 없다. 많은 경우 사실과 거짓의 경계가 모호하고 우리가 사는 세상은 넓은 회색의 영역을 가로지른다. 근본적으로 언론에 대한 신뢰가 낮기 때문에 언론에 나지 않는 이야기를 찾게 되고 허위 조작 정보가 그

---

84) 채지선, 〈당신이 혹했던 '코로나 속보'… 따져 보니 가짜뉴스〉, 한국일보, 2020년 4월 25일
85) 장세정, 〈투표일 다가오자 '마술'처럼 환자 급감… "공격적 검사해야"〉, 중앙일보, 2020년 4월 13일

틈새를 공략한다.

워터게이트 사건을 터뜨린 워싱턴포스트 기자 밥 우드워드가 2019년 9월 한국을 방문해 기자간담회 직후 "'가짜뉴스fake news'라는 말을 이제는 폐기했으면 좋겠다"고 말한 적 있다.[86]

"'가짜뉴스'는 트럼프가 만들어낸 표현이다. 트럼프가 언론의 신뢰를 저하시키고자 하는 의도로 '가짜뉴스'란 용어를 사용했다. 그 표현으로 트럼프가 성공한 면도 있다. 자신을 비판하는 언론에 대한 불신을 확산시켰다. 영리한 마케팅이었다. '가짜뉴스'라는 수사적 표현을 있는 그대로 받아들여선 안 된다."

애초에 '가짜뉴스'는 뉴스가 아니면서 뉴스인 척하는 거짓 정보를 말한다. 도널드 트럼프가 CNN 기자의 질문에 "You are fake news(당신들은 가짜뉴스야)"라고 윽박지른 것처럼 (내가 보기에) 나쁜 뉴스를 '가짜뉴스'라고 매도하기 시작하면 논점이 흐트러진다.

건국대학교 황용석 교수는 2017년 2월 토론회에서 '가짜뉴스'를 "실제 뉴스의 형식을 갖춘, 정교하게 공표된 일종의 사기물 또는 선전물, 허위 정보"라고 정의한 바 있다.[87]

한국언론진흥재단 미디어연구센터 박아란 연구위원은 같은 토론회에서 "가짜뉴스 개념의 범위를 허위사실을 고의 또는 의도적으로 기사형식을 빌어 유포한 것으로 좁혀야 한다"고 주장하기도 했다.[88]

---

86) 정철운, 〈워터게이트 특종기자 "가짜뉴스라는 말 폐기해야"〉, 미디어오늘, 2019년 9월 26일
87) 뉴스1, 〈가짜뉴스 개념 정립해야…사실 확인 위한 협업 필요〉, 2017년 2월 14일

"기사 형식을 빌려 독자가 기사로 오인해 신뢰도를 높이려 하는 의도가 담겨야 한다"는 주장이다.

황용석 교수는 2017년 4월 월간 〈신문과방송〉 기고[89]에서 "'페이크'의 의미는 단순한 가짜가 아니라 '사기' '기만' '속임수'의 의미가 포함되어 있어 '가짜뉴스'라고 번역하게 되면 개념이 지나치게 확장되는 문제가 있다"면서 "해외에서 논의되는 '가짜뉴스' 현상은 대체로 기만성에 주안점을 두고 있지만, 국내에서는 번역상의 어려움으로 틀린 정보, 허위 정보, 잘못된 정보 등을 의미하는 '가짜'라는 광의의 개념을 사용하고 있다"고 지적하기도 했다.

한국외국어대학교 김민정 교수는 2017년 12월, 언론중재위원회가 발행하는 〈미디어와 인격권〉에 실린 논문[90]에서 "규제 관련 논의에서 '가짜뉴스'라는 용어를 사용하는 것은 부적질하다"고 주징했다.

가짜뉴스라는 개념이 애초에 첫째, 속이려는 의도로, 둘째, 허위의 내용으로, 셋째, 언론보도의 형식을 모방하는 경우를 일컫는 말이었으나 이제는 훨씬 확장된 의미로 쓰이고 있다. 언론학자들이 '가짜뉴스' 대신 쓰자고 제안하는 '허위조작 정보'는 허위성과 고의성(의도적 조작)을 강조하는 용어라 범주가 다르다고 할 수 있다.

---

88) 미디어오늘, 〈내 마음에 안 들면 '가짜뉴스'? 가짜뉴스 개념정립이 먼저다〉, 2017년 2월 14일
89) 황용석, 〈형식과 내용 의도적으로 속일 때 '가짜뉴스'〉, 신문과방송, 2017년 4월호
90) 김민정, 〈가짜뉴스(fake news)에서 허위조작정보(disinformation)로〉, 미디어와 인격권 제5권 제2호, 2019년 12월

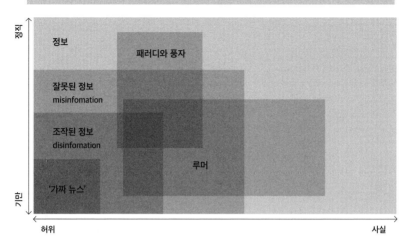

자료 : 황용석 건국대학교 교수

김민정 교수는 "허위조작 정보라는 용어는 기술의 발전으로 인해 이전에는 상상하지 못했던 방식으로 너무나도 쉽고, 빠르며, 광범위한 방식으로 전개되는 일련의 디지털 조작에 총체적으로 대응해야 한다는 점을 상기시키는 용어로 이해해야 한다"고 지적했다. 허위조작 정보는 결국 거짓말인데 모든 거짓말을 금지할 수 없고 모든 거짓말을 처벌할 수도 없다. 김민정 교수의 표현에 따르면 거짓말은 인류와 공존해 왔고 처벌할 수 있는 거짓말은 그 가운데 일부일 뿐이다.

지디넷 미디어연구소 김익현 소장은 "의도된 가짜보다는 매개된 가짜가 훨씬 더 심각한 문제"라고 지적한 바 있다.[91] "의도된 가짜는 말 그대로 작정하고 만들어낸 '가짜뉴스'"지만 "매개된 가짜는 유력

매체를 통해 그대로 전달"되기 때문에 "여론에 미치는 영향도 의도된 가짜보다 훨씬 더 크다"는 이야기다.

'가짜뉴스'에 산소를 공급하는 진짜 언론사들

중요한 것은 '가짜뉴스'를 명확하게 규정하지 않으면 '가짜뉴스'와 싸울 수 없다는 현실 인식이다. '가짜뉴스' 담론에는 언론 전반에 대한 불신과 냉소, 소셜 미디어의 확산과 함께 등장한 음성적인 정보, 속보 경쟁과 파편화된 뉴스 플랫폼 등의 문제가 뒤섞여 있다.

여러 논의에서 지적하고 있듯이 '가짜뉴스'를 언론 보도의 형식을 모방한 것으로 전제한다면 오히려 논의를 좁히는 결과가 될 수 있다. 그렇다고 고의성과 허위성을 상조하면 범위가 너무 넓거나 실체가 불분명하게 되고 언론 윤리의 문제로 변질될 수도 있다.[92]

언론학자 클레어 와들Claire Wardle은 "허위 콘텐츠가 틈새 플랫폼을 빠져나와 주류화 할 때 티핑 포인트가 있다. 바로 그 시점이 기자들이 그 건에 대해 글을 써야 할 유일한 타이밍"이라고 지적한 바 있다. "너무 일찍 보도하는 건 곧 사라질 수도 있는 소문이나 오도된 내용에 불필요한 산소를 공급하는 행위다. 너무 늦게 보도한다는 것은 허위 사

91) 김익현, 〈벚꽃 대선정국에 다시 생각하는 가짜뉴스〉, 기자협회보, 2017년 3월 17일
92) 이정환, 〈'가짜뉴스'라는 유령, '나쁜 뉴스'와의 전쟁〉, 언론소비자주권행동 세미나 발표 자료, 2020년 12월 4일

[그림4] 클레어 와들의 허위 조작 정보 분류에 따른 한국의 주요 이슈 분류

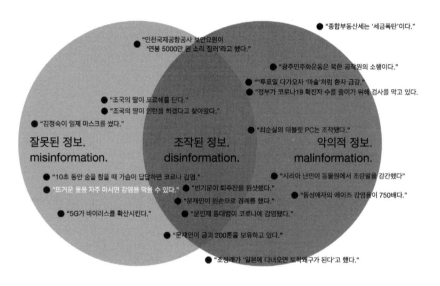

● "종합부동산세는 '세금폭탄'이다."

● "인천국제공항공사 보안요원이 '연봉 5000만 원 소리 질러'라고 했다."

● "광주민주화운동은 북한 공작원의 소행이다."

● "투표일 다가오자 '마술'처럼 환자 급감."
● "정부가 코로나19 확진자 수를 줄이기 위해 검사를 막고 있다."

● "조국의 딸이 포르쉐를 탄다."
● "조국의 딸이 인턴을 하겠다고 찾아왔다."
● "김정숙이 일제 마스크를 썼다."

● "최순실의 태블릿 PC는 조작됐다."

잘못된 정보.
misinformation.

조작된 정보.
disinformation.

악의적 정보.
malinformation.

● "10초 동안 숨을 참을 때 가슴이 답답하면 코로나 감염."
● "뜨거운 물을 자주 마시면 감염을 막을 수 있다."
● "5G가 바이러스를 확산시킨다."

● "반기문이 퇴주잔을 원샷했다."
● "문재인이 원숭으로 경례를 했다."
● "문인재 동대문이 코로나에 감염됐다."

● "시리아 난민이 동물원에서 조랑말을 강간했다"
● "동성애자의 에이즈 감염율이 750배다."

● "문재인이 금괴 200톤을 보유하고 있다."

● "조정래가 '일본에 다녀오면 토착왜구가 된다'고 했다."

자료 : 이정환

실이 (국면을) 장악해 결과적으로 확산을 막을 수 있는 방법이 없어진다는 걸 의미한다."

경희사이버대학교 심영섭 교수는 클레어 와들과 호세인 데라크샨Hossein Derakhshan의 분류에 따라 정보의 왜곡information disorder을 '잘못된 정보Misinformation'와 '조작된 정보Disinformation', '악의적 정보Mal-information'의 세 가지 유형으로 분류할 것을 제안했다.

'가짜뉴스'로 흔히 거론되는 여러 사례를 살펴보면 잘못된 정보와 조작된 정보, 악의적 정보를 명확하게 구분하기 쉽지 않은 경우가 대

부분이다.

'가짜뉴스'는 조작된 정보와 다르고 잘못된 정보와도 다르다. 협의의 '가짜뉴스'로 한정하면 진짜 언론사가 만든 기사냐 아니냐로 구분되겠지만 중요한 건 진짜뉴스라고 해도 언제나 사실을 전달하는 건 아니라는 것이다.

사람들이 뉴스가 진실을 말하지 않는다고 생각하거나 적극적으로 뉴스에 나오지 않는 진짜 진실을 찾아 나서기 때문에 '가짜뉴스'가 횡행하는 것이다. 뉴스와 뉴스가 아닌 것들의 경계가 모호해지고 실제로 구분할 필요도 느끼지 못하는 세상으로 진입하고 있는 것이다.

핵심은 진실에 대한 냉소와 무관심

오히려 '가짜뉴스'는 언제나 있었고 시대의 변화와 플랫폼의 확장에 따라 진화하고 있다고 보는 게 맞다. 술자리 뒷담화를 통제하기 어려운 것처럼 '가짜뉴스'는 평판의 시장에서 경쟁을 통해 자연스럽게 소멸하게 돼 있다. '가짜뉴스'일 수 있다는 걸 알면서도 굳이 믿고 싶은 사람들이 있기 마련이고 그걸 찍어 누르거나 처벌한다고 해서 여론이 정화되는 건 아니다. 원래 여론은 시끌시끌하고 온갖 잡음을 동반하면서도 결국 진실에 수렴하기 마련이다.

우리가 '가짜뉴스'라고 통쳐 부르는 현상의 핵심은 진실에 대한 냉소와 무관심이다. 그리고 주류 언론도 책임에서 자유로울 수 없다. 신뢰의 위기 시대, 진짜뉴스의 신뢰를 회복하고 저널리즘의 본질에 집중하는 게 '가짜뉴스'에 맞서는 근본 대안이라고 믿는다. 원론적이지만 공론장의 회복과 평판 시장의 작동, 그 이외의 해법은 있을 수 없다고 보기 때문이다.

'가짜뉴스'로 흔히 거론되는 여러 사례를 살펴보면 잘못된 정보와 조작된 정보, 악의적 정보를 명확하게 구분하기 쉽지 않은 경우가 대부분이다. "조국의 딸이 포르쉐를 탄다"는 보도는 단순히 사실 확인을 게을리했기 때문에 문제가 아니라 애초에 악의적인 의도로 작성됐을 가능성이 크다. "김정숙 여사가 일제 마스크를 썼다"는 게시물 역시 의도 여부를 확인할 방법이 없다. "최순실 태블릿 PC가 조작됐다"는 미디어워치의 보도나 변희재의 주장 역시 본인이 그렇게 믿었다고 주장하면 이를 처벌할 논리가 마땅치 않다. 변희재가 징역 2년을 선고받은 건 허위사실 유포가 아니라 손석희의 명예를 훼손한 혐의 때문이다. 혐오 발언을 쏟아내는 에스더 기도운동 역시 차별금지법이 통과되지 않는다면 처벌할 법적 근거가 없는 상태다.

'가짜뉴스'는 조작된 정보와 다르고 잘못된 정보와도 다르다. 협의의 '가짜뉴스'로 한정하면 진짜 언론사가 만든 기사냐 아니냐로 구분되겠지만 중요한 건 진짜뉴스라고 해도 언제나 사실을 전달하는 건 아니라는 것이다. 변희재의 미디어워치는 언론이 아니라고 생각하는 사람들도 많지만 한국에서 인터넷 신문은 허가제가 아니라 등록제고 누구나 등록만 하면 뉴스 서비스를 운영할 수 있다. '가짜뉴스'라는 비난으로 변희재의 표현의 자유를 빼앗을 수는 없다. 나쁜 뉴스일 수는 있어도 미디어워치 역시 일단은 진짜뉴스다.[93] 한때 5인 미만 언론사를 퇴출시키는 법안이 통과됐다가 헌법 불합치 결정을 받은 것처럼 민주주의 국가에서 언론 자유는 매우 폭넓게 허용되고 규제 수단도 마땅치 않다.

반기문은 "'가짜뉴스'로 명예에 큰 상처를 입었다"고 말했지만 반 씨를 끌어내린 뉴스는 주류 언론이 만든 진짜뉴스였다. 논란이 됐던 퇴주잔 동영상은 분명히 '악마의 편집'이었지만 그걸 원본 확인 없이 퍼 나른 건 역시 주류 언론의 진짜뉴스였다. 진짜뉴스가 '가짜뉴스'를 바로 잡는 게 아니라 '가짜뉴스'를 확산하는 통로가 된 것이다. 광주민주화운동을 '광주사태'라 부르고 북한의 무장공비들이 폭동을 주도했다는 망발이 버젓이 방송을 타는 게 현실이다. 무엇이 진짜 '가짜뉴스'인지 묻지 않을 수 없다.

'가짜뉴스' 때려잡기가 실패할 수밖에 없는 이유

한국언론진흥재단이 2017년 3월에 실시했던 설문조사에서는 '기존 언론사들의 왜곡, 과장보도'를 '가짜뉴스'로 본다는 답변이 40.1%였는데 2019년 2월에 설문조사에서는 '선정적 제목을 붙인 낚시성 기사'를 '가짜뉴스'로 본다는 답변이 87.2%나 됐다. 심지어 '클릭수 높이기 위해 짜깁기 하거나 동일 내용을 반복 게재하는 기사'가 '가짜뉴스'

---

93) 미디어오늘, 〈어느 것이 진짜 '가짜뉴스'인가〉, 미디어오늘, 2017년 2월 17일

라고 본다는 답변이 86.8%, '한 쪽 입장만 혹은 전체 사건 중 일부분만 전달하는 편파적 기사'를 가짜뉴스라고 본다는 답변도 81.4%나 됐다. '가짜뉴스'가 포괄적으로 '나쁜 뉴스'의 개념으로 쓰이고 있다는 이야기다.

그러나 안타깝게도 '기존 언론사들의 왜곡, 과장보도'나 '선정적 제목을 붙인 낚시성 기사', '클릭수 높이기 위해 짜깁기 하거나 동일 내용을 반복 게재하는 기사' 등을 처벌하거나 금지할 수 있는 방법은 없다. 지금 거론되고 있는 '가짜뉴스' 법안 가운데서도 징벌적 손해배상 외에는 실효성 있는 대안은 없다.

개인적으로는 일부에서 우려하는 것처럼 징벌적 손해배상이 도입된다고 해서 언론의 취재가 위축될 거라고 생각하지 않는다. 언론이 지금보다 훨씬 더 엄격하고 신중해야 하고 언론 보도로 인한 피해 구제에 책임을 져야 한다는 문제의식에 반대할 이유가 없다. 명백하게 악의적이고 피해가 명확한 경우 현행 제도에서도 법원의 판단에 따라 손해배상 금액을 충분히 올릴 수 있다고 보지만 필요하다면 실질적인 손해배상이 가능하도록 법으로 최소한의 가이드라인을 정하는 것도 가능할 거라고 본다. 다만 양형 기준을 만드는 수준에서 범위가 제약될 수밖에 없고 헌법에 보장된 표현의 자유나 위법성 조각 사유 등의 기본 원칙을 허물기는 쉽지 않을 것으로 보인다. 분명한 것은 징벌적 손해 배상이 도입되더라도 지금 처벌할 수 없는 걸 처벌할 수 있게 되지는 않는다는 것이다.

나는 '가짜뉴스' 이슈와 관련해 최고의 스탠스는 에드워드 스노든의 아래 발언이라고 생각한다. 미국 국가안보국^{NSA}의 민간인 사찰 문건을 폭로했던 그 스노든이다.

"'가짜뉴스' 문제는 심판자가 아니라 이용자, 참여자, 시민이 서로를 돕는 방식으로 해결해야 한다. 나쁜 메시지에 대한 해결책은 검열이 아니다. 나쁜 메시지에 대한 해결책은 더 많은 (옳은) 메시지이다. 거짓말이 쉽게 퍼지는 지금이야말로 비판적 사고가 그 어느 때보다 필요한 시기라는 점을 서로 인식하고 또 확산시켜야 한다."[94]

6. 온라인 공론장의 위험, 그리고 기회

"저 섬유유연제 다우니에 어노러블 뭐시기 저시기 쓰고 있어요."

'다우니 어도러블'이라는 키워드가 네이버 '인기 검색어'에 처음 뜬 건 2019년 1월 20일 오후 10시 38분이었다. 방탄소년단의 정국이 팬카페 채팅에서 어떤 섬유유연제를 쓰느냐는 질문에 "다우니 어도러블 뭐시기 저시기"라고 답변을 남긴 뒤 순식간에 쇼핑몰마다 품절 사태가 벌어지면서 '다우니 어도버블'이 이른바 '실급검(실시간 급상승 검색어)'에 등장했다. 이 키워드는 사흘 뒤인 1월 22일까지 60시간 이상 '인기 검색어' 순위에 머물렀다.

---

94) Max Kunter, Edward Snowden: Fight 'Fake News' With Truth, Not Censorship, Newsweek, 2016년 12월 13일

흥미로운 건 그 다음 벌어진 양상이다. 언론 보도가 처음 뜬 건 다음 날인 1월 21일 오후 2시 2분이었다. '인기 검색어'가 언론 보도보다 15시간 이상 빨랐다. 그 뒤로 1월 25일까지 나흘 동안 무려 220여건의 기사가 계속 쏟아졌다. 언론 보도는 쿠팡과 위메프 등에서 특가 판매가 시작되고 품절 대란이 한바탕 지나간 뒤에 나왔다. 뒷북도 뒷북이지만 뉴스가 여론을 추종하는 흥미로운 사례였다.

여행 커뮤니티 대표가 스스로 목숨을 끊는 비극적인 사건을 초래했던 '여행에 미치다' 논란도 이슈의 확산 경로를 살펴볼 수 있는 사례다. 120만 팔로워를 확보하고 있는 조 아무개 씨가 인스타그램 계정에 음란 게시물을 올린 건 2020년 8월 29일 오후 6시 무렵이었다. '여행에 미치다'가 '인기 검색어'에 처음 등장한 건 6시간이 지난 이튿날 오전 0시 44분이었다. 네이버에 뜬 첫 기사는 18분 뒤인 오전 1시 2분에 등록됐다. 그때부터 하루 종일 '인기 검색어' 순위를 유지하면서 이날 하루에만 162건의 기사가 쏟아졌고 결국 사과와 해명을 거듭하던 조 아무개 대표는 이틀 뒤인 9월 1일 숨진 채 발견 됐다. 조 씨는 성소수자였고 그 사실이 의도하지 않게 공개되면서 엄청난 압박과 부담에 시달렸던 것으로 보인다.

'대림동 여경'이 화제가 됐던 2019년 5월 18일, '대림동 여경'이 '인기 검색어'에 뜬 건 새벽 3시였다. 애초에 5월 16일부터 일부 커뮤니티 게시판에서 화제가 됐고 5월 17일 국민일보 등의 기사도 있었지만 5월 18일 '인기 검색어'에 오르면서 비로소 이슈의 확산 속도가 빨라졌다. '많이 본 뉴스'에도 4건의 기사가 올랐는데 이 가운데 가장 빠른 기사는 5월 18일 12시 48분 스타뉴스였다. 이 키워드는 이틀 뒤인 21일 새벽 7시까지 인기 검색어로 남아 있었고 225건이나 기사가 쏟아졌다.

정의당 류호정 의원이 핑크색 원피스를 입고 국회에 등원했던 2020년 8월 5일, 네이버 정치 섹션의 '많이 본 뉴스' 10건 가운데 9건이 류호정 관련 기사였다. 실제로 많이 읽기 때문에 '많이 본 뉴스'가 된 것일까. 아니면 많이 보여주기 때문에 많이 읽게 된 것일까. 날마다 우리가 읽고 보는 뉴스는 어떤 메커니즘을 거쳐 우리에게 도달하는 것일까.

나는 2021년 대학원 졸업 논문으로 네이버 '인기 검색어'와 '많이 본 뉴스'의 상관관계를 분석한 바 있다.[95] 네이버가 뉴스 선택과 배열에 알고리즘 편집을 도입하기 이전과 이후로 나눠 어떤 변화가 있었는시 살펴본 연구였는데 짧게 요약하면 이렇다.

"개가 사람을 물면 기사거리가 안 되고 사람이 개를 물면 기사거리가 된다고 했다. 그런데 이제는 사람들의 관심이 집중되면 기사거리가 된다."

이 말은 곧 관심을 끌지 못하면 아무리 좋은 기사라도 힘을 얻지 못한다는 이야기도 된다. 나의 의문은 포털의 알고리즘 편집이 이런 추세를 더욱 가속화하는 것 아니냐는 질문에서 출발했다.

---

95) 이정환, 〈누가 공중의 의제를 결정하는가 : 의제설정 이론으로 본 네이버 '인기 검색어'와 '많이 본 뉴스'의 상관관계에 대한 연구〉, 한국과학기술원 과학저널리즘대학원, 2021년 2월

몸통을 흔드는 꼬리, 검색이 인기 기사를 만든다

이런 궁금증을 풀기 위해 670일 분량의 네이버 '인기 검색어' 195만여 건과 6시간 이상 지속된 '인기 검색어'로 검색되는 기사 186만여 건, '많이 본 뉴스' 14만여 건 등을 전수 조사해서 상관관계를 분석했다. 그 결과 '많이 본 뉴스' 가운데 16.98%가 6시간 이상 지속된 '인기 검색어'와 연결되는 기사였다. 조회 수 비중으로는 21.50%였다. 언론사가 중요하다고 생각하는 기사와 사람들이 궁금해서 찾아보는 기사, 실제로 많이 읽은 기사가 다 다르다는 사실은 새로울 게 없는 내용이다.

그런데 알고리즘 편집 이전에는 6시간 이상 지속된 '인기 검색어'가 '많이 본 뉴스'와 겹치는 비율이 11.3%였는데 알고리즘 편집 이후에는 이 비율이 16.6%로 늘어난 사실을 확인할 수 있었다. 기사 조회 수 기준으로는 알고리즘 편집 이전 17.4%에서 알고리즘 편집 이후 23.0%로 늘어났다.

네이버가 의도적으로 '인기 검색어' 순위를 뉴스 추천에 반영하고 있는지 여부를 확인할 수는 없지만(네이버 관계자는 부인하지 않았다) 여러 정황을 분석한 결과, 네이버 알고리즘이 뉴스 가치를 산정하는 과정에 이용자들의 관심을 상당한 비중으로 가중치를 두고 있을 가능성이 크다는 추론을 내릴 수 있다.

포털의 기사 배열과 알고리즘의 공정성도 뜨거운 감자다. 다음에서는 여전히 연합뉴스가 가장 많이 읽히는 언론사인데 네이버에서는 왜

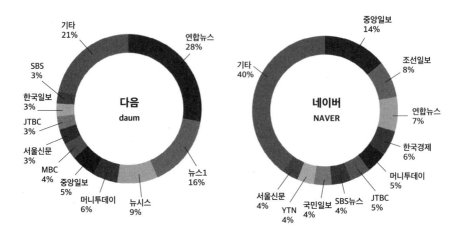

[그림5] 2020년 1월부터 8월까지 네이버와 다음의 '많이 본 뉴스'의 언론사 분포

다음
daum

- 기타 21%
- 연합뉴스 28%
- SBS 3%
- 한국일보 3%
- JTBC 3%
- 서울신문 3%
- MBC 4%
- 중앙일보 5%
- 머니투데이 6%
- 뉴시스 9%
- 뉴스1 16%

네이버
NAVER

- 중앙일보 14%
- 조선일보 8%
- 기타 40%
- 연합뉴스 7%
- 한국경제 6%
- 머니투데이 5%
- 서울신문 4%
- YTN 4%
- 국민일보 4%
- SBS뉴스 4%
- JTBC 5%

자료 : 이정환

중앙일보와 조선일보가 연합뉴스를 대체하게 됐는지 네이버는 설명하지 않았다. 채널 구독자가 중앙일보가 많은 것은 사실이지만 400만 구독자를 확보하고 있는 한겨레의 많이 본 기사 조회 수가 500만 중앙일보 기사 조회 수의 1/6에 불과하다는 사실을 설명할 방법이 없다. 알고리즘의 가중치 때문이라면 과연 그 가중치는 공정하고 합리적인가 의심하지 않을 수 없다. 중앙일보와 조선일보가 단순히 구독자가 많아서 더 많이 읽힌다고 보기에는 여전히 의문이 남는다. 아니면 한겨레가 구독자 대비 커버리지가 넓지 않을 수도 있고 중앙일보와 조선일보가 실시간 검색어 이슈 등에 대응을 잘 하고 있기 때문일 수도 있다.

김광현 네이버 서치&클로바 리더는 2019년 4월, 네이버 뉴스 편집을 인공지능 편집으로 전면 전환하겠다고 밝힌 기자 간담회에서 "네이버 뉴스 서비스에 '에어스'를 기반으로 한 추천 기술을 접목해 일 평균 조회 수가 69% 증가했다"는 사실을 밝힌 바 있다.[96] 인공지능 편집 전환의 목표 가운데 하나가 조회 수 증가라는 사실을 시인한 것이다.

카카오 기사 추천 시스템인 루빅스의 기본 골격은 멀티 암드 밴딧 Multi armed Bandit 알고리즘이다. 슬롯머신의 승률이 모두 다르기 때문에 여러 슬롯머신 가운데 가장 승률이 높은 슬롯머신을 찾아서 베팅을 집중하는 전략을 말한다.

우려스러운 부분은 뉴스 추천 알고리즘의 최대 목표가 가장 많은 클릭 그리고 체류 시간(역시 클릭)에 맞춰져 있다는 것이다. 정말 중요한 뉴스와 꼭 읽어야 할 뉴스에 대한 판단보다는 어떻게 뉴스를 보여줘야 가장 많이 클릭할 것인가에 무게를 둔다. 철저하게 상업적 고려에서 출발한 전략이다. 이용자 집단을 세분화하고 뉴스 카테고리를 나누는 것 역시 필터 버블을 키울 우려가 있다. 전체 뉴스 풀은 커진 것처럼 보이지만 결국 각각의 이용자들에게 노출되는 기사는 제한될 수밖에 없고 알고리즘이 나에게 보여주지 않는 기사가 무엇인지 그리고 특별히 내가 좋아할 거라고 판단해서 밀어주는 기사가 무엇인지에 대한 고민도 필요하다.

---

96) 조성준, 〈네이버 "인공지능 뉴스 편집 추천 도입 후 조회 수 69% 증가"〉, 이투데이, 2019년 4월 5일

네이버와 다음 이용자들이 전혀 다른 세상을 본다

실제로 네이버에서 뉴스를 읽는 사람들과 다음에서 뉴스를 읽는 사람들은 전혀 다른 세상을 보고 있을 가능성이 크다. 나는 이런 가설을 검증하기 위해 네이버와 다음의 '많이 본 뉴스'의 차이를 분석한 적 있다.[97] 다음은 이정환닷컴에 게재한 글의 일부다.

2019년 9월 1일부터 2020년 8월 31일까지 1년 동안 네이버와 다음의 '많이 본 뉴스'를 모두 크롤링한 다음에 조국 전 법무부 장관과 관련된 기사만 뽑아 봤더니 패턴이 드러났다.

먼저 언론사별로 분포를 보면 네이버의 조국 보도는 중앙일보와 조선일보가 각각 23.3%와 17.1%를 차지했고 연합뉴스가 6.0%, 세계일보가 5.0%로 뒤를 이었다. 다음에서는 연합뉴스와 뉴스1, 뉴시스가 각각 23.3%와 20.0%, 10.7%로 과반을 차지했다. 네이버와 다음 모두 알고리즘이 뉴스를 편집하고 있지만 네이버에서 우리가 읽었던 조국 관련 보도의 절반 정도가 중앙일보와 조선일보, 동아일보 등 보수 성향 신문사의 기사였을 거라는 이야기다.

네이버에서는 '조국'과 '분노'라는 단어가 동시에 등장하는 경우가 더 많았지만 다음에서는 '윤석열'과 '압박'이라는 단어가 동시에 등장하는 경우가 많았다. 추미애 당시 장관이 윤석열 당시 총장을 압박했

---

97) 이정환, 〈조국 보도, 네이버와 다음에서 이렇게 달랐다〉, 이정환닷컴, 2020년 12월 23일

[그림6] 네이버와 다음의 '많이 본 뉴스' 가운데 주요 키워드의 분포

	네이버	다음
조국 & 유재석	86.4%	13.6%
조국 & 진중권	84.0%	16.0%
조국 & 분노	78.1%	21.9%
조국 & 논란	78.1%	21.9%
조국 & 의혹	76.1%	23.9%
조국 & 딸	74.9%	25.1%
추미애 & 아들	74.4%	25.6%
공수처	62.4%	37.6%
조국 & 검찰	58.3%	41.7%
검찰개혁	57.4%	42.6%
조국 & 고소	50.0%	50.0%
윤석열 & 장모	44.8%	55.2%
임은정	40.3%	59.7%
검언유착	38.9%	61.1%
윤석렬 & 압박	38.9%	61.1%

다는 기사다. 네이버 독자들은 조국에 대한 분노를 많이 읽고 다음 독
자들은 윤석열에 대한 압박을 더 많이 읽었다. '조국'과 '분노'가 동시
에 제목에 들어간 기사가 네이버에서는 25건이나 됐지만 다음에서는
7건 밖에 안 됐다. '검언유착'이 명시적으로 제목에 들어간 기사가 네
이버에서 7건, 다음에서 11건이었다.

　'윤석열'과 '장모'라는 단어가 동시에 등장하는 경우는 다음이 더 많
았다. 네이버 독자들이 윤석열 장모에 관심이 덜한 걸까? 아니면 네이
버가 독자들의 성향을 감안해 윤석열 장모에 대한 기사를 덜 보여주
는 것일까? 거꾸로 '추미애' '아들' 기사는 네이버에서 훨씬 더 많이 등

장했다. '조국'과 '진중권'이 동시에 제목에 등장하는 기사는 네이버에서 63건, 다음에서 12건이었고 '윤석열'과 '진중권'이 등장하는 기사는 네이버에서 17건, 다음에서 2건 밖에 안 됐다.

네이버 뉴스를 열심히 읽은 독자들은 '유재수' 감찰 무마 의혹이 꽤 심각한 사건이라고 생각했을 것이고 다음 독자들은 상대적으로 중요한 이슈가 아니라고 생각했을 수도 있다. 1년 동안 '유재수'가 '많이 본 뉴스'의 제목으로 등장한 경우가 네이버에서는 57건이나 됐고 다음에서는 9건 밖에 되지 않았다. 애초에 네이버와 다음의 뉴스 추천 알고리즘이 다르기 때문일 수도 있고 각각의 독자들의 선호가 달라서 알고리즘이 이를 반영한 결과일 수도 있다. 어떤 경우든 분명한 건 한국에는 두 개의 포털 사이트가 뉴스의 유통과 이슈의 흐름을 주도한다는 사실이다.

점유율 89%, 포털이 만든 필터 버블

MBC '스트레이트' 조사에서도 비슷한 결과가 나왔다.[98] MBC가 데이터 분석 업체에 의뢰해 네이버 PC 버전 첫 화면 노출 기사를 일주일 동안 집계한 결과 중앙일보의 점유율이 15.7%로 나타났다. 연합뉴스와 조선일보가 15.1%와 7.9%로 뒤를 이었다. 세계일보와 한국경

---

[98] 이지선, 〈[스트레이트] 인공지능의 뉴스 편집, 보수 편중 심각〉, MBC, 2020년 12월 13일

제신문이 5.8%와 5.3%를 차지했다. 75개 콘텐츠 제휴 언론사 가운데 상위 5개 언론사의 비중이 절반에 육박했다는 이야기다. MBC는 이런 조사 결과를 근거로 "헤드라인 기사 노출을 기준으로 네이버는 보수 언론이 52.2%, 뉴스통신 3사가 21.1%였다"고 분석했다. 그러나 MBC의 조사는 조사 기간이 1주일로 짧았던 데다 개인화 추천을 반영하지 않은 결과라 보도 이후 여러 논란을 낳았다.

MBC는 이후 조사 기간을 2주로 늘리고 두 대의 모바일 디바이스에서 각각 한 쪽은 조선일보와 중앙일보 기사를, 다른 한 쪽은 한겨레와 경향신문 기사를 자동으로 읽게 만든 다음 네이버 알고리즘이 어떤 뉴스를 추천하는지 그 결과를 누적 집계했다. 그 결과 보수 성향 계정에서는 중앙일보, 연합뉴스, KBS, 조선일보, YTN 순으로 추천 기사가 많이 떴고 진보 성향 계정에서는 연합뉴스, 중앙일보, 조선일보, KBS, SBS 순으로 많았다. "보수 언론 기사만 계속 봤어도 보수와 중도기사가 추천됐고, 진보 언론 기사만 계속 봤어도 보수와 중도 언론사 기사만 올라왔다는 게 결론"이었다.[99]

송경재 상지대학교 교수는 MBC와 인터뷰에서 "3년 동안 인공지능이라고 하는 것의 우수성, 그리고 인공지능을 통해서 뉴스기사 배열이라든가 편집이 아주 객관적이고 중립적으로 잘 되고 있다, 그리고 개인에게 맞춤화된 서비스가 되고 있다고 선전을 해왔는데 그런

---

99) 이지선, 〈[스트레이트] '한겨레'만 클릭해도 보수 언론 추천하는 AI〉, MBC, 2022년 3월 7일

것들이 전부 다 거짓일 수 있다라는 것이 데이터 상에서 나타났다"고 평가했다.

네이버 관계자는 "실제로 특정 언론사 기사만 읽는 이용자는 매우 적기 때문에 이런 특이한 현상이 벌어질 수 있다"며 "일반화해서는 안 된다"고 해명했다.

네이버 알고리즘 검토위원회는 논란이 확산되자 보고서를 내고[100] "네이버가 뉴스 기사 검색과 추천 후보를 생성하고 랭킹을 부여하는 단계에서 언론사 성향이나 이념을 분류해 우대하거나 제외하는 요소를 찾아볼 수 없다는 결론을 내렸다"고 밝혔지만 여전히 의문은 남는다.

다만 "국내 언론사에서 온라인 이슈 대응 역량을 갖춘 대형 언론사가 내체적으로 보수적 성향으로 평가받고 있기에 노출 비중이 상대적으로 높을 수 있다"고 설명했다.

MBC 보도와 관련해 네이버 관계자에게 비공식적으로 설명을 들은 적이 있는데 핵심은 의도적으로 보수 성향 언론을 더 많이 노출하는 건 아니고 다만 중앙일보와 조선일보가 이슈 대응이 빠르다는 것이다. 실제로 중앙일보와 조선일보는 가장 먼저 네이버 채널 구독자가 500만 명을 넘어선 언론사들이다. 채널 구독을 하지 않은 이용자들에게도 이런 경향이 반영된다는 설명이다. 액면 그대로 받아들이기

---

100) 네이버, 〈제2차 네이버뉴스 알고리즘 검토위원회 검토 결과 발표〉, 네이버 다이어리, 2022년 1월 26일

어렵지만 실제로 중앙일보의 경우 이슈 대응 조직을 24시간 3교대로 돌리면서 네이버 알고리즘에 발 빠르게 적응했다는 평가를 받았던 게 사실이다. 심지어 이슈팀 대부분이 계약직 기자들인데 하루 트래픽 할당량을 못 채우면 집에 못 간다는 이야기가 나돌 정도였다.[101]

'제주도 카니발 폭행 사건'은 커뮤니티 사이트에서 처음 알려진 사건이었다. '인기 검색어'가 36시간 동안 '인기 검색어'에 머물러 있었고 사흘 동안 197건의 기사가 쏟아졌다. '대림동 여경'이나 '벌떡 떡볶이', '여행에 미치다' 등의 검색 주도형 이슈가 공중의 의제로 떠오르는 사례가 늘어나고 있다. '곰탕집 성추행 사건'이나 '이수역 폭행 사건'도 마찬가지다. 청와대 국민청원에서 시작한 이슈가 사회적 이슈가 되는 경우도 많았다. '설악산 흔들바위 추락' 같은 만우절 조크가 인기 검색어에 올라 뒤늦게 기사가 쏟아진 적도 있었다.

언론사들이 뒤늦게 낚시 대열에 뛰어들면서 이런 가십성 이슈들이 '인기 검색어'와 '많이 본 뉴스'와 맞물리면 관련 기사가 쏟아지고 수백 만 명이 공유하는 이슈가 된다.

몇 년 전까지만 해도 언론의 집중을 받기 어려웠을 사건 사고 이슈가 커뮤니티 게시판에서 화제가 되면서 '인기 검색어'로 이어지고 대형 이슈로 발전하는 사례를 숱하게 발견할 수 있다.

다음 그림은 2004년 미국 대통령 선거에서 진보 성향 블로그와 보

---

101) 정철운, 〈중앙일보 기자의 세 가지 충격〉, 미디어오늘, 2017년 7월 7일

[그림7] 진보 성향(진한 부분) 블로그와 보수 성향(연한 부분) 블로그가 링크를 주고받는 양상

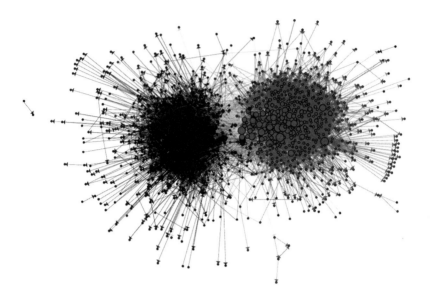

수 성향 블로그가 어떻게 링크를 주고받는지 나타낸 것이다.[102) 불편한 논쟁을 회피할 때 공론장이 어떻게 양극화할 수 있는지 생각하게 하는 그림이다.

나는 한국 저널리즘의 가장 큰 위험이 언론의 의제 설정 영향력이 급격히 줄어들고 있다는 것이라고 생각한다. 낚시 기사나 언론의 정파성 문제는 오히려 해결 가능한 문제거나 독자들이 선택할 문제지만

---

102) Lada A. Adamic, The political blogosphere and the 2004 U.S. election: divided they blog, Publication History, 2005년 8월 21일

언론의 사회적 책임과 역할에 대한 요구가 사라지는 것이 훨씬 더 심각한 문제라고 보기 때문이다.

알고리즘은 기밀이고 공개될 경우 악용될 우려가 있다는 게 네이버와 다음의 설명이지만 지금 같은 상황을 방치할 수는 없다. 핵심은 어떤 알고리즘도 완벽하지 않으며 알고리즘에 공정성과 객관성을 기대할 수는 없다는 것이다. 특히 네이버와 다음처럼 지배적인 포털 사업자는 이들이 이슈의 흐름과 편향, 의제 설정에 미치는 영향을 끊임없이 감시 받고 검증 받아야 한다. 중요한 것은 알고리즘은 끊임없이 개선돼야 하며 아무리 영업 비밀이라고 하더라도 최소한의 원칙이 공개돼야 하며 외부의 감시와 비판을 받아들여야 한다는 것이다.

7. 무늬만 혁신, 뉴스 룸의 관성과 퇴행

언론사 관계자들을 만나서 뉴욕타임스 이야기를 꺼내면 또 그 이야기네, 하는 표정을 짓는 경우가 많다. 애초에 넘사벽(넘을 수 없는 4차원의 벽)이고 뉴욕타임스와 우리는 환경이 다르다고 보기 때문이다. 미디어오늘이 해마다 열고 있는 '저널리즘의 미래 컨퍼런스'에서도 뉴욕타임스는 단골 레퍼토리였다. 언젠가는 컨퍼런스 전체가 기승전-뉴욕타임스였다는 이야기가 나올 정도였다. 하지만 우리 앞의 위기와 도전, 변화의 방향을 이야기할 때 뉴욕타임스의 경험은 여전히 생각해 볼 부분이 많다.

[그림8] 뉴욕타임스 유료 구독자 수 추이

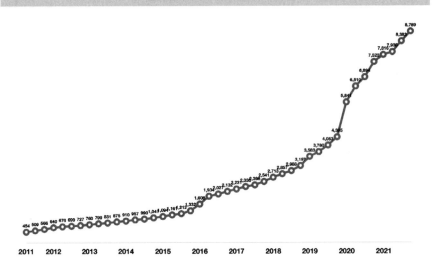

[그림8]은 뉴욕타임스의 유료 구독자 수 추이를 나타낸 것이다. 마크 톰슨 회장이 10여 년 전, 1,000만 구독자를 이야기했을 때 다들 선언적인 목표라고 생각했을 것이다. 그런데 구독 매출이 광고 매출을 뛰어넘더니 1,000만 독자를 돌파하고 이제 3,000만 독자를 다음 목표로 한다는 이야기가 나올 정도다. 가입자당 매출ARPU이 2020년 기준으로 100달러 수준이니까 만약 3,000만 명 목표를 달성한다면 구독 매출만 30억 달러를 넘어서게 된다.

2000년에는 광고 매출이 전체 매출의 67%를 차지했는데 2021년에는 광고 매출이 24%로 줄고 구독 매출이 66%까지 늘어났다. 종이 신문 판매가 줄어들고 있는 가운데 온라인 구독이 크게 늘어난 덕분

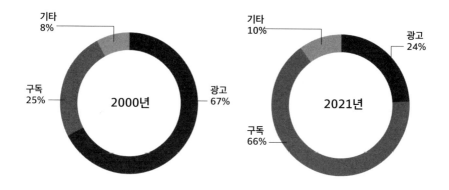

[그림9] 뉴욕타임스의 매출 구조 변화

기타
8%

구독
25%

2000년

광고
67%

기타
10%

광고
24%

2021년

구독
66%

이지만 이미 2015년부터 구독 매출이 광고 매출을 추월했다.

다음은 내가 2020년에 쓴 한국언론진흥재단 해외 미디어 동향 보고서에 쓴 '뉴스 기업을 위한 구독 경제 매뉴얼' 가운데 한 대목이다.[103]

뉴욕타임스 회장을 지낸 마크 톰슨은 퇴임 직전인 2020년 8월 맥킨지와 인터뷰에서[104] "뉴스를 단순히 헤드라인과 딱딱한 새로운 소식들의 묶음으로만 봐서는 안 된다"면서 "더 좋은 구두 한 켤레를 신고 더 좋은 TV를 보기 위해 기꺼이 더 많은 돈을 지불하는 것처럼 안목 있는 독자들은 더 좋은 뉴스에는 기꺼이 더 지갑을 열 것"이라고 강조

103) 이정환, 〈뉴스 기업을 위한 구독 경제 매뉴얼〉, 한국언론진흥재단, 2020년 12월
104) Yael Taqqu, Building a digital New York Times : CEO Mark Thompson, McKinsey Insights, 2020년 8월 10일

했다.

마크 톰슨의 인터뷰에서 특별히 인상적이었던 대목은 "우리가 어떤 상황을 맞이하든 성장해야 하며 그 방법은 본질적이어야 한다"고 강조한 부분이었다. 꼼수 없이 실력으로, 저널리즘 그 자체로 승부해야 한다는 이야기다. "심리적 장벽을 극복하라"는 점도 강조했다. 남들이 50만 100만을 이야기할 때 1,000만이라는 목표를 세웠기에 관행을 극복하고 근본적인 변화를 모색할 수 있었다는 이야기다.

마크 톰슨은 2019년 세계뉴스미디어총회에서 "뉴욕타임스의 핵심 전략은 단연 질 좋은 뉴스"라고 강조한 바 있다.[105]

"2층짜리 건물로 비유해보자. 1층은 최고의 저널리스트들을 모으고 심도 깊은 제품을 만드는 곳이 돼야 한다. 그러면 소비자가 사랑에 빠지고 흔쾌히 지갑을 열 것이다. 이걸 재 투자해서 고급 콘텐츠를 만들면 더 나은 기자를 모을 수 있다. 이 기반 위에 쌓는 2층은 전문적 지식과 데이터, 과학, 상품, 디자인, 디지털 마케팅 등 모든 측면을 아우르는 복합적 공간이다. 장기 독자 유치를 위한 기술적 전략 요충지인 셈이다. 그렇더라도 2층은 1층보다 중요하지 않다."

컨설팅 그룹 마인드 세이프티 디스클로저Mind Safty Disclosers의 보고서를 보면 뉴욕타임스의 성장 가능성을 다시 생각하게 된다.[106] 이를

---

105) 김소영, 〈마크 톰슨 뉴욕타임스 CEO "언론의 위기, 고품질 뉴스로 돌파한다"〉, 한국일보, 2019년 6월 15일

106) Mind Safty Disclosers, The (Not Failing) New York Times, 2020년 10월 1일

테면 넷플릭스와 스포티파이는 가입자를 유지하고 후발 주자들을 따돌리기 위해 계속해서 콘텐츠에 투자를 해야 하지만 뉴욕타임스는 고정 비용이 크게 늘어날 게 없다. 넷플릭스는 영화나 드라마를 만들어야 하고 스포티파이는 음원을 계속 사들여야 한다. 그래야 가입자를 유지할 수 있다. 그런데 뉴스 기업의 최대 비용은 인건비고 투자한 만큼 퀄리티를 끌어올릴 수 있다. 새로운 뉴스를 만들기 위해 돈이 더 드는 건 아니지만 다른 뉴스와 차별화할 수 있다면 유료 독자를 계속 늘려 나갈 수 있다. 뉴욕타임스가 지금 같은 성장 속도를 유지하면서 손익분기점을 넘고 투자를 계속한다면 가까운 미래에 진짜 '넘사벽'이 될지도 모른다. 뉴욕타임스 스스로 "디지털 독자들이 미래의 성장 엔진이라는 데 베팅을 했고, 이것은 엄청나게 성공적인 도박gamble이었다"[107]고 표현할 정도다.

　다음 그림은 뉴욕타임스의 매출 구조를 분석한 것이다. 모든 부문에서 매출이 줄고 있지만 디지털 구독이 늘면서 성장을 견인하고 있다.

　단순히 뉴욕타임스의 이야기가 아니다. 디지털 전환과 구독 모델은 대부분의 언론사들에게 선택이 아니라 이미 다가온 미래다. 독자들이 뉴스에 지불할 의사가 없는 게 아니라 지불할 만한 콘텐츠를 찾지 못하고 있다는 게 정확한 설명이겠지만 여전히 한국 언론은 먹고

---

107) Edmund Lee, New York Times Hits 7 Million Subscribers as Digital Revenue Rises, New York Times, 2020년 11월 5일 https://www.nytimes.com/2020/11/05/business/media/new-york-times-q3-2020-earnings-nyt.html

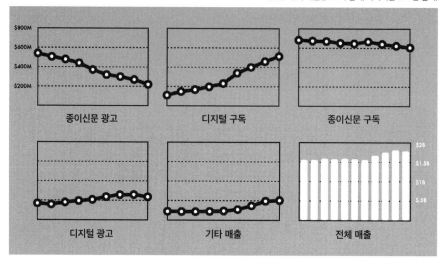

[그림10] 뉴욕타임스의 사업 부문별 매출 추이

(단위 : 전체 매출은 10억 달러, 나머지는 100만 달러)

종이신문 광고

디지털 구독

종이신문 구독

디지털 광고

기타 매출

전체 매출

출처 : 마인드세이프티디스클로저

살만하고 애초에 독자들을 찾아 나설 의지도 없는 게 현실이다. "어차피 독자들은 네이버에 있는데", "공짜 뉴스가 넘쳐나는데 누가 뉴스에 돈을 내겠냐"고 미리 선을 긋는 게 대부분 언론인들의 현실 인식이다. 오래된 실패의 경험이 어떤 실험도 도전도 불가능하게 만든 상황이다.

무엇이 필요한가

나는 미디어오늘에서 2015년부터 8년 동안 '저널리즘의 미래 컨퍼런스'를 기획하고 진행해 왔다. 한때는 카드뉴스만 만들어도 그게 혁신인 것처럼 소개되던 때가 있었다. 버즈피드나 피키캐스트가 벤치마크 모델이기도 했다. 한때는 누구나 뉴욕타임스 스노우폴을 이야기했다. 수많은 미디어 스타트업들이 등장했고 기존의 질서가 무너지고 새로운 공론장이 확장하는 과정을 지켜봤다. 그리고 얻은 결론은 결국 저널리즘 혁신은 저널리즘의 본질로 돌아가는 데서 출발해야 한다는 것이다.

분명한 것은 좋은 뉴스에 비용을 지불하는 문화가 자리 잡지 않는다면 건강한 저널리즘은 지속가능하지 않다는 사실이다. 저널리스트의 영혼과 교환한 상업적인 광고나 주목 경제와 맞바꾼 값싼 트래픽이 아니라 대중의 평판과 신뢰가 수익으로 연결돼야 한다. 뉴스 산업도 이제 파괴적 혁신의 요구를 외면해서는 안 된다. 낡은 관행을 끊고 인력과 콘텐츠에 투자해야 한다.

이제는 타고 온 뗏목을 불사르고 한 번도 가보지 않은 길에 발을 내디뎌야 할 때다. 뉴스의 패키지가 해체됐다면 패키지를 복원하고, 뉴스의 브랜드가 무너졌다면 브랜드를 다시 구축해야 한다.[108] 결국 저널리즘의 본질에 집중하고 스스로 존재감을 만드는 것 외에 다른 대안이 있을 수 없다. 가까운 미래에 네이버와 결별할 수 없다면 당분간 공존하면서도 뉴스의 맥락과 패키지를 복원하고 과금 모델을 만드는

---

108) 이정환, 〈익숙한 것들과의 결별, 광고 중독 끊어야 저널리즘이 산다〉, 민중의소리, 2020
년 7월 1일

대안이 가능할 거라고 생각한다. 타협하지 않고 올곧게 진실을 추적하는 건강한 언론이 시장에서 살아남아야 한다. 온라인 뉴스 생태계 구축과 공론장 형성을 위한 국가적 전략과 사회적 합의가 필요한 시점이다.

8. 대안은 뭔가

저널리즘의 위기는 민주주의의 위기다. 비판과 냉소를 넘어 좋은 언론을 지원하고 평가하는 사회적 지원 체계를 만들어야 한다. 언론이 스스로 혁신하지 못하는 구조적 환경을 돌아보면 해법이 나온다. 내가 생각하는 언론개혁의 방향을 여덟 가지로 정리해 봤다. 결국 핵심은 저널리즘의 퇴행을 만드는 돈의 흐름을 바꾸고 낡은 관행과 유착을 깨는 것이다.

첫째, 연간 수천억 원 규모에 이르는 정부 광고를 정리해야 한다. 언론 개혁을 외치면서 변화하지 않는 언론을 국민들 세금으로 지원하는 걸 멈춰야 한다. 애초에 언론에 뿌리는 효과 없는 광고를 모두 중단해야 하고 광고로 언론을 컨트롤하려는 모든 시도를 중단해야 한다. 기사와 광고를 맞바꾸는 언론의 퇴행적 비즈니스에 대한 감시와 비판이 계속돼야 한다. 언론 스스로도 신뢰 회복이 핵심 경쟁력이 될 거라는 믿음 아래 처절한 혁신을 모색해야 한다.

둘째, ABC 부수 공사를 전면적으로 손보는 동시에 종이 신문의 거품을 빼야 한다. ABC 부수공사 기준으로 한국에서 찍는 신문은 500만 부. 실제로 이 가운데 배달되지 않는 신문이 180만~200만 부에 이른다. ABC 공사만 엄격하게 관리해도 발행부수의 거품이 많이 빠질 것이다. 만약 일부 신문의 ABC 부수가 두 배 가까이 부풀려져 있는 게 사실이라면 정부 광고뿐만 아니라 기업 광고 역시 큰 변화를 맞게 될 것이다. 타율적인 추동이지만 언론의 디지털 전환도 속도가 붙을 것이다.

한국 언론에 파괴적 혁신이 일어나지 않는 건 종이 신문 시장이 살아 있기 때문이다. 독자들은 모두 디지털과 소셜로 옮겨갔는데 기업이나 정부, 공공기관이 종이 신문에 광고를 나눠주면서 언론을 관리하는 유착의 관행을 이제는 청산해야 한다. 애초에 정부 광고는 언론사를 지원하기 위한 목적으로 집행하는 예산이 아니고, 정부 광고가 필요하다면 목적에 맞게 효율적으로 집행돼야 한다.[109] 어차피 기업들은 ABC 부수 공사를 무시한지 오래 됐다. 정부 차원에서 언론사 지원이 필요하다면 개별 언론사 단위의 발행 부수나 계량적 지표를 넘어 저널리즘 생태계를 활성화하는 좀 더 근본적인 기획을 고민해야 한다. ABC 공사의 문제도 컸지만 지표나 평가의 문제가 아니라 애초에 언론사를 등급을 나눠 정부 지원을 차등화 한다는 발상부터 바꿔야 한다.

---

109) 이정환, 〈문제는 발행 부수가 아니라 낡은 종이 신문 패러다임이다〉, 한국지역언론학회 세미나, 2022년 7월 8일

셋째, 지금이라도 이명박 정부 시절 편법으로 부여했던 종합편성채널의 특혜를 회수하고 새로운 경쟁 환경을 조성해야 한다. 유료방송사업자들에게 종합편성채널의 의무 송출을 법으로 강제하고 동시에 수신료까지 받을 수 있도록 특혜를 남발했다. 2019년에서야 의무전송 채널에서 제외했지만 황금 채널은 그대로 유지되고 있다.

종편을 키운 것은 8할 이상이 정치지만 기울어진 운동장 탓만 하고 있을 수는 없다. 핵심은 특혜로 출발한 종편의 기득권을 보장해 주는 방식이 돼서는 안 된다는 것이다. 이제 와서 특혜를 회수할 수 없다면 재승인 심사를 엄격하게 해서 기준에 못 미칠 경우 과감하게 퇴출시키거나 오히려 진입 장벽을 낮춰서 경쟁을 유도하는 것도 검토할 수 있을 것이다. 진보 성향 종편이 등장할 수도 있을 것이고 뉴미디어를 결합한 새로운 플랫폼 실험도 가능하게 된다. 정치색을 빼고 원칙에 따라 처리하면 된다.

넷째, 정부가 앞장서서 정부 부처 출입처와 기자실 문화를 바꿔야 한다. 기자들에게 자리 만들어주고 보도자료 나눠주면서 기사 관리하는 관행을 끊는 것만으로도 많은 게 달라질 것이다. 과거 노무현 정부가 기자실 폐쇄를 밀어붙였다가 엄청난 반발에 부딪히긴 했지만 기자들이 날마다 기자실로 출근하고 홍보·공보 담당자들과 함께 밥 먹고 골프 치는 나라는 한국 밖에 없다. 독서실 칸막이를 없애고 공간을 터서 개방형 브리핑 룸을 늘리고 프레스센터 형식으로 운영하면 된다. 기자들에게 고정석을 마련해 주는 건 취재 지원이 아니고 취재 편의 제공도 아니다. 기자들을 현장으로 내보내야 한다. 기자실이 사라지면 당장 기자들이 혼란스러워하겠지만 취재 관행이 바뀔 것이고 기사가 달라질 것이다. 기업들은 안 바뀌겠지만 정부 부처부터 시작할 수 있다.

다섯째, 기자실 해체와 함께 정보 공개를 확대 강화해야 한다. 언론의 범주와 역할이 달라졌다. 기자실에 앉아 있는 기자만 기자가 아니고 굳이 기자들에게만 따로 자세히 설명해야 할 이유도 없다. 모든 회의 자료와 데이터를 기자들에게 메일 보내는 것과 동시에 투명하게 공개하면 굳이 기자단에 가입하려고 신경전을 벌일 필요가 없을 것이다. 공개적으로 밝힐 수 없는 거라면 애초에 공개하지 않는 게 맞고 공개해야 할 사안이라면 완전히 투명하게 공개하는 게 맞다. 검찰 수사 결과나 법원 판결문 등도 마찬가지다. 정부가 의지를 갖고 기자단 카르텔과의 유착을 허물어야 한다. 정부와 공공 기관부터 정보를 오픈하기 시작하면 언론이 바뀔 것이다. 언론을 바꾸기 위해서라도 정부가 의지를 보여야 한다.

여섯째, 방송통신 정책의 패러다임을 근본적으로 바꿔야 한다. 공영 언론에서 정부가 손을 떼야 한다. KBS와 MBC가 좀 더 공적 책임을 다하도록, 그러면서도 혁신과 변화를 주도하도록 독립성을 보장하고 힘을 실어줘야 한다. 유명무실한 방송통신위원회 구조를 개편해 판을 키우면서 동시에 공적 책임을 제도화하는 변화를 모색해야 한다. 시대착오적인 방송통신심의위원회와 심의 제도도 대대적인 개편이 필요할 것이다. 플랫폼의 공정성과 망 중립성도 제도적으로 보완해야 한다. 미디어와 콘텐츠 주도의 새로운 성장 모델을 만들어야 한다.

일곱째, 언론 개혁은 낡은 권력을 해체하는 작업이 돼야 한다. '가짜뉴스' 때려잡겠다고 외쳐봐야 그게 주류 언론에는 아무런 영향을 미칠 수 없다. 징벌적 손해배상을 도입하더라도 그걸로 문 닫을 언론사는 아마 나오지 않을 것이다. 언론 개혁에 대한 사회적 요구가 높지만 그게 표현의 자유를 위축시키거나 권력에 대한 비판을 꺾는 방식이 돼서는 안 된다. 우리가 언론 개혁을 이야기할 때 공동의 문제의식은 일부 언론의 영향력이 실제 그 언론의 공적 가치보다 크다는 것이다. 그리고 자신들이 대변하는 집단의 이해관계를 위해 그 영향력을 남용하고 있다는 것이다. 평판의 시장과 경쟁의 원리가 제대로 작동하지 않기 때문이고 주류 언론의 낡은 관행과 카르텔이 그들의 기득권을 보호하고 공론장을 왜곡하고 있다고 보기 때문이다.

우리 모두가 원하는 건 언론이 권력과 자본에 맞서 진실을 이야기하는 것이다. 동시에 언론이 민주주의의 확장과 더 나은 세상을 위한 의제와 토론을 제안해야 한다는 것이다. 그렇다면 이걸 가로막고 있는 요인을 제거하는 것이 언론 개혁의 방향이 돼야 한다. 공론장을 황폐화시키고 건강한 토론을 가로막고 불신과 냉소, 거짓 프레임을 퍼뜨리는 언론이 힘을 잃게 만드는 것이다. 진실을 좇고 변화와 대안을 모색하는 텍스트에 힘이 실려야 한다.

여덟째, 더 늦기 전에 뉴스 생태계의 복원을 위한 투자를 시작해야 한다. 국회에서 논의하고 있는 저널리즘 바우처는 근본 해법이 될 수 없겠지만 방향에 대한 제안이 될 수는 있다. 저널리즘의 공적 책무를 수행하는 언론사들에 정부 지원이 흘러가게 해야 한다. 수천 억 원에 육박하는 정부와 공기업 광고만 돌려도 엄청난 변화를 만들 수 있다. 프랑스의 끌레미처럼 저널리즘 주간을 만들고 문화체육관광부와 방송통신위원회, 교육부 등이 함께 참여하는 국가적 이벤트로 키울 수도 있을 것이다.

저널리즘의 추락은 사회적으로도 손실이 크다. 뉴스의 브랜드를 강화하고 맥락을 복원하는데 사회적 역량을 집중해야 한다. 포털의 문제가 크지만 그게 전부는 아니다. 당장 네이버와 카카오, 언론사들이 머리를 맞대고 공동의 해법을 모색할 수도 있을 것이다. 인링크와 아웃링크를 결합하면서 포털이 플랫폼으로서의 공적 책임을 강화하도록 하는 합의의 지점이 가능할 거라고 믿는다.

이른바 레거시^{legacy} 미디어의 혁신을 압박하는 동시에 미디어 스타트업과 버티컬 미디어의 실험을 지원하는 깨어 있는 독자들의 연대가 필요하다. 3만 명이 모이면 뉴스타파 같은 언론사를 키울 수 있다. 셜록이나 뉴스톱, 닷페이스 같은 혁신적인 저널리즘 스타트업이 30개만 돼도 훨씬 더 좋은 세상이 될 거라고 생각한다. 사람들이 더 나은 세상에 대한 믿음을 잃지 않도록 저널리즘의 가능성을 보여주는 새로운 도전과 실험이 늘어나야 한다.

조항제(부산대 미디어커뮤니케이션학과 교수)

2

한국 언론의 고질,
정파성과
그 극복 방안으로서
공정성

권위주의나 파시즘 같은 억압적 체제가 사라진

서구에서는 정치 병행성과 시장에서의 수용자 피드백이

프레임을 결정하는 가장 큰 요인으로 대두된다.

이럴 경우, 더욱 중요해지는 것은 저널리즘이라면

준수해야 하는 일종의 자격 요건, 곧 '금도'다.

자칫 이조차 정치 미디어의 병행적 이념 갈등에

희생된다면, 저널리즘을 넘어 체제 자체의 기초조차

흔들릴 수 있다.

1. 한국 언론과 정파성 : 정파성을 보는 문제의식

사례 하나로 글을 시작하겠다. 대표적인 진보정치인 노회찬이 죽기 이틀 전, 조선일보가 보도한 노회찬 의원의 '아내 전용 운전기사' 기사이다(2018. 7. 21). 토요판 1단의 짧지만, 컬러 삽화가 독자들의 시각을 자극하는 '옐로카드'라는 칼럼을 통해서였다. '노동자를 대변한다면서 아내의 운전기사는 웬 일인가요'라는 제목이었다. 이보다 3개월 전쯤 국민일보(4월 16일자)가 비슷한 내용을 '아내의 운전기사로 선거 운동을 돕던 자원봉사자'로 보도한 것이었다. 이를 당시 야당인 자유한국당이 정치 공세의 일환으로 '전용 기사'로 바꾸었고, 유튜브와 소셜미디어는 이 내용을 확산시켰다. 그때만 해도 '운전기사'와 '자원봉사자'는 혼용되고 있었다(JTBC, 2018. 7. 25). 정확하게는, '선거 운동 20일 간의 운전 봉사 도우미'다. 국민일보의 운전'기사' 표현에도 문제가 있

---

* 이 글은 필자의 졸저, 『한국 언론의 공정성: 이론적 구성』(서울: 컬처룩)의 일부를 수정·보완한 것이다.

지만, 조선일보는 이를 더욱 왜곡해 아예 자원봉사조차 뺀 '전용 기사'로 바꾼 것이다.

이 기사야말로 사실과 허위를 적당히 섞은 전형적인 '허위 정보 조합'이다(Rojecki & Meraz, 2016). 허위 정보 조합은 특정한 목적을 위해 진짜와 가짜, 사실과 기대를 적당히 섞는 것을 말한다. '섞여 있으므로' 완전히 허구는 아니지만, 연결의 비약, 맥락의 조작, 추측성 주장이 들어 있어 사실상 가짜 뉴스이다. 언뜻 보기에는 가짜 같지 않고 추측이나 기대가 때로 맞기도 하므로 신빙성이 전혀 없지는 않은 정보이지만, 그런 만큼 나쁜 의도가 있을 때, 해악 또한 크다.

이 기사로만 보면, 정의당의 운동권 출신 노회찬 의원은 마치 부인까지 전용 운전기사를 두고 부유하고 사치스런 삶을 누리는 것처럼 보인다. 순수성이나 청렴성을 내세운 정의당이나 노회찬 의원은 이 기사를 통해 (당시의 현금성 뇌물 보도와 결합해) 상당히 이미지가 훼손되었을 것이다. 그러나 이 허위 정보에 대한 정정과 사과는 첫 보도가 있은 지 거의 20일이 지난 8월 11일에 조그맣게 나왔을 뿐이다.

이 기사의 문제는 오보나 팩트체크 부실에서 비롯되는 부정확이나 사실 왜곡만이 아니다. 언론사와 기자의 잘못된 신념, 곧 정파적 '악의'가 부실 관행과 결합해 낳은 총체적 산물로 보아야 한다는 뜻이다. 해당 기자는 정의당 측의 항의에 "10일이든, 20일이든 그 기간은 어쨌든 전용기사 아니냐"라거나 "(운전 수고에 대응해, 정당한 보수의) 돈을 안받은 것이 더 문제"라는 취지의 대응을 했다고 한다(오마이뉴스, 2018. 8. 11. 괄호는 인용자). 자원봉사자가 돈을 받으면 선거법 위반인 점도 모른 것이다. 이 대답의 무리성이나 뒤늦었지만 사측이 그래도 사과까지 한 점을 감안하면, 이 기사에는 기자 개인의 소인素因도 확실히 있었던 것으로 보인다.

이 기사의 문제점을 개인-관행-조직-사회(이데올로기)로 구성된 '영향의 다차원적 위계' 모델(Reese & Shoemaker, 2016)을 적용해 살펴보면, 다음처럼 각 차원별로 정리될 수 있다. 먼저 기자 개인이다. 이 기자는 확실히 반 진보, 반 정의당이라는 특정한 정파적 생각 또는 이념을 지니고 있다. 물론 반부패나 반위선 같은 공분도 있다. 이런 공분이야 당연하지만, 어엿하게 공식적 정치세력인 진보(주의)나 정의당에 대한 반대적 의식은 객관보도나 공정보도 준칙(조선일보의 사시는 특정 당파에 치우쳐서는 안 되는 불편부당이다)에 비추어 보면 문제가 될 수 있다.

다음으로 넓은 의미에서 '저널리즘 문화'로 부를 수 있는 보도 관행이다. 이 기자는 당시 보수 야당이나 소셜미디어에 돌아다닌 내용을 그대로 옮겼다(이른바 '처널리즘'적 실수이다). 의심했어야 하지만, 그대로 하는 것이 기사의 의도나 성향에 잘 맞았다. 기사의 해당 피영향자[all those affected]로부터 반론을 의도적으로 무시한 전형적 공격인 것이다. 사실 검증의 절차가 엄격하게 확립되어 있다면 따르지 않을 수 없었을 것이다. 그러나 한국 언론에서 그런 관행은 그저 말(강령)로만 존재할 뿐, 구속력이 없다. 더구나 야당마저 그냥 '운전기사'로 간주해 공세를 펼친 바 있으므로 이를 핑계로 삼을 수도 있다. 사실 위주의 스트레이트가 아니라 주장이 들어간 칼럼 기사이므로 확인이 미약해도 괜찮다고 생각했을지도 모른다. 한국 언론은 의도나 표현에서 정치에

수동적이지 않고 적극적으로 '개입'하는 관행을 갖고 있다.[1]

셋째는 조직의 정파적 성격이다. 조선일보는 잘 알려진 대로 보수를 지지하는 신문이고, 이를 그렇게 숨기지 않는 신문이다. 이런 신문의 기자들은 같은 이념의 정당에는 너그러우나 반대에는 냉정하기 쉽다. 아마도 이 기사가 보수정당에 불리한 내용이었다면 한 번 더 확인했거나 최소한 해명이라도 들어봤을 것이다. 이런 반론 또는 대응 기회를 봉쇄한 것은 확실하게 공정성을 위반한 것이다(공정성 개념은 뒤에 자세히 나온다). 그러나 이미 노 의원의 돈 수수 정황이 분명한 상황이고 그런 방향으로 자사의 여론이 굳어져 있으므로 굳이 그렇게 확인까지 안 해도 괜찮았다. 그런 이유로 명백히 사실을 위배했고, 결국 조선일보는 내부 통제의 실패로 정정 보도를 할 수밖에 없었다.

넷째, 이런 보도의 시장성이다. 디지털화로 인해 뉴스와 뉴스미디어들은 '범람'이라는 말이 전혀 과언이 아닐 정도로 늘어났다. 이런 가운데 수익성 면에서 우세한 것은 같은 편 독자의 속을 풀어주는 이른바 '해장국 언론'(강준만; 한겨레, 2019. 12. 9)이다. 이런 일면적 주창저널리즘이 판을 치게 되면 오히려 중립적 언론은 정직하지 않다는 인상마저 줄 수 있다(Nechushtai, 2018). 여기서 조선일보의 같은 편은 물론 보

---

1) 하니취(Hanitzsch, 2007)의 저널리즘 문화 분류 기준에 따르면, 한국은 '제도적 역할' 부분에서 '개입적'(반대는 '수동적')이고, '권력과의 거리'에서는 '적대적'(반대는 '충성적'; 반대편에 대한 적대가 같은 편에 대한 충성보다 강하다), '시장에 대한 태도' 면에서 '소비자적'(반대는 '시민적'; 공공선에 대한 의식이 좀 더 강하다)이다.

수-중장년-중산층이다. 지지하는 정당이나 이념을 밝히면서도 (보도) 준칙은 벗어나지 않는 나름의 '금도禁度'가 필요한데 '주목 경제attention economy'에 집착해 '더 세게, 더 강하게'를 외치는 시장의 '엄명'이 이를 자주 어기게 한다.[2]

다섯째, 한국 언론의 전체적 보수성이다. 대체로 광고에 의존하는 한국 언론은 적어도 추상적 시장이나 자본 일반, 때로 구체적 재벌에 까지 호의적 태도 일색이다. 이들의 지위는 기득권자이고, 부富의 수준은 소비능력이 높은 중산층(이상)이다.[3] 1987년 민주화 당시 박종철 고문치사사건 특종 및 6·10 항쟁에 보인 일부 호의적 보도와 그 해 7·8월의 노동자대투쟁 당시 보여준 극렬한 반대 또는 허위정보 유포 사이를 대조해보면 이런 보수성이 단적으로 드러난다.[4] 이 점만 보면

---

2) 같은 생각을 공유하는 (집단)네트워크를 통해 메시지를 퍼뜨리는 소셜미디어는 이의 전형적인 예다. 공급(미디어의 양)은 크게 늘어났지만 수요(수용자의 관심)가 따라 늘어나지 않는 점(Hopster, 2021), '우리'와 '그들'을 극단적으로 나누어 상대를 적으로 만드는 포퓰리즘(Gerbaudo, 2018), 사실의 객관적 측면보다 감정적 신념을 중시하는 포스트 진실(Waisbord, 2018)과의 '선택적 친화성'(elective affinity)은 소셜 미디어의 치명적 단점 중 하나다. 소셜 미디어의 인기는 같은 시장에서 활동하는 기성 미디어 또한 빠르게 전염시킨다.

3) 이런 단정적 표현에 대해서는 근거, 즉 기존 연구의 인용이 필요할 것이다. 그러나 나는 이런 생각이 은연중에 펴져 있는 상식화된 사고라고, 곧 일종의 '암묵지'(tacit knowledge)라고 보아 따로 주를 붙이지 않았다. 그러므로 한 때 삼성에 보였던 '1등 신문' 조선일보의 남다른 거리두기와 경계는 충분히 강조할 만한 가치가 있다.

4) 1987년 중앙일보는 박종철 고문치사사건 특종과 노동자투쟁 오보(조규하 당시 전경련 전무 인용)를 같이 했다(조항제, 2020). 중앙일보(1987. 9. 5)는 잘못된 사실에 기초해 노동자 투쟁이 "법과 도덕·윤리를 완전 무시한 혁명적 색채가 농후하다"는 지극히 이데올로기적인 결론을 내렸다.

허만과 촘스키^{Herman & Chomsky, 1988/2006}의 유명한 프로파간다 모델에서 비판 보도를 차단하는 다섯 가지 필터 중 둘인 '주요한 수입원인 광고주'와 '권력적 정보원'을 연상시킨다.

이와 한겨레(2019. 10. 11)의 유명한 '윤석열 접대' 오보 및 사과 보도(2020. 5. 22)와 비교해볼 수도 있을 것이다. 물론 양자는 기사의 가치·크기·소송 여부(윤석열의 명예훼손 소송) 등이 모두 다르므로 일대일로 하는 비교는 큰 의미가 없다. 그러나 두 가지, 하나의 공통점과 하나의 차이는 살펴볼만하다. 공통점은 공격 받은 상대가 해당 신문과 반대 진영에 소속된 사람이었다는 점이다. 만약 같은 진영 사람이었다면 보도에 더욱 조심했을 것이고, 뉴스룸의 게이트키핑 시스템도 제대로 작동했을 가능성이 높다. 물론 이 역시 소홀한 검증을 용인해왔던 문화 지변의 탓임에 틀림없다. 이 두 오보는 정치적 편향과 저널리즘 문화라는 공통된 이유를 지닌다. 차이는 한겨레가 오보가 난 이유를 상당히 자세히 설명하면서 재발 방지를 위한 반성을 좀 더 구체적으로 하고 있다는 점이다. 이에는 명예훼손으로 한겨레를 고소한 윤석열의 '요구사항'도 작용했을 것으로 보인다. 한겨레는 출처인 과거사위원회 보고서에 근거가 된 문구("윤석열도 별장에서 수차례 접대")가 있었지만, 불충분한 사실 확인과 부적절한 표현으로 보도가 부정확하게 된 점을 사과했다. 오보는 잘못이지만, 사과 행위 자체는 나름의 진솔성이 있었던 셈이다.

정정·사과까지 낳은 이런 악의적 오보들이 그렇게 자주 발생하지는 않는다. 그러나 브라이트바르트^{Breitbart}를 비롯한 '초정파적 미디어

hyperpartisan media'에서 나타나는 다음과 같은 편향적 보도(Rae, 2021, p.1120-1)는 사실적 오보를 넘어 언론 전체의 신뢰도를 크게 해치는 것이다. 먼저 정치 지도자에 대해 편견을 조장하는 '개인화', 준칙을 아랑곳하지 않는 '나쁜 매너', 논리를 무시하면서 극단으로 치닫는 '감정주의', 역사적·사회적 맥락을 무시하는 '단순화', 객관화와 사실을 피하면서 노골적으로 당파성을 보이는 '극단화', '초'극단적으로 당파적 저널리즘을 조장하는 '극심화', 소셜 미디어를 통해 콘텐츠 소비자나 배급자로서 '일반 국민the people'에게 직접적으로 공개적으로 어필하면서 주류 미디어나 정당에 대해 적대적인 '반 기득권화' 등이다. 이 중 포퓰리즘에 어울리는 반 기득권화 정도가 양면성을 지니고 있다고 본다면[5], 다른 것들은 언론의 심각한 폐해에 해당하는 것으로 소비자에 직접 호소하는 시장-언론이라면 대체로 빠지기 쉬운 함정들이다.

특히 개인화·단순화·극단화·극심화는 특정한 '선택'과 결합할 때, 더 큰 문제를 낳는다. 한국 언론이 논의될 때마다 빠지지 않고 나오는 문제인 정파성이 바로 그 전형이다.[6] '정파'는 '정치에서의 이해관계에 따라 따로따로 모인 무리'이므로 정파성은 이 이해관계에 따른 성향, 또는 이 이해집단과 관련된 성향 정도가 될 것이다. 언론이 다루는

---

5) 포퓰리즘은 '일반 국민 대 엘리트', '선 대 악', '우리 대 그들'로 사회를 이분화하면서 상대에 대한 반대와 배제를 정당화하는데 특징이 있다. 이런 엘리트에는 (각 나라마다 양상에서 차이가 있지만) 제도 영역 외에도 기성의 권위적 미디어나 유명 언론인 또한 포함된다(Fawzi, 2019 ; Muller, 2016).

가장 중요한 대상이 정치인 점으로 미루어 정치성 자체보다는 이 정치성이 정해진 기준에서 벗어나 완전히 한 쪽으로 치우친 '편향bias'이 될 때가 문제일 것이다. 그렇다면 편향의 정도가 관건이다.

만약 이 편향을 판단하는 기준이 (한때) 미국 언론의 규범이었던 '객관성(중립성)'이나 BBC의 이념인 '불편부당성'이라면, 언론의 정치적 '선택'은 좀 더 엄격한 틀 속에서 제한될 것이다. 그러나 이런 규범은 이론적으로도 그렇고 경험적으로도 문제가 있다. 이를테면 아르헨티나 출신 미국학자 웨이스보드(Waisbord, 2013)는 "언론이 정치적·경제적 이익을 멀리한다고 해서 민주주의가 더 잘 성취된다는 사고를 정당화할 만한 그 어떤 강한 (사상적) 토대도 존재하지 않는다"(p.51 괄호는 인용자)고 주장한다. 언론은 '정치'가 아니라 '정부의 제한'으로부터만 자율적이어야 했다. 미국식 객관성이나 중립성이 언론의 보편적 이념이 되어야 한다는 사상이나 이론은 적어도 민주주의의 고전적 원칙이 형성되던 시절에는 없었다. 경험적으로 보아도, 전 세계에서 가장 많으면서 또 가장 성공한 모델은 미디어가 특정 정치 세력 또는 집단과 연계 맺은 병행이다(Voltmer, 2013).

물론 이런 병행(편향) 모델에는 단점 또한 많다. 특히 "폭력적인 집

---

6) 로이터연구소의 최근 조사에 따르면, 한국은 '뉴스를 신뢰할 수 없거나 편향적(이어서 뉴스를 회피한 적이 있다)'에 응답자의 42%가 동의했다. 다른 나라(46개국) 평균은 29%에 불과했다(Reuters Institute, 2022). 이의 순위는 발표되지 않았지만 평균과의 큰 차이(13%), 전체적으로 낮은 신뢰도(46개국 중 40위) 등으로 미루어 한국이 거의 최고였을 것으로 보인다.

단 갈등으로부터 벗어나려 하는, 또 현존하는 갈등을 통제하려고 노력하는 신생 민주주의에서 (미디어와 정치의) 병행은 혼란을 조장하는 요인이다. 이렇게 불안정을 조장하는 분할된 사회에서는 언론의 자유, 그리고 표현의 자유는 근본적인 문제를 낳을 수 있다."(Voltmer, 2013, p.226 괄호는 인용자) 볼트머가 보기에 이들 나라들은 민주주의의 연조가 짧은 만큼 분출하는 갈등을 조절하는 기술이 낙후되어 있다. 특히 이들이 주로 겪는 종족 문제나 종교 문제는 '올 오아 낫싱'의 본질주의 성격이 강해 대립하는 세력 간 협상의 여지가 작다. 이런 병행의 '어두운 면'에 대한 그의 해답은 정치와 (언론)시장, 시민사회 모두에서 상대를 존중하면서 공적 토론의 포용성을 높이는 것이다. "국가가 민주적 거버넌스에 헌신하면, 시장이 질 높은 저널리즘을 위한 자원을 제공하면, 시민/수용자가 개방적이면서 관용적인 공적 토론에 임한다면, 미디어 역시 민주적 기능을 다 할 수 있다."(p.224)

만약 정치성 자체가 불가피하다면, 설사 정파성이 문제가 된다 해도 굳이 '절대적 중립'이나 '절대적 객관'을 규범으로 삼아야 할 이유는 없을 것이다. 물론 도를 넘은 편향이 교정되어야 할 오류 중 하나이고, 이를 판별하는 기준으로 경험적 진실이나 검증된 지식, 그 사회 나름으로 합의된 가치가 동원되어야 하는 것은 맞을 것이다. 그러나 그렇다고 반드시 미리 정해진, 절대적 기준이 있어야 하는 것은 아니다. 경쟁하는 세력 간 서로를 용인하고 논의를 진행하는 기준은 항상 숙고와 논의의 가변적 대상이 된다는 뜻이다. 이 가변성이 그래도 예측 가능한 수준에서 작동한다는 점이 사회의 성숙과 미숙을 가리는 척도가 된다. 현상·사건을 우리는 최선의 시각으로 보려 하지만, 이 시각은 다양한 판단·논의에 열려 있고, 이의 결과에 따라 어떤 것은 진짜 선을 넘은 편향이 되고, 어떤 것은 (적어도 당시로는) 적정한 판단이 된다는 뜻이다.

이 점은 정파성을 문제 삼는 의식 또는 틀problematic이 '정치성이 있느냐 없느냐'가 아니라 '과도하냐, 그렇지 않느냐(편향이냐 아니냐)', 언론 전체 나아가 사회 전체에 대한 신뢰를 크게 훼손할 정도로 '문제가 되느냐, 그 정도 수준은 아니냐'에 있다는 점을 일깨운다. 단순 정치성이 아니라 앞서 본 단점이 극대화된 (초)정파성이 문제인 것이다. 그러므로 정파성 여부는 아직도 중립적 틀이 필요한 방송 정도를 제외하면, 단순히 보수/진보, 성장/분배, 신자유주의/사회민주주의, 여/야를 표방하는데 있지 않다. 근대가 원칙으로 추구한 '자유로운 사상의 시장'7) 역시 이런 정치적 주의나 입장을 자유롭게 말하자는데 의의가 있다. 이를 주장하는데 얼마나 합의된 가치8)를 준수 또는 위배하느냐, 사실(의 검증)과 관련 당사자 취재 등을 중심으로 하는 저널리즘의 본분을 얼마나 존중 또는 경시하느냐가 관건인 것이다.

---

7) 근대 초기라면 몰라도 신자유주의가 지배적인 시점에서 이 '시장' 비유가 적절한 거 같지는 않다. 자유주의의 원조 격인 밀의 '의견과 스피치의 자유' 역시 소수자·비권력자를 존중하는 것으로 다수 위주의 이 비유와는 거리가 멀다. 물론 일반적으로 이 개념은 자유주의를 대표한다(Gordon, 1997). 표현만으로 보면, 미국의 홈즈 대법관의 '사상의 자유로운 거래'가 이 용어를 처음 쓴 사례이다. 그러나 지금의 화용(話用)은 상당한 시간에 걸쳐 좌파와 우파, 그리고 언론(뉴욕타임스) 등이 서로 번갈아 쓰면서 정착된 것이다(Peters, 2004).

2장에서 살펴볼 정치 병행성은 정치와 언론이 맺는 일종의 관행적 관계이다. 정당과 언론은 특정 이념 또는 관점에 따라 서로 결합하고 갈등하는 비슷한 배열을 보인다. 정치 병행성은 유럽을 비롯해 여러 대륙과 문화권에서 공통적으로 나타나는 현상이다. 따라서 이는 그 자체가 문제가 아니다. 병행 내의 정치-언론 관계가 어떤 성격이냐, 병행과 병행 사이가 얼마나 갈등적이냐, 병행 사이의 경쟁이 얼마나 생산적인 결과를 낳느냐가 관건인 것이다. 다음으로 2절에서는 병폐로서 편향의 형태와 정도를 알아본다. 편향은 병행을 통한 정치적 갈등이 저널리즘적 본분과 부정적 연관을 맺는 것을 말한다. 편향에는 다양한 유형이 있으며, 통상적으로 알려진 균형 등도 경우에 따라 얼마든지 편향이 될 수 있다.

3장에서는 이런 편향을 극복하고 (미디어)정의를 획득할 수 있는 공정성에 대해 살펴본다. '본질적으로 경합적인 개념'으로서 공정성은 저널리즘의 가치를 구성하는 여러 요소들이 집합된 성격을 띠며, 내부적으로 화합과 조화 못지않게 긴장과 갈등을 갖는다. 공정성은 사회적 인정과 합의를 필요로 하는 만큼 항상 시한적이며 진행형적이

---

8) 이 합의된 가치 또한 논의의 대상이 될 수 있다. 헌법을 기본으로 들 수 있지만, 지금처럼 사회구성원 간 공통된 의제나 대상, 곧 공통성을 찾기가 쉽지 않아진 때―하버마스는 이를 지금의 가장 큰 문제로 꼽는다(Czingon et al, 2020)―에는 자칫 기준 없이 논의 자체가 표류할 가능성마저 있다. 이럴수록 중심 공론장의 역할이 중요해지지만, 언론의 바로 그 정파성 때문에 공론장 또한 심하게 훼손되면서 한국은 달갑지 않은 정치적 갈등 '1위'(17개국 중) 국가가 되었다(Pew Research Center, 2021).

라는 특징이 있다. 특히 실질적 평등을 지향하는 미디어 정의는 더욱 그러하다. 마지막 결론 부분에서는 정치적 갈등과 언론 불신이 하나의 연쇄, 악순환을 이루는 한국 정치와 언론의 문제를 다시 한 번 지적하면서 해결을 촉구한다.

2. 정치병행성과 편향성

정치 병행성^{political parallelism}

정치 병행성은 정당과 언론이 소유·조직적 연계, 주요 언론인의 정당 참여나 징치 성향, 수용자의 정치 성향 등에서 연계를 맺이 이념이나 논조에서 공동보조(병행)를 취하는 일종의 정치·언론 연합^{coalition} 현상이다(Artero, 2015). 원래 이 개념은 1974년 영국의 학자 시무어-우어(Seymore-Ure, 1974)가 영국의 신문이 가진 정치적 성격을 분석하면서 제시한 것이다. 그는 영국 신문이 명목적으로는 정당으로부터 독립되어 있지만 실질적으로는 정당과 연계되어 있다고 한다. 정당에 따라 신문이 분포된 것을 그는 '조응^{correspondence}' 또는 '병행'이라는 말로 표현해(p.159) '정당-언론 병행성'이라 했다. 그의 분석에 따르면, 당시의 영국 신문은 '조직'(소유경영), '목표'(프로그램과 실천), '구성원과 후원자'(당원독자) 등에서 보수당이나 노동당 등의 주요 정당과 연계를 맺고 있었다.

이 개념을 비교 미디어학자 핼린과 만치니는 병행의 함의는 유지하고 정당의 외연은 정치 일반으로 확장해 시무어-우어의 것보다 훨씬 확대된 '정치 병행성' 개념을 확립한다. 이는 "미디어와 정당 사이의 연계의 정도와 성격이며, 더 넓게는 미디어 체제가 사회 내 주요한 정치적 분할을 반영하는 정도"이다(Hallin & Mancini, 2004, p.21). 핼린과 만치니는 이를 병행 자체보다 병행의 성격을 중시해 나라별 비교 기준으로 활용한다. 왜냐하면 유럽 내에서 병행은 아일랜드나 포르투갈 정도를 제외하면 대부분 나라들에 공통된 현상이고, 정작 유형을 가르는 차이는 병행하는 정치-미디어 쌍들 사이의 갈등 정도에서 나오기 때문이다. 즉, 이 갈등이 '보통이냐moderate', '극단적이냐polarized'가 '민주적 코포라티즘'과 '극(단)화된 다원주의'를 가르는 것이다. 이 유형들에서 언론은 모두 일정한 정치적 선택을 하는 것으로 문화화 되었지만, 상대적으로 후자에서 갈등의 수준이 높다.

에세르와 움부리히트(Esser & Umbricht, 2014)의 또 다른 비교 연구에서도 프랑스나 이탈리아 같은 나라는 대립하는 세력 사이에 공감대가 작은 '극단'의 형태를 띠며, 정치 불신을 조장하는 부정성이 다른 나라보다 훨씬 높다. 독일이나 스위스 같은 민주적 코포라티즘의 미디어도 특정 정치 성향을 보이지만, 갈등이 극단적이지 않다. 미국이나 영국은 이의 중간쯤에 해당한다.[9]

이런 병행은 근절되어야 할 병폐로서 거론되는 편향과는 의미가 사뭇 다르다. 정치적 갈등의 수위가 극단적이지만 않다면, 정치 병행성은 다원주의를 진작시키거나, 정치적 참여를 확대시키는 긍정적 효과를 낳아 경우에 따라 오히려 장려될 수도 있기 때문이다. 물론 그렇지 않은 경우도 있다. 같은 정치 병행성이라도, 사실상 시장을 독점하는 언론이 기득권 정당과 공조할 경우에는 '지배'의 효과가 나타나(이른바 '기울어진 운동장'을 형성한다) 다원주의를 해친다고 볼 수 있다(조항제, 2020). 브라질 학자 알부케르크(Albuquerque, 2013)는 이에 주목해 '충분히 경쟁적인 정치 체제'에서가 아니면 미디어와 정당 사이에 공조가 나타나도 정치 병행성으로 볼 수 없다고 주장했다. 미디어와 정치 사이의 관계가 '안정적'이어서 병행의 패턴이 꾸준하게 나타날 것도 조건으로 달았다. 정치 병행의 외형이 유사하더라도 성숙한 민주체제와 그렇지 않은 체제에서 나타나는 양상은 성격이 다를 수 있다는 뜻이다.[10)]

스위스 학자 브뤼게만 등(Bruggeman et al., 2014)은 정치 병행을 측정하는 세부 지표로 '뉴스와 논평의 분리 여부'[11)], '언론에 대한 정치의 영향과 언론의 정치적 주장', '언론인의 정치적 성향', '미디어-정당의 소

---

9) 최근에는 미국 역시 이런 유럽을 닮아가고 있다는 지적이 나온다. 19세기 때처럼 상업주의와 정치(적 당파)화가 결코 상호 배제적인 행위가 아니고, 이전에는 규범을 준수하는 일(중립)이 이제는 오히려 정직하지 않은 짓처럼 되어 버렸다는 것이다. 이를 두고 이전의 자유주의에 '극(단)화된'이라는 수식어가 붙은 혼종 모델(이른바, polarized liberalism)로 바뀌어 간다고 한다(Nechushtai, 2018).

10) 이렇게 주장할 때, 알부케르크가 염두에 둔 것은 진보정당(노동자당)과 주류 신문이 심각하게 대립한 브라질의 정치 상황이다. 브라질에서는 신문들이 반(진보)정부 투쟁에 나서 결국 2016년 호제프 대통령이 탄핵까지 당하게 되었다. 브라질의 정치문화가 부패와 고리를 끊지 못한 과정에서 발생한 명백한 의회 쿠데타였다. 탄핵을 결정한 것은 의회와 재판부였지만, 이를 이슈화하고 여론을 몰아간 것은 신문이었다. 서구에서 언론은 권력을 감시하는 '제4부'로서 자신의 역할을 했다면, 브라질에서 언론은 우파의 대변인, 자본가의 대리자에 가까웠다(Albuquerque, 2019).

비와 지지의 병행성', (쟁점 보도에서 보이는) '정치적 편파성', '공영방송의 종속성' 등 여섯 가지를 설정했다. 마지막의 공영방송 부분이 특이한데, 그 이유는 독립된 공영방송의 불편부당성이 여론 시장을 주도하면, 설사 다른 언론에서 정치 병행이 있다 해도 그 효과가 높지 않을 것으로 보기 때문이다.

미디어(신문)가 정당의 일부였던 이전의 정론지 시대와는 다르게 지금의 정치 병행성에서 정치(당)와 미디어는 앞서 정의에서 본대로 소유나 재원 차원의 구조적 제휴보다 시장 전략 차원에서 '다변화와 분점을 노린 이슈나 논조', '소유주나 대표 언론인의 정치적 신념', '주 소비자층의 지지 정당·이념'과 연계된 공조를 많이 한다(Artero, 2015). 한국을 비롯해 일정 수준 이상의 민주주의 국가에서 언론의 정치성은 대체로 다음의 경향을 띤다. "보수적 신문은 나름의 의견을 내고, 사회주의 신문은 이에 명확하게 반대한다. 둘 다 옳을 수는 없을 것이다. 그럼에도 불구하고 그들은 자신이 믿는 것을 주장할 수 있는 권리가 있다"(Hampton, 2008, p.485에서 재인용)는 식이다. 만약 이념 사이에도 진실(이때는 진리라는 말이 더 어울릴 것이다)이 있다면 또 진실을 쉽게 찾을 수 있다면, 이런 경쟁하는 주의主義들도 어느 한 측은 오류가 될 수밖에 없을 것이다. 그러나 그런 일은 벌어지지 않는다. "공유할 수 있는 의

---

11) 사실과 논평의 구분이 엄격한 객관주의 이분법(uncompromising dualism; Ward, 2019, p.1253)의 약점을 무시하는 것은 아니다. 그러나 그렇다고 둘을 구분하려는 노력 자체를 무시할 수는 없다. 어떻든 그건 하버마스적 용어로 보면 객관적 세계의 '참'과 사회적 세계의 '옳음'의 차이에 가깝기 때문이다(Habermas; Goldkuhl, 2000, p.4의 도식화 참조).

미의 객관적 토대가 없는 것은 정치의 병폐가 아니라 존재조건인 것이다."(Coleman, 2018, pp.161-2) 오랜 기간 경쟁 이념이었던 보수와 진보 사이가 그렇게 진실 여부로 판가름이 날 수 있다는 판단은 나이브함을 넘어 반 자유(주의)적이기까지 하다. 더구나 지금은 포퓰리즘의 성행과 유사 언론의 범람, 공론장의 탈 중심화로 이념 간·집단 간 차이가 커져 양측의 협상이나 절충이 매우 어려운 '극(단)화polarization' 현상이 광범위하게 나타나고 있다.

극(단)화는 교집합이 거의 없는 두 입장이 대립하면서 의견 지형 전체가 나누어지는 경우를 말한다. 대립이 논리적 최대치까지 확장되며, 집단 내부에서 지속적으로 반대가 생성된다. 개개의 입장은 하나의 큰 주제 내에 집합되어 있고, 그 의견끼리는 연계성이 커서 내부를 응집시키지만, 외부에 대해서는 배타적이다. 이것이 '이데올로기적 극(단)화'이다. 대립하는 집단 사이에는 인종이나 민족, 종교, 세대, 지역 같은 구조적 차이가 존재하는 경우도 많다. 이는 '정체성·근거의 극(단)화'다(Dimaggio et al., 1996). 둘이 합쳐지면서 우리에 대한 긍정보다 상대에 대한 부정이 커지는 '적대성'이 된다. 윌슨 등(Wilson, et al., 2020)에 따르면, 엘리트·미디어 등에서 시작된 '제도적 극단화'가 대중의 '잘못된 (인식에서의) 극단화'를 낳고, 이것이 다시 '정서적 극단화'와 '이데올로기적 극단화'로 이어지는 악순환이 나타난다.

정치적으로는 '진영론'으로 바꿀 수 있는 정치 병행성의 가장 큰 단점은 역시 이런 적대성이다. 여기에서 언론은 '나를 믿어라, 내가 사실을 사실대로 말하는 전문가다'가 아니라 '나를 믿어라, 나는 너희와 같은 편이다'라고 주장한다(Waisbord, 2006). 수용자 역시 정보를 정보의 내용이 아니라 '어디에서 나왔나,' '어떤 언론이 보도했느냐'에 따라 믿고 안 믿는 게 달라진다. 여기에서 중시되는 것은 사실 여부나 증거 유무가 아니라 '얼마나 주장이 자기 진영에 도움이 되느냐'다. 이에 따라 자기편에 불리한 것은 가능한 다루지 않거나 상대편에서 불리한 것을 억지로 찾아내 경합시킴으로써 이른바 '물타기'를 한다. 이런 경향이 심해지면 앞서 서론에서 지적한 노회찬 부인 운전기사 보도나 윤석열 별장 보도처럼 사실조차 왜곡된다. 최종 목적이 '적의 척결'에 있으므로 이를 위한 모든 수단이 용인되는 것이다.[12] 바로 이 지점에서 정당한 언론의 정치성은 편향인 정파성으로 전락해버린다.

이런 병행성은 언론의 의제에도 민감하게 반영된다. 의제는 그냥 사건이나 개별 사실이 아니라 정치적 권력을 행사할 수 있는 유력한 제재이다. 아무리 중요하다 해도 언론이 다루지 않으면 묻히고 만다. 언론이 다룬 특정 사실은 셧슨(Schudson, 1978, p.5)의 말대로 하나의 '주장'에 가까운 것이다. 여기에서 정당은 그들의 지지자들이 읽는 언론의 의제에 민감하게 반응한다. 반대로 언론은 자신의 독자들이 지지하는 정당의 메시지에 크게 신경 쓴다(Van der Pas et al, 2017). 연계의 역사를 지닌 정당과 언론이 분화된 시장(수용자)을 중심으로 자율적으로

---

12) 이런 공격적이고 대립적인 입장이 시장 전략까지 될 수 있다면 더욱 그러할 것이다. 이를 맥네어(McNair, 2009)는 '초적대주의(hyper-adversarialism)'로 부른다. 한국의 언론시장에는 확실히 이런 수요가 있다.

이해관계를 조화시키는 것이다.

주지하다시피 정치적 의견의 장에서 '자명한 진실'이란 없다고 해도 과언이 아니다. 그러나 서로 대립·병행하는 세력(들)이 있는 가운데 양자가 모두 아무런 오류가 없는 완전한 상대성(Baghramian, 2015)을 갖출 수는 없다. 적어도 어떤 시점이 되면 일시적·잠정적으로라도 진실과 오류가 판명 나는 경우가 있다는 뜻이다. 그렇다면 언론은 이런 때를 위한 준비를 하고 있어야 한다. 다시 말해 경합하는 정치적 세력 사이에서 언론이 '제휴하려 한다면' 어느 하나를 지지할 수 있고, '제휴하지 않는다면' 불편부당성이나 중립성을 견지할 수 있지만, 서로 합치할 수 있는 판명의 순간을 포기해서는 안 된다는 것이다. 이럴 때는 서로 다른 병행을 해오던 언론도 같은 목소리를 내게 된다. 아마도 국정 농단과 탄핵(박근혜)의 순간이 그러했을 것이다.

언론의 입장에서는 갈등을 '원칙 있게' '온건하게' 관리하는 것도 생각해 봐야 한다. 여기서 작용하는 원칙이란 이를테면 롤즈가 말하는 '합당성reasonableness' 같은 것이다. 롤즈는 자유나 인권 보장 같은 합당성의 큰 테두리 안에서라면, '재산 소유 민주주의'나 '자유 사회주의'(그가 이름 붙인 '주의'들이다) 등의 다양한 교리들이 얼마든지 경쟁·갈등할 수 있다고 주장했다(Rawls, 2005/2016). 이미 합당성으로 큰 틀의 '옳음'이 확보되었으므로 조건에 따라 경쟁해서 더 '좋은 것'을 찾을 수 있도록 하자는 뜻이다. 어느 것이든 '그름'이 되지는 않는 안전판이 있는 셈이다. 온건한 관리란 갈등이 일정 수위를 벗어나 파국에 이르지 않도록 언론이 전통적인 '상관 조정 기능correlation function'을 발휘하는 것이다. 이런 옳음의 보장과 좋음의 경쟁, 갈등의 관리야말로 공정한 언론의 표상일 것이다.

권위주의나 파시즘 같은 억압적 체제가 사라진 서구에서는 정치 병행성과 시장에서의 수용자 피드백이 프레임을 결정하는 가장 큰 요인으로 대두된다. 이럴 경우, 더욱 중요해지는 것은 저널리즘이라면 준수해야 하는 일종의 자격 요건, 곧 '금도'다. 자칫 이조차 정치·미디어의 병행적 이념 갈등에 희생된다면, 저널리즘을 넘어 체제 자체의 기초조차 흔들릴 수 있다.

이처럼 하나의 문화현상으로 볼 수 있는 정치병행성에서 중요한 것은 대립하는 양측의 (세력)균형과 일관성, 그리고 병행의 수준, 곧 극단화 여부이다. 한국에서 정치 병행성은 김대중 정부 시절 남북관계에서 한겨레와 조선일보가 보여준 대립相像을 통해 처음 제기되었다. 사세에서 상대가 안 되었던 신문 사이보다는 (진보)정부 대 (보수)신문의 대립을 지적한 것에 가까웠다. 이 대립은 '세무조사 정국'에서는 아예 '정부 대 주류 신문 전체'로 구도가 확대되었고, 언론개혁을 기치로 내건 노무현 정부 때는 진보 측에 경향신문 등이 가세해 언론과 정치의 '병행성 전쟁'이 되었다. 온라인이 대세가 되면서부터 세력적 불균형은 완화되었지만, 상대에 대한 극단적 적대는 더 커졌다. 한국일보 정도인 중간지대는 여전히 작았고, 균형보도를 지켜야 했던 방송은 정치 영역에서는 비중이 높지 않았다. TV조선이 시작하고 한겨레와 JTBC가 마침표를 찍은 탄핵보도는 한국 언론이 모처럼만에 보여준 개가라고 할 수 있었으나 이후 문재인 정부에 이르러서는 빠르게 이

전의 적대로 돌아갔다.[13] 이 적대는 상대에 대한 반감을 통해 자신의 유대를 강화하고, 자신의 잘한 일보다 상대의 실수에 편승해 지지를 도모하는 한국 정치의 분신과도 같은 모습이라 할 수 있다. 그런 면에서 언론 개혁은 정치 개혁과 동반으로 시도되어야 더욱 확실하고 의미 또한 크다고 할 수 있다.

편향성

① 편향의 유형

미국의 정치 커뮤니케이션 학자 로버트 엔트먼(Entman, 2007, 2010)은 그간 이상하게도 언론의 편향 연구가 활성화되지 못했다고 하면서 프레이밍framing과 관련된 연구들을 편향에 원용한다. 그는 먼저 개별적인 뉴스와 기자 개인의 '경향성slant'과 편향을 구분한다. 개별 보도와 편집의 차원에서 뉴스가 한 측면을 다른 측면보다 선호하는 프레이밍을 하는 것이 경향성이다. 많은 언론들이 경향성을 인정하지 않지만, 언론에 대해 매양 불평하는 또 다른 많은 사람들의 주장대로 완전한 불편부당은 존재할 수 없다. 엔트먼은 편향을 이런 경향성이 속한 큰 개념, 일종의 '우산 개념umbrella concept'으로 정의한다. 주요한 편향의 유형에는 '내용의 편향', '왜곡 편향', '의사 결정의 편향' 등 세 가지가

---

13) 이 과정에 대한 보다 자세한 것은 조항제(2020)를 참조할 수 있다.

있다.

내용 편향은 "정부 권력의 활용을 둘러싸고 벌어진 갈등에서 한 측의 영향력을 증가시키는 매개 커뮤니케이션의 일관된 프레이밍 패턴"(Entman, 2007 : 166)이다. 언론이 (정치)권력을 의식·무의식적으로 개인과 집단에 배분하는 과정에서 체계적으로 경향성이 나타난다. 그러니까 편향은 조직이나 체제의 차원에서 나타나는 일관되고 체계적인 경향성인 셈이다. '문제의 정의', '인과론적 분석', '도덕적 판단', '해결책의 장려' 등 '문제'에 초점을 둔 네 가지 단계를 통해 엔트먼은 언론의 프레임, 곧 경향성을 도출해낸다. '문제가 무엇이냐; 예컨대 재난이 발생했을 경우, 자연재해냐 인재냐', '원인은 무엇이냐; 정부의 잘못이냐 기업의 잘못이냐 개인의 잘못이냐, 아니면 체제의 구조적 문제인가, 행위적 일탈의 문제인가', '도덕적인 판단은 어떻게 되는가; 누가 도덕적으로 책임이 있느냐, 누가 말을 바꾸고 거짓말을 하느냐', 판단 기준이 도덕이 되면 정치는 이분법적 선악의 장으로 극단화된다. 마지막, '해결책으로는 어떤 것이 적절한가; 정부의 조치인가 민간의 노력인가, 대대적 개혁이 필요한가, 간단한 조치만으로도 가능한가' 등이다.

둘째의 '왜곡 편향'은 실재를 어떤 식으로 반영(왜곡·조작)하느냐에서 발생한다. 이 편향에서는 '진실'과 '실재'가 무엇이냐에 대한 오래된 철학적 난제가 제기된다. 그러나 엔트먼이 보기에 '논란이 없는 사실'이 언론의 프레이밍, 곧 수용자의 의식에 미치는 영향은 극히 일부에 불과하다. 정치 커뮤니케이션의 세계에서는 조금이라도 중요하다면 설사 자명한 것이라도 논쟁을 피할 수 없기 때문이다. 여기에서도 관건은 프레이밍을 통해 누구의 권력이 보호받느냐이다.

　세 번째 의사 결정의 편향은 '무엇'을 보도할 것인가를 결정하는 언론의 게이트키핑 과정에서 발생한다. 이는 뉴스를 생산하는 개인과 조직이 체험에 의해 스스로 발견하는 휴리스틱 같은 것으로, 뉴스 가치의 하나인 '중요 관련성relevancy'[유관(적합)성으로도 번역된다]과 밀접하게 연관된다. 이를 통해 언론은 모든 것을 담을 수 없는 한계를 합리적으로 해결하지만, 항상 그렇듯이 선별은 편향을 부르게 된다. 기사의 출처와 언론 사이의 줄다리기에서 결정되는 이 편향은 언론의 성격을 직간접적으로 반영하면서 관행이나 규범·제도에까지 영향을 미친다.

　이런 편향론에서 최근의 초점은 종전에 많았던 '왜곡 편향'보다 '내용 편향'이나 '의사 결정 편향'에 맞춰지고 있다. 왜곡 편향에는 논의의 준거 역할을 할 수 있는 진실 여부가 쉽게 판명되지 않는다는 문제가 있는 데 비해, 내용 편향이나 의사 결정 편향은 지금까지는 잘 보지 못했던 텍스트적·효과 측면의 프레이밍이나 제도·관행에서 출처가 가진 구조적 권력성을 포착하게 해 공정성을 확보할 수 있는 새로운 방안을 모색하게 해 준다.[14]

　편향 연구의 의의는 이스라엘 연구자 부다나의 연구(Boudana, 2016)

---

14) 이를테면, 이명박 정부 당시 MBC에서 최장기 파업의 직접적인 이유가 된 것은 FTA 반대 시위 같은 사안을 다루느냐 다루지 않느냐를 둘러싼 의사 결정 편향이었다(홍유진·이용마, 2012).

에서 찾아볼 수 있다. 그는 앞서 본 인위적 균형도 편향으로 인식해 이른바 양시론이나 양비론도 편향의 하나가 될 수 있다고 주장한다. 그가 편향으로 간주하는 것은 다음처럼 다양하다.

1. 긍정적 당파성 : A와 B가 대립할 때, A에 동조하지만 B는 거론하지 않는다(또는 A에 대한 판단만큼만 B의 가치를 긍정적으로 본다).
2. 부정적 당파성 : A를 비판하지만 B는 거론하지 않는다(또는 A에 대한 판단만큼만 B의 가치를 부정적으로 본다).
3. 긍정적 균형 : A와 B를 모두 긍정해 인위적으로 균형을 잡는다. 지구 온난화 현상에서 반대쪽 주장을 통해 균형을 잡는 것은 바로 이런 편향을 범한다.
4. 부정적 균형 : A와 B의 비행과 허위를 모두 비판해 균형을 잡는다.
5. 부분적 균형 : A의 긍정적 부정적 측면을 보도하면서 B는 무시한다. B는 A의 프레임을 통해 평가받는다.

이 유형화가 갖는 의의는 균형에서도 당파성만큼 편향이 발생할 수 있다는 점일 것이다. 경쟁하는 양측에 똑같은 시간을 배분하는 '스톱워치 균형'은 물론 가장 이견이 있기 어려운 것이다. 그러나 같은 시간을 다루더라도 논조가 긍정적이냐 부정적이냐에 따른 '방향성의 균형'이나 다루는 주제가 보수적이냐 진보적이냐에 따른 '이슈의 균형' 등 질적 차원까지 고려해야 진정한 균형으로 볼 수 있다. 2015년 영국 총선을 예로 들면, '경제/비즈니스'나 '세금' 같은 이슈는 보수에, '복지', '건강보험', '실업'은 진보에 유리하다. 균형이 질적 차원에서까지 달성되려면 양자가 비등하게 다루어져야 한다(Cushion & Thomas, 2019).[15]

한편 균형에 너무 집착하다 보면 때로 사안의 본질을 놓치게 되는 위험도 있다. 대다수 과학자들이 동의하는 '지구 온난화' 이론을 반대의 주장도 같이 보도해 일부러 균형을 맞출 필요는 없다(Boykoff & Boykoff, 2004). "특정 정당이 부정 선거를 시도했다는 훌륭한 탐사 보도가 올라오자 신경이 곤두선 데스크가 다른 정당에 대해서도 같은 행위를 저질렀을 가능성을 파헤치라고 기자에게 지시하는 것"(Bennett, 2009, p. 394)은 정당 간 균형을 빙자해 특정 정당을 두둔하는 가장 전형적인 편향 행위일 것이다. 2016년 미국 대선에서 트럼프가 했던 온갖 거짓말과 협잡은 클린턴의 '이메일 스캔들'(이메일 관리 부주의)에 의해 상쇄되면서 대다수 예상을 뒤엎는 결과를 초래했다(Zelizer, 2018). 이처럼 여야의 주장을 골고루 옮기는 균형의 관행은 (포착할 수도 있는) 진실의 의지를 꺾어버릴 수 있다. 실제 BBC는 '적절한 무게'라는 기준으로 증거의 개별 수준을 판단해 경직된 균형이 가질 수 있는 오류를 시정하도록 방침을 바꾸었다. '그가 말했고, (다음에는) 그녀가 말했

---

15) 물론 이 균형은 당시의 조건에 따라 얼마든지 내용이 달라질 수 있다. BBC를 비롯한 영국 방송들은 스스로의 기준에 따라 이슈를 선택했지만, 보수당에 유리했던 '경제/비즈니스'를 훨씬 많이 다루었다. 이들에게 '경제/비즈니스'는 보수당적 이슈가 아니라 전 영국적 이슈 였던 셈이다. BBC조차 Sky보다 '이민'과 '주거' 같은 주제들을 덜 다루어 일종의 리스크 회피적 중도 노선을 취했다(Cushion & Thomas, 2017). 이런 사정은 새삼 (질적) 균형의 어려 움을 상기시킨다.

다$^{he\ said,\ she\ said}$'는 중계 방송식 5 대 5 균형은 불편부당이나 객관을 실천하는 것이 아니라 진실을 숨기고 책임을 회피하는 수단이 될 수 있다.

특히 이는 양적 뉴스 균형이 관행화된 (공영)방송에 가장 많이 쏟아지는 비판일 것이다. 그러나 매일 수많은 사안을 두고 여야의 공방을 처리해야 하는 뉴스에서 어떤 당이 옳은지 '판결'해 보도한다는 것은 사실상 불가능하다. '그가 말했고, 그녀가 말했다'식 보도는 불행하게도 사안의 복잡성, 시간의 제한, 지식의 한계, 혼란스런 인식론적 기준 등의 제약에 갇혀 있는 언론이 택한 차선의 대안 중 하나다(Reich & Barnoy, 2019).

② 편향의 원인과 경향성

이런 편향이나 병행이 생기는 이유에 대해서도 체계적인 분석이 필요하다. 지금까지는 현상 자체의 기술이나 분석에 치중해 원인에 대해서는 상대적으로 소홀했다. 브뤼게만 등(Brüggemann et al. 2014)은 문화적·지식적으로 언론(인)이 쓸 수 있는 프레임의 '저장고^{repository}'가 있다고 설정하고, 개인에서 조직·사회·초국적화 등으로 확대되는 영향의 다차원적 위계 모델(앞서 서론에서 본 바 있다)을 원용해 [표1]과 같은 일곱 가지 편향 요인을 추출했다.

[표1]에서 보면 언론인은 다양한 차원에서 다양한 요인에 영향 받는다. 일차적이고 직접적으로는 언론인 자신의 가치와 신념일 것이다. 문화나 관행에 따라서는 언론인이 속한 조직의 편집 계통이나 위

[표1] 다양한 차원의 편향 요인

차원	편향 요인	자료수집 방법
개인	1. (언론인의) 개입주의적 역할에 대한 개념 : 언론인의 개입 정도 및 적극성, 권력과의 거리, 시장에 대한 태도orientation 2. (개인이 가진) 깊이 뿌리내린 신념 및 가치	언론인 인터뷰
조직 (전문직주의)	3. 편집체계와의 동화 수준 또는 높은 자율성 : 조직의 동화성 압력, 자율적 편집 문화 4. 출(입)처beat 편향	뉴스룸 관찰, 언론인 인터뷰
체제 (거시적)	5. 해당 나라나 사회의 이슈 문화 : 정치 엘리트의 합의나 분화 정도 6. 극(단)화된 다원주의적 이슈 문화 : 정치 병행성의 정도 7. 적극적인 수용자의 피드백	전문가 인터뷰, 내용 분석, 언론인 인터뷰

출처 : Brüggemann, 2014: 71~73, 76.

계, 출(입)처 등이 이보다 크게 작용할 수도 있다. 정당 또는 정치 엘리트의 합의나 갈등 정도, 정치 병행성 같은 소속 언론과 정치 사이의 관계 등의 거시적 요인 역시 프레임 구성에 영향을 미친다. 수용자의 피드백도 일부 반영하는 각종 상업주의·선정주의 역시 시장에서 활동하는 한, 무시할 수 없는 요인이다.

상업주의는 시장 논리에 맞춰 사건 일부를 강조 또는 생략하거나 스타일의 변화를 꾀하는 것을 말한다. 일부라는 뜻의 '파샬partial'은 편향이라는 뜻도 아울러 지닌다. 당파성partisanship이란 말도 어원이 같다. 물론 모든 시장 논리나 상업주의 일반의 편향이 자동으로 악惡

이 된다는 뜻은 아니다. 민주주의가 발전하면서 '저속한^{vulgar}'이라는 뜻도 같이 가진 대중의 '공통적^{common}' 취향이 중시되는 것은 어쩌면 당연하고도 자연스런 노릇이기 때문이다. 젤러(Zaller, 2003)가 뉴스의 질을 '도난 경보쯤에나 신경 쓰는 수준$^{Burglar\ Alarm\ Standard}$'에 맞추자고 한 것도 풍부한 지식을 가진 소수보다 최소한의 관심과 이해를 가진 다수를 민주주의가 더 필요로 하기 때문이다. 시장 편향 역시 지나치게 극단적이지 않으면 된다는 것이다. 그러나 그 또한 쉬운 일이 아니다.

다음의 [표2]는 경향적 특징을 띨 수 있는 언론의 행위들이 어떤 타당성을 요구받는지, 어떤 윤리적 가치와 관련되고, 어떤 실행 규칙을 가져야 하는지를 보다 구체적으로 예시한 것이다(이준웅, 2010). 여기에서 경향적 특징으로 꼽힌 예들은 참(진리·진실)을 기준으로 하는 스트레이트 기사의 경우, '사실의 선택', '윤색적 표현', 그리고 '전제된 가치' 등이고, 옳음을 주장하는 의견 기사에서는 '근거 없는 의견'과 '비일관성', '불공정' 등이다.

'사실의 선택'은 여러 사건 중 어떤 것을 선택하고 어떤 것을 생략했느냐를 말한다. 이는 언론이 현실을 어떤 성격으로 구성했느냐, 곧 구성의 중요 관련성과 총체성^{holism}을 말해 준다. 만약 선택이 잘 되었다면, 언론은 우리에게 중요한 사실을 참에 가깝게 총체적으로 보여줄 것이다. 종이신문의 1면은 그 신문이 해당 일자를 바라보는 시각을 단적으로 보여준다. 한국 언론에서 나타나는 가장 많은 왜곡은 특정 대목을 전체 맥락과 동떨어지게 추출한다거나 이를 따옴표로 인용해

[표2] 언론의 경향성 극복을 위한 실행 규칙

기사 종류	경향적 특징	타당성 요구	언론 윤리적 가치	언론인의 실행 규칙
스트레이트 기사	사실의 선택	사실의 범위에 대한 요구	중요 관련성과 총체성	· 배경 자료의 검색 · 관련 정보원 인터뷰
	윤색적 표현	참을 위한 표현 정당성 요구	표현의 타당성	· (불필요한 의견이나 표현을) '더하지 말 것' · 표현 근거의 제공
	전제된 가치	참을 위한 적절성 요구	전제된 가치의 적절성	· 취재 동기의 투명성 · 예상된 독자의 가치
의견 기사	근거 없는 의견	옳음의 전제인 사실성 요구	의견 근거의 정당성	· 관련 자료의 수집 · 정보의 사실성 확인
	비일관성	옳음의 일관성 요구	책무성에 근거한 일관성	· 자신의 과거 주장 검토 · 상황 논리 검토
	불공정	옳음을 주장할 수 있는 상호성의 요구	이해 당사자 배려	· 당사자 목소리 반영 · 적절한 대변자 찾기

출처 : 조항제(2019)에서 일부 수정

제목으로 쓰는 경우이다. 이 사실은 사실이 아닌 것은 아니지만 진실과는 오히려 반대될 수도 있는 것이다. 조선일보가 자신에 대한 반대운동(안티조선 운동)을 자초했던 사건도 월간조선이 김대중 정부 당시 최장집 국정기획위원장의 글에서 떼어 온 '김일성의 역사적 결단'이란 말 때문이었다. 당시 월간조선은 이 말이 김일성을 미화시켰다고 비판했으나 글 전체의 맥락은 의도적으로 무시한 것이다.[16] 이는 인위적으로 만든 불일치, 권력적 사익을 위해 언론이 벌인 '제조된 논쟁'

의 전형이다. 이런 만들어진 논쟁은 실체적 근거 없이 제도에 대한 불신과 대중의 혼란을 조장한다(Wikipedia; Manufactured controversy). 한국 언론이 정도 이상으로 갈등에 매달린다는 지적은 외국 학자들의 눈에도 사뭇 지적감이다(Gong & Lawnsley, 2018 참조). 이런 '나쁜 매너'야말로 한국 언론을 정파적으로 만든 주범이다.

'윤색적 표현'에서는 표현이 얼마나 정확한가, 또는 독자(시청자)들의 주의를 얻기 위해 윤색이 필요했다면(불가피한 강조나 미화, 표현적 수단을 활용했다면), 어느 정도 타당성을 띠는가를 판단해볼 수 있을 것이다. 이를테면, 현상에 대한 이해를 돕기 위해 상황을 단순화시키는 윤색은 특정한 의도를 위한 왜곡과는 완전히 다를 것이다. 반대로 스트레이트 기사에 부적절한 정치적 주장이나 단정적 추측을 섞는다면 이역시 참과는 거리가 멀 것이다. '온 적이 있는 거 같다'는 조사서 문구를 마치 자신이 직접 들은 것처럼 표현("윤석열도 별장에서 수차례 접대")하는 것은 부정확을 넘어 거의 픽션에 가까운 것이다.

'전제된 가치'에서는 앞서의 사실 선택이 어떤 이유(가치)로 그렇게 된 것인지, 그 이유의 적절성을 따져보고자 하는 것이다. 윤색이나 왜곡이 가장 참을 저해하는 것처럼 보이지만, 더 중요한 것은 특정 사건을 선택·의제화하는 것이 과연 적절한가, 그렇게 하도록 이끄는 가치

---

16) 이에 대해서는 "세계적 탈냉전 시대에 월간조선의 이념적 공격은 개혁에 저항하는 마지막 저항이었다. 언론의 자유도 공익과 공정성을 수반하는 것이다. 언론이 사회적 분열을 조장하는 것은 바람직하지 않다"는 중앙일보(1998. 11. 19)의 결론이 적절할 것이다.

가 과연 정당한가이다. 논란이 있을 수 있는 가치를 마치 거역할 수 없는 것인 양 전제하는 행위 역시 지극한 편향중 하나이다. 한국의 주류 언론은 은연중에 친 기업, 친 개발, 친 경쟁(력), 친 중산층, 친 서울 등을 강조한다.[17]

의견 기사에서는 '근거 없는 의견'과 '비일관성', '불공정'을 경향성의 대표적인 사례로 꼽을 수 있다. 의견에는 근거가 있어야 하고, 그 근거는 사실로 입증되거나 과거의 검증된 지식(자료)에 의해 뒷받침되어야 한다. 진리의 철학이론으로 보면, 상응설과 정합설에 해당한다. 좋은 토론은 각 주장에 근거의 유무, 근거의 견실성 여부가 드러나게끔 해서 청중이나 참여자에게 올바른 결론을 내도록 유도하는 것이다. 그런 식으로 모든 토론이 진행된다면 참여자들은 근거 없는 주장을 하기기 점점 어렵게 될 것이다. 숙의 민주주의자들이 꼽는 중요한 숙의성의 조건도 '이유를 제시하는$^{reason\text{-}giving}$' 정당화이다.

'비일관성'은 상황에 따라 주장이 바뀌면서도 바뀐 이유를 제시하지 않는 경우다. '내로남불'은 언론이 주로 정치를 비판할 때 많이 쓰지만, 실상은 스스로도 자주 범하는 대표적 오류이다. 일관성은 자신이 했던 주장이 지금 달라졌다면 이유를 제시하는 책임성 또는 합리성을 갖게 한다. 정치 병행성 속에 있는 한국 언론은 자신과 연합한 정

---

17) 한국 언론이 기업 비리에 유난히 약한 점은 이의 반영이라 할 수 있다. "기업 활동에 대한 비판 및 감시"는 한국 언론이 중요하다고 생각하지만 실행은 가장 잘 못하는 것이다(한국 언론진흥재단, 2019).

파를 위해 자주 자신의 종전 주장을 뒤집으면서도 이런 변화를 설명하지는 않는다(그래서 여야가 바뀌면 태도도 정반대가 된다).[18) 주장이 일관되지 않는 언론을 수용자들이 신뢰하지 않는 것은 당연한 노릇이다. 이런 일관성과 근거 제시는 챔버스(Chambers, 2010)가 제시한 숙의의 두 가지 원칙 중 하나에서 '지성적인 것intelligible'에 해당한다.

'상호성' 또는 '포용성'이 챔버스의 다른 원칙인데, 경향성의 세 번째 사례인 '불공정'은 이를 어기는 것이다. 특히 사건과 관련된 이해 당사자의 목소리를 제대로 반영하지 않은 불공정은 언론 경향성 중에서 가장 큰 해악으로 꼽힌다. 이때의 불공정은 일방성이나 배제성으로 바꾸어도 좋을 것이다. 이해 당사자가 명료하지 않거나 잠재적으로 사회 전체가 될 수 있을 때는 적절한 대변자를 찾는 것도 중요한 공정성 행위 중 하나다. 언론 역시 민주주의와 마찬가지로 수용자를 대리(표)해서 말해주는 측면을 갖기 때문이다.[19) 적대가 위주가 될 때, 가장 쉽게 자행되는 것이 아마도 이 불공정일 것이다.

---

18) 2022년 새 정부가 출범하면서 문제가 된 공공기관장의 임기는 이의 전형적인 예가 될 것이다. 조선일보(2022. 6. 9)가 먼저 거론한 자리는 오히려 정치적 독립성이 더 필요한 방송통신위원장과 국민권익위원장이었다. 같은 이유로 다른 한 쪽에서는 이보다 정치성이 약한 산업부에 대한 이전 정부의 블랙리스트 수사가 아직까지 진행되고 있던 터였다. 이후 조선일보(2022. 6.15)는 방통위원장을 개인적으로 공격하는 기사를 따로 내기도 했다. 제도 개선이 선결적 요건이란 걸 충분히 알지만, 일단 당파적 이유로 '청부보도'를 한 것이다. 정말 언론이 정치의 '심판'이 아니라 '선수'로 뛰고 있다는 걸 잘 보여주는 사례라 아니할 수 없다.

19) 이를 미국의 미디어 사회학자 셧슨(Schudson, 2011/2014)은 저널리즘의 수탁모델(trustee model)로 부른 바 있다.

요약하면, 근거도 제대로 제시하지 않으면서 마음대로 주장하고, 같은 편과 다른 편을 구분해 일관성 없이(그때그때의 정치적 이익을 위해) 원칙을 편의적으로 적용하며, 다른 편이라고 해서 그 목소리를 제대로 듣지 않거나 무시해버린다면, 그런 언론은 극복해야 할 경향적 또는 편향적 언론이라 할 수 있다.

3. 공정성 : 실용주의적 객관성과 미디어정의

공정성과 하위 개념

한국 언론에서 공정성은 매우 폭넓게 쓰이는 개념이다. 사람들은 언론이 공정하지 않을 때, 곧 편향적이거나 차별할 때만 공정성을 말하지 않는다. 진실을 부정할 때, 사실을 왜곡할 때도 '공정하지 않다'고 한다. 내 생각이나 의견과 다른 것을 언론이 말하면 그 역시 '나와 다르다'가 아니라 '공정하지 않은 것'이다. 심지어 언론이 너무 선정적이거나 폭력적일 때도 '너무 상업적이다'가 아니라 '불공정하다'고 한다. 공정성에는 오해도 많다. 공정하다면 모든 언론의 내용이 같을 수밖에 없다는 것이 그것이다. 모든 인간의 인식 범위가 같다거나 의견이나 주장의 영역까지 공정성을 과잉 확대한 잘못된 추론이다. 또 공정성은 매우 상대적인 쓰임으로도 악용된다. 내게 공정한 것이 남에게는 공정하지 않다는 걸 알지만, 굳이 바꾸려 하지 않는다. 나와 남,

우리와 타자 사이에 공정성의 인정 범위는 없거나 매우 좁다.

이와 같이 공정성 개념은 포괄하는 범위가 넓다는 특징을 가진다. '가치 측면에서 옳다는 의미의 정당성'이라는 협의의 정의가 쓰이지 않는 것은 아니나 일반적인 화용과는 거리가 있다. 포괄성은 불가피하게 다의성과 모호성이란 단점을 낳는다. 가리키는 범위가 넓을(포괄적일)수록 함의가 다양하고 분명하지 않기 때문이다. 그런 면에서 공정성은 미국의 객관성과 비슷하게 여러 개의 기준이 동시에 구현되어야 확보될 수 있는 '복합적 판단의 결과물'이다. 내부의 속성 간 비일관성이나 모순적 공존에 주목하면 '본질적으로 경합적인 개념essentially contested concept'(Gallie, 1956)이 된다. 이런 개념의 전형적인 예가 민주주의이다. 공정성을 개념적으로 해명하기 위해서는 가능한 이 특성에 충실해야 한다고 생각한다. 많은 연구자들이 포괄성과 모호성을 벗어나기 위해 개념을 '조작'하지만, 결국 그 때문에 현실의 쓰임과 멀어진다.

이런 개념은 구체적으로 함의를 적시해야 쓰임이 원활할 때가 많다. 객관성을 정의할 때, 사실성이나 균형성, 중립성 같은 하위 개념이 늘 동원되는 것처럼 공정성 역시 그러하다. 그래서 공정성은 사실성, 중요 관련성, 투명성, 불편부당성, 다양성, 균형성, 중립성, 반 편향성, 본래성 등 다른 언론의 가치나 준칙과 두루 관련을 맺는다. 이 중 진실성은 모든 것에 앞서는 궁극적인 가치이고[20], 객관성이나 공평성은 공정성과 같은 지위의 클러스터 개념이므로 공정성과 관련은 있지만 하위 가치는 아니다. 정확성은 사실성의 하위 개념이고, 독립성은 언론의 존재 조건을 지칭하는 개념이므로, 또 대리(표)성^{representation} 역시 공정성이 결과로 나타난 산물이므로 공정성의 내용적 함의는 아니다.

가장 먼저 꼽을 수 있는 공정성의 하위 개념은 '사실성'인데, 이유는 사실이 아닌 것, 곧 픽션은 적어도 뉴스로는 자격이 없어서다. 단적으로 가짜 뉴스는 뉴스가 아니다. 물론 소설이나 영화 같은 픽션에도 얼마든지 진실이 담길 수 있다. 그러나 그렇다고 이걸 우리는 뉴스라 부르지는 않는다(픽션에는 따로 예술이란 영역이 있다). 궁극적으로는 진실을 추구하지만, 그렇다고 진실을 자주 볼 수 있는 건 아니다. 특히 이념 경쟁을 중요한 속성으로 하는 정치 영역에서는 일치나 합의, 옳음보다는 불일치나 협상, 절충이 더 빈번히 나타난다. 굳이 비유한다면, '진실보다 평화(또는 공존)'인 셈이다. 일치의 추구보다 불일치의 관용이 더 필요한 곳에서 타협 없는 진실 추구는 자칫 진황이나 독선으로 빠지는 지름길이 된다(그래서 훨씬 더 갈등을 부추긴다). 진실과 관련해 언론이 '발견자'나 '수호인'에서 '중재자'로 겸손해지는 것(Michailidou &

---

20) 진실이 등장하는 순간 모든 논쟁은 종식된다. 그런 면에서 진실은 '궁극적'이다. 그러나 현실에서 그런 경우는 극히 드물다. 본격적인 조사위원회만 세 번 만들어졌음에도 여전히 많은 것이 미궁 속에 있는 '세월호'를 보라(뉴스타파, 2022. 6.23). 또 가치론적 영역인 정치에서 벌어지는 진실 공방은 대체로 소모전으로 끝나는 경우가 많다. 물론 진실은 최근 많이 인용되는 코바치와 로젠스틸의 언론 교본(Kovach & Rosenstiel, 2021)이 가장 강조하는 것이기도 하다. 그들의 진실은 '실천적이고 기능적인 형태'(p.76)로, 숨겨진 사실을 드러내고 사실(들) 사이의 관련을 찾아내 마치 석회 동굴 속 석순처럼 쌓여나가 전체 그림까지 보여줄 수 있는 리프먼 류의 진실을 지향한다. 권위주의 시절에 쓰인 송건호(1987)의 진실 역시 이와 맥이 같다.

Trenz, 2021)은 현실적이기도 하고 바람직하기도 하다.

어떤 것을 뉴스로 선택하느냐 하는 '중요 관련성^{relevancy}'은 선택과 집중이라는 기회비용의 개념에서 보면 매우 중요한 가치이다. 주제나 관점의 주류성·획일성을 탈피하고자 하는 다양성 역시 이와 직결된다. 영국의 미디어학자 콜드리(Couldry, 2012)는 이 중요 관련성의 위배, 곧 게이트키핑 편향을 가장 심각한 미디어 부정의로 보았다. 언론의 의제에 해당하는 '무엇'은 그 다음 단계의 '어떻게'보다 중요할 때가 많다는 것이다.

'투명성'은 언론의 보도 과정을 설명해야 하는 책임에 적용된다. 이는 1차적으로는 기사가 남의 것이 아님을 보여줘야 하고, 2차적으로는 제작 과정을 공개하는 것을 말한다. 지금까지의 규범인 객관주의는 보도자를 숨기면서[탈 명명화(exnomination)] 뉴스를 자연화하는 이른바 '관점 없는 뉴스$^{news\ from\ nowhere}$', '누가 해도 똑같은 뉴스', 심지어 '보도자 없는 보도'를 추구했지만, 지금처럼 뉴스의 복제가 쉽고 여러 미디어들 사이에 같은 것이 돌아다니는 이른바 '처널리즘'이 보편화된 때에는 오히려 이런 투명성이 기본 준칙이 된다.

'불편부당성', '균형성', '중립성'(그리고 '다양성'도 일부 포함)은 경합하는 관점(들)을 얼마나 떳떳하게 대변하느냐의 문제다. 협의의 공정성과 거의 같은 뜻이다. 그런 면에서 불편부당이나 균형은 수단이고, 중립은 목적에 가깝다. 어느 한편에 치우치지 않는 불편부당이나 균형은 스스로 중립임을 외치는 것이다. 그러나 사회가 다원화되면 될수록 이런 불편부당은 적용 범위의 협소성 때문에(기껏 여/야나 보수/진보 정도에 그친다) 허울로만 남게 될 가능성이 높다(Ojala, 2021). 편향에 유의하는 '반 편향성' 역시 불편부당과 비슷하지만 공정의 실현보다는 편향 극복이 좀 더 '구체적'이라는 점에서 새로운 지위를 부여받는다. '기아'나 '공포'의 극복이 (추상적) 정의의 실현보다 더 쉽게 몸에 와 닿는 것과 같은 이치이다.

마지막, 자신에게 진실된 '본래성authenticity'은 이 모든 가치 또는 준칙의 기초를 이루는 기본적 심성이다. 이는 흔히 '진정성眞情性'으로 번역되기도 한다. 본래성이 부정된다면, 언론인이 보고 들은 것, 아는 것 등 모든 것이 기만의 대상이 된다. 자기가 스스로 자기를 감시하는 자기검열은 이런 기만의 대표적 산물이다(조항제, 2017).

한국 언론에서 공정성이 문제가 된 것은 현대사 자체가 가진 질곡枉梏 때문이다. 식민지와 전쟁, 오랜 권위주의와 압축적 경제싱장이 낳은 뿌리 깊은 불평등이 언론에서도 부자유와 불공정을 체질화시켜 왔다. 민주화는 이를 극복할 수 있는 반전의 기회였지만, 주지하다시피 민주화의 정초 정부는 재집권한 군부여서 과거를 청산하는데 많은 한계를 보였다. 보수 정부와 진보 정부가 번갈아 10년씩 집권한 민주화 이후에는 민주주의가 '체스판의 유일한 게임'으로 정착되는 성과가 있기는 했지만, 언론 시장의 여전한 불평등, 이른바 '기울어진 운동장'이 불공정을 벗어나지 못하게 했다. 특히 진보 정부 시절, 정부 대 보수 언론(조중동)의 대립 구도는 정부의 운신에 많은 한계를 안겨 주었다. 이후에도 진보와 보수는 대립을 거듭해 여론 독과점, 정치 병행성, 적대적 미디어 신드롬, 초적대주의, 에코챔버 등을 성행시켰다. 이런 과정에서 공정성은 이런 개념들과 대각에 선, 그야말로 반 사실적인 counterfactual 이념이 되었다. 그러나 한국 언론이 최소한이라도 저널-리즘journal-ism으로 남아 있으려 한다면 공정성은 더 이상 부정되어서는 안 되는 이념이다.

공정성 개념의 이론적 구성

① 적정규모 또는 필요조건 : 실용주의

나는 한국 언론의 공정성의 철학적 기초를 [그림]에서 보는 것처럼 철학자이자 언론학자인 워드의 실용주의적 객관성pragmatic objectivity (Ward, 2015)으로 삼았다. 이 객관성은 전통적 의미의 객관성과 다르다. 체험주의·실험주의·해석주의·총체성(맥락성)·불완전주의·오류(가능)주의·표상주의·(진실) 최소주의 등을 기초로 하는 이 주의는 비유적으로 표현해 '겸손한' 객관성이다. 이 객관성이 서 있는 시간대는 같은 근대에서도 성찰이 전제된 근대이다. 이 객관성에서 언론은 보고 느낀 것(체험주의·실험주의)을 자신의 지식적 맥락에 비추어 충실하게 총체적으로(해석주의·총체성), 언론에 반영하려 노력하지만(표상주의), 자신을 절대적으로 믿지 않으며(불완전주의), 끊임없이 수정하기를 마다하지 않는다(오류주의). 진실은 있다고 믿지만, 쉽게 획득할 수 있거나 고정되어 있는 것으로 보지 않는다(진실 최소주의/잠정적 진실론).

최근 이스라엘 학자 고들러 등(Godler et al, 2020)이 원용하고자 한 '사회적 인식론'은 이런 지평을 좀 더 확대한 것이다. 이 인식론은 '(개인

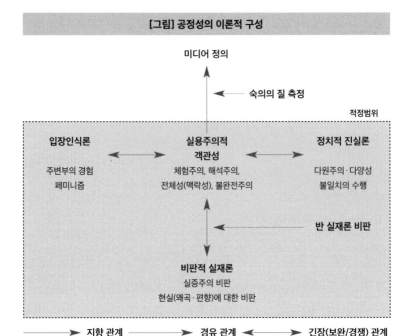

[그림] 공정성의 이론적 구성

미디어 정의

숙의의 질 측정

적정범위

입장인식론	실용주의적 객관성	정치적 진실론
주변부의 경험 페미니즘	체험주의, 해석주의, 전체성(맥락성), 불완전주의	다원주의·다양성 불일치의 수행

반 실재론 비판

비판적 실재론
실증주의 비판
현실(왜곡·편향)에 대한 비판

지향 관계　　　　경유 관계　　　긴장(보완/경쟁) 관계

출처: 조항제(2018, 385쪽)

적)주체에 의해 수행되는 인식 과정'을 '가깝거나 먼, 현재와 과거의 사회적 환경에서 타자의 사회적 활동'과의 연계로 확대한다. 지식이나 정보의 생산과 분배가 자신만이 아니라 '남'과의 상호성, 곧 사회나 공동체의 차원에서 폭넓게 이루어진다는 점에 주목한다. 특히 전문가에 대한 의존을 비롯해 사회적 여론의 영향을 크게 받는 '2차적 지식'이 언론에 불가피하다는 점을 고려하면, 이런 인식론은 어쩌면 언론에는 반드시 지켜야 할 의무사항이 될 수도 있다. 이 점은 '검증주의'로 연결되는데, 기자 나름으로 진정성을 갖고 여러 방법을 다양하게 동원,

다층적 실재에 접근함으로써 진실(과 그 결과의 정당성)을 추구하는 '기회 -응용적 검증주의opportunistic-adaptationistic verism'(Godler, 2020)는 이를 말한다.[21]

　나는 이런 사회적 인식론이나 검증 필요성을 감안한 실용주의적 객관성이 공정성 확립에 장애가 되는 '절차주의'와 '상대주의'를 극복할 수 있는 바탕이 된다고 생각한다. 절차만 갖추면 공정성은 확립된다는 절차주의는 공정성이 가진 실체적 정의의 측면을 과다하게 축소시키고, 너와 나의 공정이 다르다는 견지에서 공정성이 필요 없다는 상대주의는 부당하게 공정성의 무용함을 주장한다. 물론 절차주의는 합의를 도모하기 쉽게 한다는 점에서, 상대주의는 진실의 독단성을 견제한다는 점에서 의의 또한 작지 않다. 그런 면에서 절차는 준수해야할 '필요조건'으로, 상대주의 역시 최소진실론을 통해 '겸손함의 바탕'으로 소화하는 것이 맞는 방향이다. 이를 통해 공정성이 쓰이는 용례의 (넓은) 포괄성도 가능한 소화할 수 있다. 공정성은 옳고 그름과 관련된 가치론적 개념에 가깝지만, 그렇다고 사실(인식론)의 영역까지 무시

---

21) 이 점은 입장을 바꿔보면 수용자들도 그대로 하고 있는 것이다. 수용자들 역시 '개인적 인식론'을 통해 선택적으로 비판성을 발휘하고, 경험을 통한 실용주의적 측면에서 (미디어로부터 얻어진) 지식이나 정보를 믿으며, 이런 자신의 능력을 신뢰한다(Schwarzenegger, 2020).

22) 특히 최근의 가짜뉴스나 반 정보, 탈 진실의 문제는 이런 필요성을 더욱 부각시킨다고 할 수 있다. 변하지 않은 한국언론의 성향 역시 팩트 민감성이다(한국언론진흥재단, 2019). 한국언론은 팩트와 관련된 정확성을 두 번째로 높은 가치로 평가하고(4.46; 5점 만점) 또 비교적 잘 수행한다(3.78)고 생각한다.

하고서는 성립할 수 없다는 게 내 생각이다.[22]

공정성의 포괄성을 반영하기 위해 나는 이 객관성을 다양한 다른 주의들과 경쟁 및 보완 관계에 놓았다. 아렌트나 콜먼의 '정치적 진실'론은 섣부른 진실 추구 의지가 가진 독선을 경계하면서 공론장에서의 토론, 불일치의 감내·포용을 중시한다(Arendt, 1966/2005; Coleman, 2018). 최근 등장한 '정치 인식론' 역시 정치에서의 진실과 지식의 역할, 민주주의에서 인식론적 문제들, 이로 인해 발생하는 정당 간·세력 간 불일치와 극단화의 문제들을 다루면서 아렌트 등의 문제의식을 이어받는다(Edenberg & Hannon, 2021). 이 인식론이 문제로 삼는 것은 "프로파간다와 허위정보, 정치적 불일치, 극단화, 음모이론, 민주주의의 인식론, 투표자 무지와 비합리성, 정치적 목적에 따른 회의주의, 시민과 정치인, 그리고 정치 제도의 인식론적 덕(부덕)"(p.1) 등으로 저널리즘의 그것과 크게 다르지 않다.[23]

페미니즘 과학론에서 출발한 '입장 인식론standpoint epistemology'은 젠더와 같은 사회적 차이를 반영해 다양성을 구현하려 한다(Durham, 1998; Steiner, 2018). 앞서 본 사회적 인식론이나 정치적 인식론의 하부 체계의 하나로 볼 수 있다. 객관주의자 워드(Ward, 1997)는 이런 입장 인식론의 본질주의를 인정하지 않는다. 기자의 객관성은 그의 젠더나

---

23) 대표적인 예가 필터버블과 비슷한 '인식론적 버블(epistemic bubble)'이다. 앤더슨(Anderson, 2021)은 이렇게 인식이 버블 속에 갇히는 이유로 편견 집단이 정보 흐름을 주도하는 포퓰리즘을 들었다.

계급적 본질을 넘어설 수 있다고 본다. 그러나 그 객관성 또한 자주 '믿을 만한 정보원sources', 곧 공식적이면서 권력적인 출처에 대해 의존적인 관행을 버리지 못한다. 이런 관행은 종래 '헌신적 관찰'이나 '열정적 독립' 같은 미덕을 버리고 언론을 권력과 친화적이게 만든다(McNair, 2017). 그런 면에서 입장 인식론은 객관성을 비판적으로 일깨우는 효과를 지닌다. 지식의 주체를 대상과 분리시키지 않음으로써 책임도 강화한다. 훌륭한 언론인이라면 약자를 우대하는 정의론의 긍정적 차별화 주장과 맥이 같은, 이런 식의 '(스스로의) 입장 재조정'을 할 줄 알아야 한다.[24]

실용주의적 객관성 역시 존재론에서는 실재가 인간의 인식과 관계없이 존재한다는 실재론 입장에 가깝다. 그러나 실용주의는 이런 실재론과 관련해 한 가지 입장만 보이지 않는다. 워드는 반 실재론자인 로티와 확실히 선을 그으면서 퍼트남과 유사한 입장을 보인다. '비판적 실재론'과 '반反 사회적 구성주의'는 실용주의의 모호한 실재론을 저널리즘 입장에서 명확하게 한다(Lau, 2004, 2012; Lau & Morgan, 2014). 철학과 저널리즘에서 외부 실재 또는 현상이 가지는 의미는 사뭇 다르다. 경험적 차원에서 저널리즘의 '진실' 또는 '사실'은 형이상학적 차원에서 철학의 '진리'나 '대상'에 비해 훨씬 더 중요하다. 그런 면에서

---

24) 센은 다음과 같은 경구를 남겼다. "열린 불편부당성을 추구하는데 필요한 것은 '시야의 넓이'이고, 정의의 경계가 더 확장되도록 만드는 것은 상호 연대의 커져가는 힘이다."(Sen, 2009, p. 173)

저널리즘에 투영된 사회적 구성론은 '지식이 사회적으로 구성된다'는 주장은 유지하면서도 강한 구성주의의 반 실재론은 거부해야 한다. 비판적 실재론은 '실재론'을 통해 '왜곡'이나 '편향' 같은 불공정·부정의를 극복하자는 문제의식을 강화하며[25], '비판'을 통해 사회적 고통과 악을 만드는 사회 구조에 대항한다(Wright, 2011). 철학적으로도 실재론은 개념적 상대주의와 얼마든지 양립 가능하다.

'본질적으로 경합적인 개념'인 공정성은 내부에 통일과 정합 못지않게 이런 상충과 긴장을 안고 있다. 공정성의 철학적 기초를 이루는 실용주의적 객관성은 가치론의 영역에서 정치적 진실론과 일정한 결합과 상충의 관계를 보인다. 인식론의 영역에서는 입장인식론과 긴장 관계에 있다. 입장인식론이 주장하는 '강한' 객관성은 때로 일반적인 객관주의의 범주를 훨씬 넘어선다. 또 실용주의는 비판적 실재론과 만나 상대적으로 존재론이 분명해지며, 사회적 고통과 악을 만드는 사회 구조에 비판적으로 된다. 여기에서도 객관성과 비판성은 대립성을 띤다. 이런 개념은 함의가 미리 정해지기보다는 몇 가지 관련 원칙들이 그때그때의 문제와 논의의 성격에 따라 절충적으로 결정되는 동적 특성을 지닌다. 실용주의의 오류(가능)주의와 해석주의, (진리)최소주의가 이의 밑바탕을 이룬다. 이를 필요조건이나 적정범위이라 할 수 있을 것이다.

---

25) 실재가 있어야만 왜곡이나 편향도 발생한다. 실재 또한 인간의 의식 속에서 구성된다는 강한 구성주의는 이 실재의 존재 자체를 부정하므로 왜곡이나 편향도 있을 수 없다.

② 지향점 : 미디어정의

최고 지향점으로 선택된 미디어정의의 문제의식은 한국의 공정성과 매우 가깝다. 언론의 기존 가치나 준칙에서는 실체적 정의의 의미를 상당히 갖는 공정성과 같은 것이 없다. 공평성이 개중 가깝지만 역시 절차적 의미가 강하다. 내가 콜드리(Couldry, 2012)에서 원용한 미디어정의는 공정성의 가장 적극적이면서 최대적인 이념이다.[26] 미디어정의는 미디어에 의한, 미디어를 통한 (사회) 정의의 추구이고^{justice} $^{by(through) media}$, 미디어 스스로 정립하는 내적 정의이다$^{justice in media}$. 앞서의 입장 인식론이 객관성의 틀에 구속되기 쉬운 반면, 이 정의는 실질적 평등성^{equity}을 좀 더 과감하게 수용하는 것이다. 언론인 이대근(2009)이 비유로 말한, "수평 저울의 양측이 길이와 무게가 다를 경우, 추의 균형점이 중간이 될 수 없는 것"(p.71)은 이에 잘 어울린다. 추(기준)를 옮겨가면서 균형을 맞춰야 한다(약자를 위한 보상적 사고가 필요하다)는 뜻이다.

미디어 부정의는 여러 이유로 미디어가 저지르게 되는 부정이다. 주로 미디어가 처한 조건에 따라 외적 부정의가 미디어 내로 이어지기도 하고, 정의를 실천하는 과정에서 부산물로 내적 부정의가 생겨나기

---

26) 콜드리는 대체로 아리스토텔레스와 롤즈, 그리고 센을 거쳐 미디어정의의 문제의식에 이른다. 특히 롤즈의 '무지의 베일'과 '원초적 입장'은 전통적 객관성의 전제와 유사하지만 (Fox, 2013), '최소 수혜자 배려' 원칙은 이에서 한 걸음 더 나아간다. 이는 특히 온갖 사회적 불평등이 담론적 불평등으로 이어지는 한국 언론에서 더 실효를 갖는다. 방송법에도 명시되어 있는 '약자 배려'의 정책적 조치들은 타 방면으로 확대되어도 크게 과함이 없다.

도 한다. 후자의 예로는 자주 허울에 빠지는 '균형'이나 유효한 증거 없이 주장만 앞세우는 무모한 주창성 등을 들 수 있다. 부정의에는 다룰 것을 다루지 않아 스스로 책임을 방기하는 기회 비용적인 것도 있다. 미디어 정의론은 '더 많은 미디어'가 '더 많은 민주주의와 커뮤니케이션'을 만들지 못하는 역설을 풀기 위한 이론적 기초가 될 수 있다.

만약 사회 정의가 그저 주어지는 무언가가 아니라 시민 스스로가 결정하고 쟁취해야 하는 것이라면, 그리고 이 시민이 매개가 반드시 필요할 정도로 큰 규모라면, 미디어와 사회 정의는 상당히 직접적인 관계에 있다고 보아야 한다. 특히 어느 정도 자의적 성격을 지닐 수밖에 없는 권력에 정당성을 요구하는 것이 시민의 당연한 권리라는 점에 비추어 볼 때, 미디어에서 이런 정당화의 기회와 자원이 얼마나 평등하게 배분되는지, 얼마나 다양한 집단이 이를 활용해 실천에 옮기는지, 과연 정당화 역능을 스스로 결정하는지 등은 '매개된 정의'를 실현하는 데 필수적으로 검토해 봐야 하는 요소다.

실질적 평등성·매개된 정의를 위한 필수적 조건 중의 하나는 역시 약자를 위한 '보상적 담론'이다. 여기서의 약자는 사회 구성의 여러 균열에서 "지배당하기 쉬운 집단"이다(Hänska, 2019). 모든 관행이나 구조에서 '일하지 않고 얻은unearned' 재산이 있는 강자는 미디어에서도 강자이다. 생산자들의 계급적 출신(중산층), '상업화' 같은 생산 논리, 장르의 효율성 논리 등에서 모두 우위에 있다. 약자를 따로 배려하지 않으면 형평을 맞출 수 없다(그래야 그나마 비슷해진다). 보상의 방법과 구체적 정도는 사회와 미디어가 나름의 논의를 통해 결정해야 할 것이다.

특히 방법이 중요하다.

민주주의가 적절한 정책 수단이 결여된 채, 주장만 범람하는 이른바 '소리만 큰 정치^{thorubocracy}' 27)로 전락될 수 있는 위험을 막아야 한다. 이런 사회에서는 시민이 불만을 표시할 수 있는 기회는 많지만, 그런 목소리를 더 넓은 정책 개발 과정 안에서 가치 있는 것으로 다룰 수 있는 수단이 없는 게 큰 문제이다(Rosanvallon; Couldry, 2010/2014, p. 262에서 재인용). 방법이 없고 소리만 큰 정치야말로 바로 '비정치적 민주주의'이며, 민주주의의 원칙과 실천에 대한 신뢰를 훼손하는 '반 정책'에 불과하기 때문이다. 정말 필요한 것은 목소리 자체보다 목소리를 정책적으로 소화시킬 수 있는 대안이다.

4. 마무리

영토가 넓어지고 세부가 복잡해진 근대의 대의민주주의는 필수 조건으로 커뮤니케이션의 기술적 매개를 필요로 했다. 민주주의와 대중 미디어의 결합은 일종의 '조건화된 배치$^{contingent\ constellation}$'(Hofmann,

---

27) 파킨슨(Parkinson, 2006)이 만들어낸 조어이다. 파킨슨은 '작게 나누어진 공론장들(mini-publics)'의 문제를 지적하면서 '토론'과 '의사 결정'이 구분되는 것이 좋다는 주장을 폈다. 양자가 한 덩어리로 있을 때는 통제되지 않는 목소리가 중요한 의사를 결정하게 되는 '목소리만 큰 정치'의 위험성이 생길 수 있다는 것이다.

2019)였던 셈이다. 호프만은 이 둘 사이의 관계를 민주주의의 유형 가운데 하나에서 나타나는 특징적 현상이 아니라 민주주의 전체의 생존적 요건으로 볼 수 있는 일종의 본질적 연관이라고 주장했다. 비록 사기업이지만 신문, 그리고 나중의 (공적 조직이 많았던) 방송은 유력한 근대 제도의 하나였던 것이다.

한때, 미국 저널리즘은 짧게나마 근대의 최 정점에 있었다(Hallin, 1992). 공공저널리즘, 주창저널리즘, 해석저널리즘, 개혁저널리즘, 대안저널리즘, 폭로저널리즘, 탐사보도, 평화저널리즘, 행동주의저널리즘, 급진적 저널리즘 등은 미국의 이념인 객관주의의 대척에 있거나 보완하는 위치에 머물렀다. 물론 글로벌 차원의 실상에서도 그랬던 건 아니다. 오히려 객관주의는 미국적 특수성에 불과했다. 지금은 그 미국에서조차 특정한 주장이나 이념을 내세우는 것이 흔한 일이 되어버렸다. 핼린과 만시니(Hallin & Mancini, 2004)가 비교연구를 하면서 객관주의를 상대화한 것도 이 점으로 미루어보면 충분히 이해될 수 있는 일이다. 당시 그들은 이스라엘의 사례를 들었다.

물론 객관주의에는 장점이 많다. 객관성을 바탕으로 한 각종 윤리강령, 보도(실행)지침 등은 문화권이 다른 여러 나라에 이미 충분히 수출되어 있다. 특히 종교나 인종, 민족, 역사 같은 정체성에서 심각한 갈등을 겪은 나라들에서는 언론의 객관성이 대화를 촉진시킬 수 있는 좋은 수단으로 인정받는다(Voltmer, 2013). 그러나 주지하는 바대로 언론이 미디어로 팽창하면서 객관주의의 성가는 줄어들기 시작했다. 중립성의 미덕도 상황이나 조건에 따른 '다면적인 것^{multifaceted}'이 되었다(Ojala, 2021). 이제 언론이 과거 자유주의 초창기인 19세기쯤으로 돌아갔다는 지적이 드물지 않게 되었다.

그런 점을 돌이켜 저널리즘 역사를 보면, 언론 특히 신문이 자신의 이념을 표방하고 정치적 주장을 하는 것은 보편적 현상에 가깝다. 많은 비판자들이 지적했듯 객관주의에도 아무런 이념-주장이 없는 것이 아니다. 카세레스(Cáceres, 2019; Fischer, 2006)의 통찰처럼 저널리즘은 모두 어느 정도의 '주창advocacy'을 하고 있는 것이다. 다만 이 주창을 어떤 방식으로 어느 정도 수위로 하느냐에서 큰 차이가 있다. 객관성이 남긴 가치와 준칙을 준수하면서 여론이라는 어려운 숙제를 사기업에 맡긴 자유주의에 보답하느냐, 아니면 범람의 그늘 속에서 생존을 위해 발버둥치는 여느 기업과 다를 바 없이 행동하느냐의 기로에 있다는 것이다. 이는 이를테면 다음과 같은 물음과 그에 대한 대답에서 자명해진다.

과연 스트레이트와 의견 기사는 구분을 하고 있나? 기사는 모든 관련자들의 생각이나 의견을 들어 작성한 것인가? 정확하게 사실로 밝혀진 것을 확인해서 쓴 것인가? 특정 당파나 이념을 위해 의제를 선별하지는 않았나? 지지하는 정당의 악재를 상쇄하기 위해 상대의 흠집을 찾지는 않았나? 혹시라도 제목이나 문장 등이 잘못 표현되어 오해를 낳을 여지는 없는가? 주장은 과연 스스로 타당하다고 주장할 수 있는 것인가? 주장에 과장이나 왜곡이 있지는 않은가? 일관성 없이 이전 주장을 이리저리 바꾸지는 않는가? 관련자의 프라이버시를 침해한 것은 아닌가? 이런 기사 작성 과정을 투명하게 공개해도 문제는 없는가? 이 모든 과정에 부당하게 압력 집단이나 광고주 등의 영향을 받지는 않았는가?

만약 스트레이트와 의견 기사가 서로 구분되지 않게 사실과 주장을 섞는다면 어떨까? 관련 당사자들의 의견을 듣지 않는 것이 관행화되어 취재자의 편의대로 일부의 생각만 반영되면 어떨까? 부정확한 추정을 사실처럼 통용시킨다면 어떨까? 특정 당파나 이념에 유리한 의제는 강조하고 반대인 것은 경미하게 다루면 어떨까? 적당히 따온 선정적 어휘를 제목으로 쓰면서 이목을 자극하면 어떨까? 모호한 단어나 문장으로 오해를 낳으면서 때로는 일부러 이를 노려 쓴다면? 타당성이 떨어지는 주장으로 옳음을 주장하면서 상대를 근거 없이 비난한다면? 일관성 없이 이전과 다른 주장을 펼치면서도 해명조차 않는다면? 관련자, 특히 반대당 인물의 프라이버시는 더 쉽게 침해하나면? 클릭수를 의식해 낚시용 제목이나 내용을 앞세운다면? 광고주의 압력에 굴복해 기업 비리에도 심한 자기 검열로 보도를 하지 않는다면? 상대의 홍보성 의도를 알면서도 속아 넘어가준다면?

21세기 들어 전개된 여러 나라의 민주화 과정을 꾸준히 관찰하면서 영국의 학자 볼트머와 소렌슨(Voltmer & Sorenson, 2016)은 이를 이전과 다른 '미디어화된 이행'이라고 규정했다. 미디어화mediatization는 미디어의 지위가 상승되는 사회적 경향성을 말한다. 한국은 이들이 거론한 직접적 대상은 아니었지만, 나는 미디어화 현상이 오히려 한국의 최근 정치과정에 더 어울리는 특징일 뿐만 아니라 성숙한 서구민주주의를 포함해 민주주의 전체의 미래적 향배를 위해서도 필수적인 것이라고 생각했다.

그들의 근거가 되는 생각은 다음 세 가지이다. 첫째는 미디어환경이 근본적으로 새로워졌다는 것이다. 채널·미디어가 획기적으로 늘면서 진실은 경쟁되기 시작했고 내러티브는 갈등적인 것이 되었으며 수용자는 파편화되었다. 이전에 신문 또는 방송이 지배했던 때와 지금은 확실히 구분된다. 둘째, 미디어의 대 정치관계가 상당히 적대적인 형태로 바뀌었다. 좁은 의미로서 민주주의는 정치 제도 중 하나이고, 미디어 역시 이 제도 내 주요 구성인자 중 하나이다. 정치와 미디어의 적대는 때로 담합을 동반하는 역설적인 관계로 변모되기도 하며, 그런 만큼 공중은 늘 불안 속에 있게 된다. 명제화하면, 최근 나타나는 '미디어의 변모는 결코 민주주의에 우호적이지 않다.' 셋째, 시민의식이 확실히 달라졌다. 새로운 형태의 참여가 출연하고, 새로운 운동·새로운 시민권이 등장했다. 일종의 '미디어화된 시민'으로 부를 수 있을 것이다.

첫째가 환경이라면, 둘째는 조건화이며, 셋째는 이에 반응하는 행위(자)이다. 환경이 근본적으로 달라지면서 행위자를 조건화, 곧 미디어화시키지만, 이 방향은 궁극적으로 민주주의에 그렇게 이롭지 않다. 한국에서는 상황이 더 나쁘다. 한국의 언론 신뢰도가 전 세계에서 거의 꼴찌이기 때문이다. 영국 옥스퍼드대학 부설 로이터 저널리즘연구소는 매년 세계 주요 국가를 조사해 '디지털뉴스 리포트'를 발간하는데, 한국은 이 보고서의 조사 대상에 처음 포함된 2016년부터 뉴스 신뢰도 부문에서 계속 최하위를 기록했다. "대부분의 뉴스를 거의 항상 신뢰할 수 있다"는 문장에 동의한 한국인은 21%에 불과했다(2020년). 이 수치는 2021년 들어 조금 높아져 조사 대상 46개국 가운데 38위를 기록했지만, 2022년에는 다시 40위로 떨어졌다. 한국과 순위가 비슷하거나 더 아래인 나라들은 최하위인 미국을 비롯, 프랑스와 헝가리, 대만, 그리스, 슬로바키아 등이다(Reuters Institute, 2022).[28]

'왜 그럴까'에 대한 대답의 실마리는 미국의 퓨 리서치센터(Pew Research Center, 2021)가 발표한, 갈등의 정도에 대한 국제적 비교데이터에서 찾을 수 있다. 이에 따르면, '서로 다른 정치세력을 지지하는 집단 간에 매우 강한 또는 강한 (정치적)갈등이 있다'는 질문에 한국은 응답자의 90%가 그렇다고 답했다. 17개 조사 대상국가 중 미국과 더불어 가장 높았다. 다음이 69%의 대만이니 이 두 나라의 시민들이 얼마나 지국 정치를 갈등적이라고 느끼는지를 단적으로 알 수 있다. 더 놀라운 것은 '종교적 갈등'에도 한국은 61%로 1위였고, '인종·민족적 갈등'에도 57%로 상위권이었다는 점이다. 종교개혁 이후 신구교간 오랜 전쟁까지 거쳤던 유럽 여러 나라들보다 종교 갈등을 느끼는 정도가 한국이 더 높고, 이른바 '한민족'으로 사실상 갈등의 객관적 조건이

---

28) 조선일보를 비롯한 조중동이 신뢰도 꼴찌를 기록한 것은 이들이 한국의 주류 언론이라는 점에서 새삼 주목해봐야 하는 것이다. 대각에 있는 한겨레나 경향신문도 불신을 많이 받았지만, 신뢰 대 불신의 차이가 조중동이 각각 -7%, -2%, -1%인데 비해 그래도 한겨레나 경향은 +4%, +5% 정도 되었다. 높은 순위를 차지한 YTN이나 SBS 등이 중립의 규제를 받는 방송이라는 점을 고려하면, 왜 조중동이 밑바닥에 있는지, TV조선(-6%)의 재허가가 왜 물의를 빚었는지의 이유를 충분히 추론케 해준다. 이들은 그만큼 자신의 주장을 앞세우면서 공정 규범 같은 것을 아랑곳하지 않는 것이다.

거의 없음에도 인종·민족적 갈등을 느끼는 것이 유럽 여러 나라들과 비슷한 수준이다. 지역 갈등이 43%로 프랑스에 이어 2위인 것은 오랜 영호남 갈등을 감안해보면 오히려 낮게 평가된 것 같은 느낌마저 준다.

이런 갈등 극단화는 앞의 언론에 대한 불신이 어디에서부터 시작되었는지를 짐작케 해준다. 한국을 비롯해 미국과 프랑스, 대만, 스페인, 이탈리아 등은 모두 정치사회적 갈등이 극심하면서 언론에 대한 신뢰 또한 낮다. 반대로 스웨덴, 네덜란드, 벨기에, 캐나다 등은 갈등은 낮고 언론 신뢰는 높다. 정치 갈등과 언론 신뢰가 하나의 연쇄^{trust} ^{nexus}(Hanitzsch et al, 2018)를 이루면서 나쁠 때는 동반으로 하락·악화되는 불신의 악순환$^{spiral of mistrust}$(조항제, 2020)을 초래한다. 정치는 갈등을 관리하기는커녕 오히려 조장하고, 언론은 진정시키기보다 편승한다. 정치와 언론은 다르면서도 같은 일종의 이질동형체^{isomorphism}인 셈이다. 이럴 경우 사회의 미디어화가 진전되면 될수록 계속해서 이 현상이 심화될 것이라는 부정적 전망을 낳는다.

민주화 이후 한 세대가 넘는 지난 과정은 한국 사회와 한국 민주주의가 성숙을 향해 나아가는 과정이었다. 팬데믹이라는 미증유의 위기까지 겪으면서 한국사회는 갈등과 불신이 더 이상 지금처럼 지속되어서는 안 되는 병폐임을 깨달았다. 갈등의 중심에는 정치가, 불신의 중심에는 언론이 있으면서 동반 악화를 꾀하는 점도 같이 느꼈다. 정치와 언론의 동반 변화, 선순환 시도가 이제 더 이상 미룰 수 없는 국민적 과제로 다가오고 있다.

국민일보 2018. 4. 16

뉴스타파(2022. 6. 23), 사참위 '세월호 조사' 종료… 기각된 의혹들과 확립된 사실들, Available at: https://newstapa.org/article/ACMqw

송건호 (1987), 『민주언론, 민족언론』, 서울: 두레

오마이뉴스 2018. 8. 11

이대근 (2009), 정파성 측정의 난점을 어떻게 해소할 것인가, 2009년 저널리즘 실행위원회 엮음, 『한국언론의 정파성』, 서울: 한국언론재단

이준웅 (2010), 한국 언론의 경향성과 이른바 '사실과 의견의 분리' 문제, 『한국언론학보』 54(2), 187-209

JTBC (2018. 7. 25), [팩트체크] 노회찬 부인 '전용 운전기사' 됐다?…허위정보 어떻게 퍼졌나, https://news.jtbc.joins.com/article/article.aspx?news_id=NB11670770.

조항제 (2017), 언론통제와 자기 검열, 『언론정보연구』 54(3), 41-72

조항제 (2019), 『한국 언론의 공정성: 이론적 구성』, 서울: 컬처룩

조항제 (2020), 『한국의 민주주의와 언론』, 서울: 컬처룩

조선일보, 2018. 7. 21/ 2018. 8. 11/2022. 6. 9/ 2022. 6. 15

중앙일보 1987. 9. 5

한겨레, 2019. 10. 11/ 2019. 12. 9/ 2020. 5. 22

한국언론진흥재단 (2019), 『한국의 언론인 2019』, 서울: 한국언론진흥재단

홍유진·이용마 (2012, 5월호), 〈되찾아야 할 언론의 자유, 열쇠는 우리가 쥐고 있다〉, 『인물과사상』, 15-37

Albuquerque, A. (2013). Media/politics connections: Beyond political parallelism. *Media, Culture & Society*, 35(6), 742-758.

Albuquerque, A. (2019). Protecting democracy or conspiring against it? Media and politics in Latin America: A glimpse from Brazil. *Journalism, 20(7)*, 906-923.

Anderson, E. (2021). Epistemic bubbles and authoritarian politics. In E. Edenberg & M. Hannon(Eds.), Political epistemology(pp. 11-30). Oxford: Oxford Univ. Press.

Arendt, H. (1968/2005). Between past and future. 서유경 옮김, 『과거와 미래 사이에서』, 서울: 푸른숲

Artero, J. P. (2015). Political parallelism and media coalitions in Western Europe. Available at: https://reutersinstitute.politics.ox.ac.uk/sites/default/files/Political% 20Parallelism%20and%20Media%20Coalitions_0.pdf.

Baghramian, M. (2015). Relativism. Available: https://plato.stanford.edu/entries/relativism/

Bennett, W. L. (2009). News: The politics of illusion(9th ed.). 유나영 옮김, 『뉴스, 허깨비를 좇는 정치』, 서울: 책보세

Boykoff, M. T., & & Boykoff, J. M. (2004). Balance as bias: Global warming and the US prestige press. *Global Environment Change*, 14(2), 125-136.

Boudana, S. (2016). Impartiality is not fair: Toward an alternative approach to the evaluation of content bias in news stories. *Journalism, 17(5)*, 600-618.

Brüggemann, M., Engesser, S., Buchel F., Humprecht, E., & Castro, L. (2014). Hallin and Mancini revisited: Four empirical types of western media systems. *Journal of Communication*, 64(6), 1037 · 1065.

Cáceres, I. B. (2019). Advocacy journalism. Available: https://doi.org/10.1093/acrefore/9780190228613.013.776.

Chambers, S. (2010). Theories of political justification. *Philosophy Compass*, 5(11), 893-903.

Coleman, S. (2018). The elusiveness of political truth: From the conceit of objectivity to intersubjective judgement. *European Journal of Communication*, 33(2), 157-171.

Couldry, N. (2010/2014). Why voice matters. 이정엽 옮김, 『왜 목소리가 중요한가』, 서울: 글항아리

Couldry, N. (2012). *Media, society, world: Social theory and digital media practice. London:* Polity.

Cushion, S., & Thomas, R. (2017). From quantitative precision to qualitative judgements: Professional perspectives about the impartiality of television news during the 2015 UK general election. *Journalism*, Online First, 1-18.

Cushion, S., & Thomas, R. (2019). From quantitative precision to qualitative judgements: Professional perspectives about the impartiality of television news during the 2015 UK general election. *Journalism*, 20(3), 392-409.

Czingon, C., Diefenbach, A., & Kempf, V. (2020). Moral universalism at a time of political regression: A conversation with Jürgen Habermas about the present and his life's work. *Theory, Culture & Society*, 37(7-8), 11-36.

Dimaggio, P., Evans, J., & Bryson, B. (1996). Have American's social attitudes become more polarized? *American Journal of Sociology*, 102(3), 690-755.

Durham, M. G. (1998). On the relevance of standpoint epistemology to the practice of journalism: The case for "strong objectivity." *Communication Theory*, 8(2), 117 140.

Edenberg, E., & Hannon, M. (2021). Introduction. In E. Edenberg, & M. Hannon(Eds.), *Political Epistemology*(pp.1-7). Oxford: Oxford Univ. Press.

Entman, R. (2007). Framing bias: Media in the distribution of power. *Journal of Communication, 57*, 163–173.

Entman, R. (2010). Media framing biases and political power: Explaining slant in news of campaign 2008. *Journalism, 11*(4), 389–408.

Esser, F., & Umbricht, A. (2014). Competing models of journalism? Political affairs coverage in US, British, German, Swiss, French and Italian newspapers. *Journalism, 14*(8), 989–1007.

Fawzi, N. (2018). Untrustworthy news and the media as "enemy of the people?" How a populist worldview shapes recipients' attitudes toward the media. *The International Journal of Press/Politics, 24*(2), 146–164.

Fisher, C. (2016). The advocacy continuum: Towards a theory of advocacy in journalism. *Journalism, 17*(6), 711–726.

Fox, C. (2013). Public reason, objectivity, and journalism in liberal democratic societies. *Res Publica, 19*, 257–273.

Gallie, W. B. (1956). Essentially contested concepts. *Proceedings of the Aristotelian Society, 56*, 167 · 198.

Gerbaudo, P. (2018). Social media and populism: An elective affinity? *Media, Culture & Society, 40*(5), 745–753.

Godler, Y. (2020). Post-post-truth: An adaptationist theory of journalistic verism. *Communication Theory, 30*, 169–187.

Godler, Y., Reich, Z., & Miller, B. (2019). Social epistemology as a new paradigm for journalism and media studies. *New Media & Society, 22*(2), 213–229.

Goldkuhl, G. (2000). The validity of validity claims: An inquiry into communication rationality. Available: http://www.vits.org/publikationer/dokument/404.pdf.

Gong, Q., & Rawnsley, G. (2018). Media freedom and responsibility in South Korea: The perceptions of journalists and politicians during the Roh Moo-hyun presidency. *Journalism, 19*(9-10), 1257–1274.

Gordon, J. (1997). John Stuart Mill and the "marketplace of ideas." *Social Theory & Practice, 23*(2), 235–249.

Hallin, D. (1992). The passing of the "high modernism" of American journalism. *Journal of Communication, 42*(3), 14–25.

Hallin, D., & Mancini, P. (2004). *Comparing media systems*. Cambridge: Cambridge Univ. Press.

Hampton, M. (2008). The "objectivity" ideal and its limitations in 20th-century British journalism. *Journalism Studies, 9*(4), 477-493.

Hanitzsch, T. (2007). Deconstructing journalism culture: Twoard a universal theory. *Communication Theory, 17*, 367-385.

Hanitzsch, T. (2011). Populist disseminators, detached watchdogs, critical change agents and opportunist facilitators: Professional milieus, the journalistic field and autonomy in 18 countries. *International Communication Gazette, 73*(6), 477-494.

Hanitzsch, T., Van Dalen, A., & Steindl, N. (2018). Caught in the nexus: A comparative and longitudinal analysis of public trust in the press. T*he International Journal of Press/Politics, 23*(1), 3-23.

Hänska, M. (2019). Communicative means and ends of justice. *Journal of Information Policy, 9,* 14-36.

Herman, A., & Chomsky, N. (1988/2006). Manufacturing consent: The political economy of the mass media. 정경옥 옮김, 『여론조작』, 서울: 에코리브르

Hofmann, J. (2019). Mediated democracy-Lining digital technology to political agency. Internet Policy Review, 8(2), https://doi.org/10.14763/2019.2.1416.

Hopster, J. (2021). Mutual affordances; The dynamics between social media and populism. *Media, Culture & Society, 43*(3), 551-560.

Kovach, B. & Rosenstiel, T. (2021). The elements of journalism. 4th. ed.. 이재경 옮김, 『저널리즘의 기본원칙』, 서울: 한국언론진흥재단

Lau, R. W. (2004). Critical realism and news production. *Media, Culture & Society, 26*(5), 693-711.

Lau, R. W. (2012). Re-theorizing news' construction of reality: A realist-discourse-theoretic approach. *Journalism, 13*(7), 886-902.

Lau, R. W., & Morgan, J. (2014). Integrating discourse, construction and objectivity: A contemporary realist approach. *Sociology, 48*(3), 573-589.

McNair, B. (2009). Journalism and democracy. In K. Wahl-Jorgensen & T. Hanitzsch(Eds.), The handbook of journalism studies(pp.237-249). NY: Routledge.

McNair, B. (2017). After Objectivity? *Journalism Studies,* 18(10), 1318 · 1333.

Michailidou, A., & Trenz, H-J. (2021). Rethinking journalism standards in the era of post-truth politics: From truth keepers to truth mediators. *Media, Culture & Society, 43*(7), 1340-1349.

Muller, J-W. (2021). Democracy's critical infrastructure: Rethinking intermediary powers. *Philosophy & Social Criticism, 47*(3), 269-282.

Nechushtai, E. (2018). From liberal to polarized liberal? Contemporary U.S. news in Hallin and Mancini's typology of news systems. *The International Journal of Press/Politics, 23*(2), 183-201.

Ojala, M. (2021) Is the age of impartial journalism over? The neutrality principle and audience (dis)trust in mainstream news, *Journalism Studies, 22*(15), 2042-2060.

Parkinson, J. (2006). Deliberating in the real world: Problems of legitimacy in deliberative democracy. Oxford: Oxford University Press. Available: https://epdf.tips/deliberating-in-the-real-world-problems-of-legitimacy-in-deliberative-democracy.html.

Peters, J. Durham (2004). "The marketplace of ideas": A History of the concept. In A. Calabrese & C. Sparks(Eds.) *Toward a Political Economy of Culture: Capitalism and Communication in the 21st Century*(pp. 65-82). Lanham, MD: Rowman & Littlefield Publishers.

Pew Research Center (2021). Diversity and division in advanced economies. Available: https://www.pewresearch.org/global/wp-content/uploads/sites/2/2021/10/PG_2021.10.13._Diversity_Final.pdf.

Rae, M. (2021). Hyperpartisan news: Rethinking the media for populist politics. *News Media & Society, 23*(5), 1117-1132.

Reese, S., & Shoemaker, P. (2016). A media sociology for the networked public sphere: The hierarchy of influences model. *Mass Communication & Society, 19*, 389-410.

Reich, Z., & Barnoy, A. (2019). Disagreements as a form of knowledge: How journalists address day-to-day conflicts between sources. *Journalism, 22*(4), 882-900.

Reuters Institute (2021). Reuters institute digital news report 2021. 10th ed. Available: https://reutersinstitute.politics.ox.ac.uk/sites/default/files/2021-06/Digital_News_Report_2021_FINAL.pdf.

Rojecki, A., Meraz, S. (2016). Rumors and factitious information blends: The role of the web in speculative politics. *New Media & Society*, 18(1), 25-43.

Rawls, J. (2005/2016). Political liberalism. 장동진 옮김, 『정치적 자유주의』, 서울: 동명사

Schudson, M. (1978). Discovering the news. NY: Basic Books.

Schudson, M. (2011/2014). The sociology of news (2nd ed.) 이강형 옮김, 『뉴스의 사회학』, 서울: 한국언론진흥재단

Schwarzenegger, C. (2020). Personal epistemologies of the media: Selective criticality, pragmatic trust and competence-confidence in navigating media repertoires in the digital age. New Media & Society, 22(2), 361-377.

Sen, A. (2009). *The idea of justice. Cambridge*, MA: Harvard Univ. Press.

Seymour-Ure, C. (1974). *The political impact of mass media*. Beverly Hills, CA: Sage.

Steiner, L. (2018). Solving journalism's post-truth crisis with feminist standpoint epistemology. *Journalism Studies, 19*(13), 1854–1865.

van der Pas, D. J., van der Brug, W., & Vliegenthart, R. (2017). Political parallelism in media and political agenda-setting. *Political Communication, 34*(4), 491–510.

Voltmer, K. (2013). *The media in transitional democracies.* London: Polity.

Voltmer, K., & Sorensen, L. (2016). Mediatised transitions: Democratisation in an age of media abundance. Available: http://www.mecodem.eu/wp-content/uploads/2015/05/Voltmer-Sorensen-2016_Mediatised-transitions.pdf.

Waisbord, S. (2006). In journalism we trust? Credibility and fragmentation in Latin America. In K. Voltmer(ed.), *Mass media and political communication in new democracies*(pp. 76–91). Abingdon: Loutledge.

Waisbord, S. (2013). *Reinventing professionalism: Journalism and news in global perspective.* London: Polity.

Waisbord, S. (2018). Truth is what happens to news: On journalism, fake news, and post-truth. Journalism Studies, DOI: 10.1080/1461670X.2018.1492881.

Ward, S. J. (1997). Being objective about objectivity: The ironies of standpoint epistemological critiques of science. *Sociology, 31*(4), 773–791.

Ward, S. J. (2015). *The invention of journalism ethics.* 2nd ed.. Montreal & Kingston: McGill-Queen's Univ. Press.

Ward, S. J. (2019). Objectivity and bias in journalism. In H. Önebring(Ed.), *The Oxford encyclopedia of journalism studies*(pp. 1243-1259). Oxford: Oxford Univ. Press.

Wikipedia, Manufactured controversy. Available: https://en.wikipedia.org/wiki/Manufactured_controversy.

Wilson, A. E., Parker, V. A., & Feinberg, M. (2020). Polarization in the contemporary political and media landscape. *Current Opinion in Behavioral Sciences, 34*, 223–228.

Wright, K. (2011). Reality without scare quotes: Developing the case for critical realism in journalism research. *Journalism Studies,* 12(2), 156-171.

Zaller, J. (2003). A new standard of news quality: Burglar alarms for the monitorial citizen. *Political Communication,* 20, 109–130.

Zelizer, B. (2018). Resetting journalism in the aftermath of Brexit and Trump. *European Journal of Communication, 33*(2), 14–156.

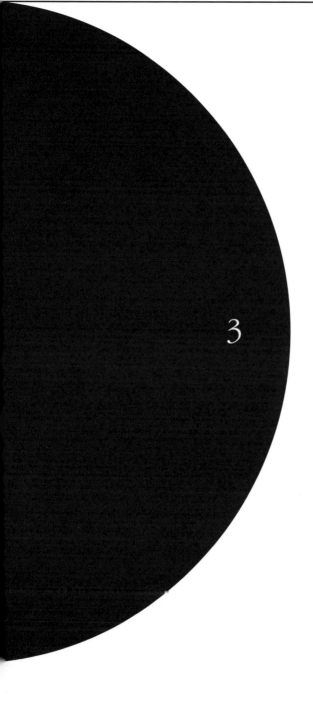

심영섭(경희사이버대학교 겸임교수)

3

공영방송과
거버넌스

둘째로 제작 실무자의 제작 자율권인 발제권과
프로그램을 제작할 권리, 부당한 지시를 거부해도
인사에 따른 불이익을 당하지 않을 권리를 보장하는
편성규약과 법 제도적 보장이 필요하고, 이들의
직능대표성과 제작 자율권 보장을 위한
제작자 대표위원회와 제작자 대표의 구성을 명문화하는
법 개정이 필요하다. 어쩌면 정치권이 공영방송에 대한
영향력을 포기하지 않으려는 근본적인 이유는
공영방송 종사자들이 제작 자율권을 보장받을 경우,
자신들이 공영방송을 도구화하거나 경영과 인사에
직접적인 통제력을 잃을 수 있기 때문일 것이다.
그러한 의미에서 완전한 제작 자율권 보장은 공영방송
거버넌스 구조에서 매우 중요한 의미를 차지한다.

1. 왜 아직도 '공영방송'인가?

곁에 있어 줄 친구

공영방송하면 떠오르는 생각을 적으라고 한다면, 사람마다 떠올리는 단어가 다를 것이다. '정성을 다하는 방송', '국민의 방송', '친구 같은 방송'에서부터 '돈 먹는 하마', '할머니 방송', '옛날 방송'까지. 누구나 자신이 가진 경험치를 바탕으로 떠올릴 것이다. 그렇다면 과연 친구 같은 공영방송은 가능할까? 혹은 친구 같아지려면 어떠해야 할까? 공영방송이 친구라면, 친구는 친구가 바라는 것이 무엇인지 정확히 알고 그 곁에 머무는 존재일 것인데, 우리에게 KBS와 MBC, EBS, TBS는 그런 존재일까?

우크라이나 하르키우시에 갇혀 43일 간 폭격을 견딘 스베틀라나 씨는 매일같이 쏟아지는 러시아군의 포화에도 불구하고 품위 있게 생존하기 위해 일기를 쓴다. 그러나 미디어 이용은 거부한다. 우크라이나 TV를 통해서 전해지는 정보는 죽음의 행렬이다. 그래서 애써 미디어를 외면한다. 그들에게 필요한 것은 오늘 어느 지점에 가면 구호 물품을 받을 수 있는지, 의약품을 교환할 수 있는 장소는 어디인지, 아직 멀쩡한 방공호는 남아 있는지와 같은 생존을 위한 정보이다. 마치 곁에 있는 친구처럼 스베틀라나와 그의 가족이 바라는 것을 말하지 않아도 가져다줄 수 있는 존재가 필요하다. 차분하게 상황을 판단할 수 있는 정보가 있다면, 반복되는 폭력으로 옆집과 앞집이 사라지고 창문이 깨져도 이성을 잃지 않고 자신을 지킬 수 있기 때문이다. 그러나 그 어디에도 품위 따위를 지켜주는 친구는 없다. 유일한 탈출구는 모바일을 통해 러시아에 있는 친구 사샤에게 보내는 일기문자가 전부이다. 인권운동가인 사샤는 스베틀라나가 보낸 문자를 사회적관계망을 통해 세상에 알린다. 그렇게 스베틀라나는 세상으로 통하고 있다. 스베틀라나 옆에는 공영방송도 신문도 그 아무것도 없었다(임지영, 시사인 2022.7.6). 2022년 우크라이나 전쟁 보도를 생각하면 자연스레 2014년 침몰하던 세월호 사건 보도를 떠올리게 된다. 4월 16일 새벽, 세월호에 승선한 승객들 곁에 머물러 준 미디어는 그 어디에도 없었다.

우리에게 공영방송은 무엇인가? 매번 던지는 질문이지만, 쉽게 답하기는 어렵다. 아직 우리 곁에 없지만, 언젠가 도래할 희망일까? 혹은 공영방송에 너무 많은 기대를 하는 것은 아닐까? 공영방송은 우리가 그 어떠한 상황에서도 이성을 갖고 품위를 지킬 수 있도록, 인간으로서 최소한의 존엄성을 지킬 수 있도록 곁에 머물러주는 존재일까? 혹은 등대처럼 미래의 희망을 비춰주는 존재가 될 수 있을까?

미디어를 통해 바라본 세상이 매일같이 주검이 전시되고, 절망만 가득하다면, 미디어는 좌초될 것이 뻔한 바닷길로 사람들을 몰아가는 사신死神일 것이다. 공영방송이 사신이 아닌 희망의 등대로 작동하기 위해서는 무엇이 필요할까? 등대지기가 어둠 속에서 빛을 비출 수 있는 것은 등 뒤로 해가 지면 불을 켜고 해가 뜨면 불을 끄는 일을 스스로 판단할 수 있기 때문이다. 온갖 난장이 펼쳐져도 공영방송이 묵묵히 자기 역할을 하도록 보장해 준다면 말이다. 우리는 이를 독립성이라고 부른다. 공영방송의 독립성은 관리 감독의 자치성, 재원의 독립성, 제작의 자율성 보장이라는 세 가지 조건에서 굳건하게 구축될 수 있다. 독립적이지 않은 공영방송은 곁에 있을 수 없다.

공영방송이 처한 위기 상황

1990년대부터 시작된 상업방송의 약진은 시청자에게 다양한 콘텐츠를 제공하는 계기가 되었다. 노동으로 지치더라도 쉼터에서 소소한 즐거움을 얻을 수 있다면, 벌이가 시원치 않아도 다시 일어날 힘을 얻는 것이다. 케이블방송과 위성방송, 온라인에서 다양한 동영상서비스가 제공되면서 볼거리는 폭발적으로 늘어났고, 이제는 누구나 자신이 가진 단말기로 필요한 놀이감을 얻을 수 있다. 그러나 상업방송의 무한 질주에도 불구하고 수용자들이 공허함을 채울 수 없는 건, 매일같이 설탕과 조미료에 저린 간편식만 먹을 수 없듯, 즐거움 뒤에 오는 허기짐을 채울 수 있는 영양분이 있어야 하기 때문이다. 넷플릭스와 디즈니플러스, 웨이브, 티빙 같은 다양한 OTT가 등장하고, 매일같이 유튜브와 아프리카티비에서 헐벗은 젊은이들이 질주하는 동영상이 넘쳐나지만, 돈벌이에 급급한 상업미디어는 수용자가 필요로 하는 영양분을 챙길 시간이 없다. 어쩌면 OTT는 디지털미디어 기술 발달이 가져올지도 모르는 '공영방송의 새로운 르네상스'(Donges & Puppis, 2003, p.10)를 가능케 하는지도 모른다. 민주주의 사회체계가 유지되고, 지금처럼 시장경제사회가 지배적 사회형성체로 기능한다면, 공영방송은 여전히 민주주의에 영양분을 공급하는 수원水源일 것이다(Langenbucher, 1990).

공영방송은 다양한 위기에 직면해 있다. 첫째는 상업화이다. 디지털미디어 시장의 확장으로 미디어 기업은 콘텐츠 생산과정에 산업자본의 강력한 영향을 받는다. 이제는 광고주보다는 콘텐츠를 모아서 플랫폼에 띄우는 사업자의 영향력이 더 강력해졌다. 다양한 플랫폼은 마치 달콤한 속삭임처럼 수용자를 중독시키고 편식을 부추긴다. 문화적으로는 소비문화, 특히 간편식에 익숙해져 즉흥적이고 개인적인 소비를 촉진시킨다. 이러한 취향 소비는 필연적으로 영향 결핍으로 연결된다. 경제적으로는 소비시장에서의 비교우위를 선점하기 위해 미디어 기업도 가격대비 효용성을 강조하고, 되도록 저렴한 가격에 중독성 강한 콘텐츠를 결합하여 제공한다. 그래서 비슷해 보이지만 조금씩 달라 보이는 콘텐츠가 시장에 넘쳐나고, 수용자들이 유행 따라 몰려다니도록 길을 인도한다.

미디어는 본래 여론형성에 필요한 최소한의 정보를 제공하는 역할이 아니라, 기본적인 정보를 제공함으로써 '인식의 토대'가 될 수 있는 자양분을 공급해야 한다. 그러나 상업화된 미디어 환경에서는 정치혐오를 부추기고, 정치적 무관심을 넘어서 편식을 유인하는 콘텐츠가 넘쳐난다(Pfetsch, 1991). TV를 켜면 지구 곳곳에서 남녀는 색을 탐하고, 게걸스럽게 무언가를 끊임없이 섭취하고 있고, 원시림 구석구석을 파헤치고 다닌다. 그것도 모자라면 온갖 해괴한 '세상의 이런 일'을 꾸며낸다. 그들은 시청자를 그렇게 취하게 만든다.

물론 새로운 이야기는 아니다. 그러나 디지털미디어 환경은 이러한 문제를 더욱 두드러지게 만들고 있다. 아도르노가 주장하듯, 미디어는 수용자를 일상에서 '금치산자'로 만들고 있는지도 모른다(Adorno, 1944). 정치적으로는 편향 소비를 통해서 자신과 생각이 비슷하거나 최소한 동의할 수 있는 관점에서 만들어진 콘텐츠에 열광하지만, 다른 관점이나 비판에 대해서는 폭력적으로 집단 히스테리를 발산하게 만든다. 또 그러한 행위가 올곧은 정치적 신념으로 포장되기도 한다. 균형 잡힌 생각이나 영양분은 사치이거나 음모에 가깝게 치부된다. 이러한 의식조작이나 인식의 편향은 선거 과정에서 갈등 해소보다는 사회 분열을 일으키고, 결국은 혐오와 증오를 양산한다(Krueger & Zapf-Schram, 2002). 2009년 종합편성채널과 보도전문채널의 등장 이후에 한국 사회는 그렇게 요동치고 있다. 사회적으로는 패거리 문화가 만연하다. 정치적으로 편향된 콘텐츠는 팬덤과 정치적 게토를 확대하고(Saxer, 1998, p.10), 사회통합보다는 계층 간 차이를 확산시킨다.

둘째, 개인화이다. 미디어 환경변화로 갈수록 미디어 소비는 개별화한다. 가족이 모여서 함께 TV를 시청하던 시대는 지나가고, 이제는 맞춤형 콘텐츠를 자신이 가장 선호하는 단말기로 소비한다. 여기에는 인공지능을 활용한 추천 알고리즘이 매일같이 '이것도 맛보라'며 속삭이고, 우리 곁을 떠나면 외톨이가 될 수 있다고 은연중 압박한다(Blumer & Hoffmann-riem, 1992, p.23). 이러한 환경일수록 바람직하다는 것과 균형유지를 위한 '달지 않은' 영양분이 필요하다. 사회가 건강하게 유지되어야, 편향 소비도 포용할 수 있기 때문이다.

공영방송의 르네상스를 위한 길찾기

하지만 상업화와 개인화는 공영방송 체제에 대한 부정적인 인식이 확산되는 '정치적 기상도'와 직접 맞닥뜨릴 수밖에 없고, 공공 영역의 축소를 효율성으로 포장하는 신자유주의적 공공관리와 더불어 공영방송의 가치는 평가 절하되는 현상이 가속화된다(Kiefer, 1996, p.13). 공영방송과 같이 공적 재원을 통해 유지되는 방송은 효율적이지 않고, 사치에 불과하다는 인식이 팽배해진다. 이러한 비난에 지쳐갈 때쯤 공영방송은 상업미디어와 경쟁에 뛰어들게 되고, 기본공급이나 공공성이라는 가치보다는 개인적 소비 취향에 편승하여 무의미한 정보를 양산하게 만든다(Holtz-Bach & Norris, 2001, p.136). 중요한 것은 공영방송 종사자들도 먹고사는 문제에 매달리게 만든다. 술 권하는 사회처럼 술 권하는 정치, 술 권하는 행정은 공영방송을 상업성이라는 저렴한 알코올에 취하게 만들고, 수용자는 술 취한 술 권하는 자들의 헛발질에 지쳐 등을 돌린다. 이러한 환경에서 공영방송은 최소 공급을 유지하는 것을 위안 삼는다. 그 즈음 공영방송은 상업미디어와 경쟁하지만 수용자에게는 조금은 덜 여물고 즐겁지도 않은 뭔가 많이 부족한 콘텐츠를 제공하는 그저 그런 사업자로 평가받으면서 나락으로 추락하는 것이다. 공영방송에 상업재원이 많이 유입될수록 이러한 문제는 더욱 강화된다. 이쯤되면 공영방송 종사자들은 공적 보조금을 조금이라도 더 받아 내고, 퇴직 후에는 자신들에게 공공 일자리를 보장해 줄 행정부와 정치권에 필사적으로 매달리게 된다. 그렇게 정치후견주의는 무한궤도를 돈다.

한편으로는 다른 주장도 있다. 유튜브와 넷플릭스로 대표되는 OTT 시대에 수많은 콘텐츠가 공급되면 여론 다양성은 충분히 보장된다는 견해이다. 결론적으로 그렇지 못하다. OTT시대를 살아가는 이용자의 정치적 관심사는 그 어느 때보다 높아졌고, 쌍방향 소통이 강화된 환경에서 자신이 지지하는 정당이나 정치인, 집단에 대한 충성도는 그 어느 때보다 높아졌다. 그러나 과연 나의 선택이 공동체를 위해, 국가를 위해 올바른 방향인지에 대해서 종합적으로 판단할 수 있는 능력은 점점 더 약화되고 있다. 정치혐오와 정치적 의제 회피 현상은 증가하고, 투표마저도 기피한다.

디지털화 상업화된 환경에서 공영방송은 '정치 공론장의 양심'이자, 수용자에게 상업미디어가 제공할 수 없는 부족한 자양분을 제공하는 '주춧돌'이 되어야 한다. 공영방송이 민주주의 사회에서 등대로서 역할 할 수 있는 조건이 충족되어야 한다. 몇 가지 조건을 생각해볼 수 있다.

첫째, 디지털 미디어 환경에 맞게 진화해야 한다. 공영방송은 디지털 미디어 환경이라는 큰바다에 갇힌 섬과 같다. 그렇다고 섬으로 만족해도 되는 건 아니다. 공영방송도 디지털환경에 맞는 전략을 수립해야 하고, 공영방송의 관리감독 기구는 이러한 방향성을 탐구하고 새롭게 발견해 나갈 수 있는 혜안을 주어야 한다. 둘째, 콘텐츠 전략의 수립이다. 수용자는 공적재원으로 운영되는 공영방송이 또 다른 상업미디어가 되길 기대하거나 희망하지 않는다. 수용자가 희망하는 공영방송은 상업미디어가 제공하지 않거나 못하는 프로그램과 콘텐츠를 제공하는 것이다. 그렇다고 상업미디어와 다른 장르만 개척하라는 것은 아니다. 다른 각도에서 관점과 효용성을 찾아보라는 것이다. 정치 공론장의 균형유지와 사회통합을 위한 다양성 제공, 창의적인 이야기거리를 찾는 일은 안정된 재원을 보장받는 공영방송이 할 수 있는 적합한 영역이다. 셋째, 공영방송은 수용자에게 상업미디어를 이용하지 않고도 충분한 보상이 될 수 있어야 한다. 사회적으로 다수가 수용할 수 있도록 상업미디어보다는 높은 수준의 콘텐츠를 제공하는 '섬세한 균형유지'(Donges & Puppis, 2003, p.15)가 필요하다. 사회적으로 필요한 것이 무엇이고, 시의성이 충분한 내용물인지, 현재의 제작 능력으로 감당할 수 있는 것인지를 매번 새롭게 판단하고, 섬세하게 국면을 전환해가야 한다.

이를 위해서 공영방송 종사자들은 익숙한 관행, 뻔한 목표를 버리고, 상업미디어보다도 더 혁신과 생존을 위한 창의적 작업을 해야 한다. 그래야 상업미디어와의 경쟁에서 생존할 수 있다. 소설 『스밀라의 눈에 대한 감각』에서 페터 회Peter Hoe가 푸념하듯, '국가를 위해 헌신하는 사람들에게 국가는 언제나 저렴한 보상'을 해왔듯, 공적재원은 항상 부족하다. 공영방송이 상업미디어와 내용적 재정적으로 경쟁하는 것도 불가피하다. 비용대비 효용성도 따져야 한다. 그러나 이러한 환경에서도 방향성이 명확해야 하고, 무엇보다 창의적이고 혁신적이어야 한다. 그래야만 공영방송이 가치를 증명할 수 있다.

이를 위해서는 공영방송이 등대의 역할로 회귀할 수 있도록 제도화가 필요하다(Porter, 1999, p.36; Donges & Puppis, 2003, p.12). 그러나 공영방송은 오랫동안 정치 후견주의에 끌려다녔고, 디지털 미디어 환경에서는 정치적 양극화와 신자유주의적 효율화 요구속에 방향을 잃어가고 있다. 그 중심에 공영방송 관리 감독을 위한 거버넌스[Governance]가 논란의 중심에 서 있다.

2. 좋은 공영방송을 위한 바람직한 정책이 필요한가?

정책은 미래의 바람직한 상태를 실현하기 위한 과학적 정책수단을 권위 있는 정부 기관이 설계하는 작업이며, 해당 기관이 무엇을 해야 하는지에 대해 설명하는 활동지침을 만드는 것이다(권기헌, 2008). 디지털 미디어 환경에서 정책은 국민에게 통치 권한을 위임받은 정부가 '가장 바람직하다'라고 판단하여 결정하는 행위 이상의 접점이 필요하다. 디지털 미디어 환경은 기존의 아날로그 미디어 환경과 달리 시장에서의 불확실성과 시민사회의 다양한 요구를 정부의 통치행위만으로 설명할 수 없다. 1990년대 이후 국가와 사회부문의 혼합과 중첩, 사회 환경의 복잡성과 불확실성의 증가, 사회구조와 기능의 분화와 다양화, 네트워크화, 디지털화 등으로 국가와 시장, 사회의 총체적인 행위 형태가 일방적인 국가권력의 통치만으로는 해결하기 불가능해 졌기에, 이에 대한 대응으로 시민사회가 행정에 참여하는 '협치'라는 개념이 중요하게 등장한다. 그러나 '협치'는 전통적 행정 행위인 통치 를 대체하는 것이 아니고, 오히려 사회적으로 증가하는 불확실성과 불 규칙성을 줄이고 유동적인 사회현상과 시장의 불안전성을 국가가 조 정하는 임무를 수행할 수 있도록 보완하는 것이다(이명석, 2002, 335쪽).

정책에서 협치는 과거 정부가 추진한 통치 행위인 공기업 운영과 민간 부문에 대한 규제와 같은 직접적 정책수단으로부터 민간과 협력 을 통해서 정책목표를 달성할 수 있는 위탁계약, 정부보험, 조세지출, 바우처voucher, 거래권, 공공정보 제공, 집단배상 등과 같은 간접적 정 책수단으로 변화하는 것을 의미하며(Salamon, 2002), 때로는 정부가 '내 외부적 제약에도 불구하고 이익을 추구하는 능력과 사회운영의 방식' 을 환경 변화에 맞게 변화시키는 것을 의미한다(Pierre & Peters, 2000, pp.6-7). 이러한 의미에서 협치는 정부가 직접 제도를 운용하면서 공공 서비스를 제공하던 방식과 다르게 정부의 공적 권위를 바탕으로 민간 영역에서도 공공 서비스가 수행될 수 있도록 설계하는 '공적 권위의 활동'이라고 정의할 수 있다(Denhardt & Denhardt, 2007, p.86).

미디어 영역에서의 거버넌스는 미디어 정책을 설명하는 학술적이 고 분석적인 관점을 제공하는 분석의 '현미경'(Donges, 2011, p.14)으로 활용되고 있으며, 사회변화에 맞는 미디어 정책을 설명하는 분석 틀로 활용된다. 미디어 거버넌스를 "특정한 제도적 구조에서 다수 혹은 소수의 독립적인 행위자들이 협력적 행위를 하는 메커니즘과 효과"(Trute & Kuehlers, Pilnick, 2008, p.174)로 보기도 하는데, 이는 다양한 이해 관계자들이 서로 협력하여 문제를 해결하는 행위와 결과를 의미한다(Donges, 2011, p.15).

미디어 거버넌스에서 제도의 구조화는 크게 세 가지 경향을 띤다(Lange & Schmank, 2004, p.22). 첫째는 상호견제와 조정으로 행위자 사이의 다양한 이해관계를 조정하는 것이고, 둘째는 상호영향으로 권력과 자본, 지식과 권위, 미디어의 상호행위에 대한 합의를 도출하기 위한 접근이며, 셋째는 상호 타협으로 행위자 사이에서 행위에 대한 약속을 만들어 내는 것이다.

이러한 미디어 거버넌스에서 협상의 형태는 네트워크 구축과 자율적인 통합과 조정, 다수에 대한 조정, 합법적인 위계질서에 의해 진척되는 경향이 존재한다(Mayntz& Scharpf, 1995, pp.61-62). 이러한 의미에서 국가와 민간영역에서 활동하는 이해 관계자의 사회적 물리적 행태를 집단적 규칙으로 분류할 수 있는 유형은 여러가지가 병렬적으로 존재할 수밖에 없다. 정치는 일반적으로 주도적으로 행동하는 형태로 통치를 의미하지만, 수직적인 위계질서는 수평적으로 변화하는 추세이며, 국가의 통치가 민간 영역으로 확장되면서, 자치와 국가권력과 민간 영역의 협치로 확대되는 추세이다.

정책은 필요성과 목적에 맞게 설계되어야 한다(Just & Latzer, Sauwein,

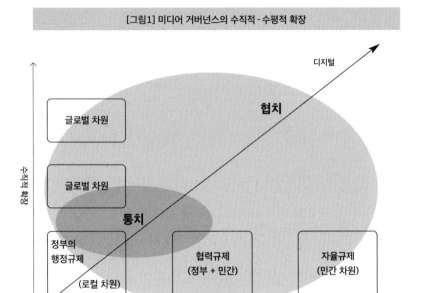

[그림1] 미디어 거버넌스의 수직적 - 수평적 확장

디지털

협치

글로벌 차원

수직적 확장

글로벌 차원

통치

정부의
행정규제

(로컬 차원)

협력규제
(정부 + 민간)

자율규제
(민간 차원)

아날로그

수평적 확장

출처: Puppis, 2007, 62쪽을 바탕으로 재구성

2007, p.121-123). 만일 정책 목적을 명확히 했다면, 다음에는 해당 정책
을 추진할 범위와 주체를 정한다. 추진해야 할 정책의 범위가 자국에
서만 영향을 미치는 사안인지 혹은 여러 국가 사이에, 국제적 규모로
파생할 수 있는 정책인지 살펴보고, 정책과정도 단순한 기준 제시인
지 사전적 규제 혹은 사후적 규제가 필요한 내용인지를 살펴봐야 하
며, 제재 수단은 무엇이 있는지 검토해야 한다. 공영방송의 거버넌스
개선도 도달하고자 하는 목표가 무엇인지 명확해야 하고, 현재의 제

도가 갖는 문제점을 어떻게 개선할지, 구체적으로 개선은 가능한지에 대한 세밀한 분석과 실행 방안이 함께 제시되어야 한다.

3. 공영방송 거버넌스 개선을 위한 다양한 시도

바람직하지 못한 현실

방송법을 비롯한 관련 법령에 따라서 구성된 우리나라 공영방송의 이사회는 다음의 [표1]과 같다. 공영방송 이사는 각 공영방송을 감독하고 사장을 선임하는 역할을 맡으며, 이들은 형식상 방송통신위원회가 추천한다.

공영방송 이사회 구성에 중요한 역할을 하는 방송통신위원회는 방송통신위원회의설치및운영에관한법률 제4조에 따라 5명의 상임위원으로 구성되는데, 위원장을 포함한 2명의 위원은 대통령이 지명한다. 다른 3명의 위원은 국회에서 여당이 1인 야당이 2인을 추천하여 본회의에서 임명 동의를 한다(동법 제5조 제2항). 결국, 방송통신위원회는 대통령과 집권여당에서 임명하는 3명의 위원과 야당이 임명하는 2명의 위원으로 구성되며, 위원회 의결 방식으로 재적위원 과반수의 찬성으로 의결(동법 제13조 제2항)하기 때문에 중요 사안이나 첨예하게 의견이 대립하는 사안에서는 여야 3 : 2의 구도로 결정을 한다. 또한, 이 경우에 대통령과 집권여당의 의견이 관철되는 경우가 대부분이다. 본래

[표1] 공영방송의 현행 거버넌스

방송사	KBS	MBC	EBS
근거 법률	방송법	방송문화진흥회법	한국교육방송공사법
이사회의 구성	이사 11인 (방통위 추천, 대통령 임명)	이사 9인 (방통위 임명)	이사 9인 (방통위 임명)
이사장 선출	이사회에서 호선	이사회에서 호선	이사회에서 호선
이사회 의결 방식	과반수 찬성	과반수 찬성	과반수 찬성
사장 임명	KBS이사회 제청 대통령 임명	방송문화진흥회 이사회 추천	방통위원장이 방통위원 동의를 얻어 임명
이사회 구성 결과에 있어서 여:야 비율	7:4	6:3	6:(1):2

* 방통위 = 방송통신위원회

방송통신위원회를 정부조직법을 통해 독임기구로 설치하지 않고, 별도의 법령을 통해서 협의기구로 만든 것은 정치적 이해관계에 따라서 정략적인 선택을 하지 않도록 하기 위함이고, 모든 결정을 합의를 통해 가장 바람직한 결정을 내리도록 독립성을 보장한 것이다. 그러나 정치후견주의로 불릴 만큼 방송통신위원회는 여야 3 : 2 의사결정 구조가 일상화되어 있으며, 공영방송 이사회 구성 과정에서도 결국은 정부와 여야 정당의 이해관계가 관철될 수밖에 없는 구조이다. 실질적으로 여야의 정치적 후견을 받는 후보를 여야가 암묵적으로 나누어 가진 비율로 추천하면, 방송통신위원회는 추인하는 과정이다. 이렇게 구성된 공영방송의 이사회는 '과반수 찬성 의결'이라는 각 이사회 의결방식과 맞물리면서 결국 대통령과 집권 여당이 방송통신위원회에 영향력을 행사하고, 다시 방송통신위원회는 공영방송 이사에게 영향력을 행사하여 공영방송 사장을 수직적인 의사결정체계로 지휘할 수 있는 구조가 만들어진다. 왕조 시대의 엽관제도와 다름없는 정치후견주의가 지배하는 공영방송의 수직적 의사결정 체계에서 시민의 참여나 시민의 감시가 이루어지기는 한계가 있다(조항제, 2014). 즉, 정치권의 입맛에 맞는 후보가 이사로 선임되도록 강력한 영향력을 행사하고, 이렇게 구성된 이사들에게 직간접적으로 정치적 이익을 전달하여 이사회에서 관철시키는 방식은 당파에 따라서 인사를 추천하던 시대의 유물이기 때문이다.

공영방송 이사회 개혁을 위한 제안과 입법 발의

한국방송학회 '미디어제도개선연구특별위원회'는 KBS와 방문진 이사를 15명으로 확대하고 여:야 추천 비율을 8:7로 제안했다. 독일 ZDF의 방송평의원 60명처럼 이사회 인원을 대폭 증원하여 공영방송사의 감독기구가 최대한 다양한 이해집단의 대표들로 구성되도록 하는 방식이 바람직하다는 주장도 있다. 이 경우에 여야 추천비율을 최소화하는 대신 시민사회, 전문가 집단, 직능대표, 지역대표, 공영방송사 자체에서 이사를 추천토록 하고, 이사 지위 자체를 최소한 활농비만을 보장하는 명예직으로 변경시키자는 제안도 있었다(유홍식

2017). 유사한 사례로 공영매체지주회사를 설립하고 거버넌스로 공영매체평의회를 구성하자는 방안도 제안되었다(정준희 2017). 공영매체지주회사의 이사회격인 공영매체평의회는 전문성, 대표성, 독립성, 시민 참여 등을 고려하여 2020년 총선 시기에 맞물려 총 45인 평의원을 선출하고(첫 임기 2년, 이후 지역자치선거 일정에 맞춰 4년 임기로 선출, 자율성평의원에 한해 임기 3년), 위원 구성에서 지역평의원과 정치대표평의원, 자율성평의원으로 좀 더 세분화하자는 주장이다. 더 나아가 공영방송 이사 숫자를 3.1운동을 이끌었던 민족대표 수만큼 상징적 의미에서 33명으로 늘이고 여야는 1인씩 추천을 하고, 다른 인사들은 학계, 언론계, 시민단체, 지역대표 등에서 추천하는 방식도 제안됐다(김창룡 2017).

이러한 제안들의 특징은 공영방송 거버넌스 개선에 주로 초점이 맞춰져 있다. 물론 제작자율권이나 공영방송 내부에서 내적 다원주의를 어떻게 실천할 것인지에 대한 부분을 좀 더 심층적으로 제시한 부분도 있지만(김민정, 2017; 유홍식, 2017; 정준희, 2017), 공영방송에 대한 대다수 연구와 제안은 지나칠 정도로 여야의 이사 추천 비율을 어떻게 조정할 것인지와 사장 선임을 어떻게 할 것인지에 대해서만 초점을 맞추고 있다. 이러한 논의의 한계를 극복하기 위한 대안으로 자주 독일식 방송평의회 방식을 도입하자는 주장이 제기되지만, 실제로 독일식 방송평의회의 독립성이나 사회적 대표성, 운영 효율성보다는 여전히 이사 수 증원과 추천 방식에 대한 모방적 제도 도입에만 집중하고 있다(김창룡, 2017).

국회에서는 제20대와 제21대에만도 다양한 공영방송 이사회 추천 방식과 사장 선출방식에 대한 개선안이 제시되었다. [표2]에서와 같이 박홍근 의원이 대표로 2016년 7월 21일에 162명 의원 동의로 발의한 개선안은 KBS, MBC, EBS의 이사회 이사수를 모두 13명으로 증원하여 구성하고, 이사는 '방송에 관한 전문성, 지역성 및 사회 각 분야의 대표성을 고려하여' 여당이 7명, 야당이 6명을 추천하도록 했다. 현재 방식과 비교할 때, 이사 숫자와 추천방식이 달라질 뿐만 아니라, 이사 추천 기준도 구체적이다. 각 공영방송별 13명 이사를 국회에서 여·야가 나누어서 추천하는 방식은 기존의 '대통령과 집권여당 → 방송통신위원회 → 이사'로 이어지는 수직 체계보다는 조금 더 대의민주주의에 가깝지만, 그동안 관행적이고 암묵적으로 행사되던 정치후견주의를 아예 입법을 통해서 보장한 측면이 있다. 반면 사장 추천은 이사회에서 15인으로 구성된 사장추천위원회를 구성하여, 사장추천위원회의 2/3찬성으로 사장후보를 추천하면, 이사회에서 2/3가 동의하여 대통령에게 혹은 방송통신위원장에게 사장후보를 추천하는 방식을 제안하고 있다. 일명 특별다수제를 도입하자는 의견이다. 박홍근 의원 발의안은 더불어민주당이 야당 시절에 발의한 내용으로 합리성이 있다는 평가를 받았지만, 회기 종료로 입법화되지는 못했다. 제21대 국회에 들어서 여야가 바뀐 이후, 이번에는 야당이 된 국민의힘 박성중 의원 발의안으로 박홍근 의원안과 동일한 입법안이 국회에 제출되었다. 두 법안에 차이가 있다면 KBS사장 임면권자를 대통령에서 KBS이사장에게 부여하는 조항에만 차이가 있었다. 집권당이 된 더불어민주당에서는 정필모 의원이 박홍근 의원 대표발의안에 사장

추천위원회를 좀 더 구체화시킨 조항을 추가하여 대표발의안을 내놓았고, 전혜숙 의원은 기존의 제안보다 더 진전시켜서 여야추천 이외에 방송통신위원회와 미디어관련 단체, KBS경영진과 노동조합에도 추천권을 부여하는 개선안을 제안했다. 그러나 2022년 3월 선거를 통해 야당인 국민의힘이 집권당이 되고, 그사이 야당이 된 더불어민주당은 정필모 의원이 새롭게 대표발의한 법안을 당론으로 채택했는데, 이 법안은 전혜숙 의원 대표발의안보다 더 앞서 나가서 이사회 구성에서 직능단체와 전문가 단체가 공영방송 이사를 추천할 수 있는 방식을 제안했다. 새롭게 여당이 된 국민의힘은 박성중 의원 대표발의안을 사실상 조용히 폐기하고, 정필모 대표발의안도 거부했다.

그동안의 입법 발의안은 기존의 방송법의 범위에서 이사회 구성에 대한 방식과 사장 추천, 사장 선출 방식에 대해 조금씩 치이를 두었지만 입법 취지는 유사했다. 또한 한국방송공사 거버넌스 말고도 문화방송의 대주주인 방송문화진흥회와 한국교육방송공사 거버넌스 구조에 대한 개편안도 박성중, 정필모 의원에 의해서 대표 발의되었는데, 개편 취지와 방향은 한국방송공사와 동일하였다. 그러나 전혜숙 의원 대표발의안에서 추천 주체를 국회와 방통위 이외에 KBS의 노사 양측과 미디어 관련 단체에 보장하도록 함으로써, 추천 주체 다양화가 처음으로 시도되었다. 2022년 4월에 더불어민주당 당론으로 채택된 정필모 의원 대표 발의한 「방송법」, 「방송통신위원회의 설치 및 운영에 관한 법률」, 「방송문화진흥회법」, 「한국교육방송공사법」 일부 개정 법률안은 이사회 구성과 관련하여 과거 제도와 비교해 볼 때, 정

[표2] 제20~21대 국회에서 발의된 공영방송(KBS) 거버넌스 개선방안

이사회 구성	이사회 구성	사장 선출	사장추천위원회	주요사항
박홍근 의원 대표발의안 (20대, 2016.07)	정부여당 7인, 야당 6인 추천(13인) 대통령 임명	사추위 2/3 찬성 추천. 이사회 2/3 찬성, 국회 인사청문회, 대통령 임면	이사회에서 사장추천위원회 15인 구성, 2/3찬성으로 후보 의결(특별다수제)	사장 임면제청, 감사 임명제청, 부사장 임명 동의, 사장추천위원회 구성 명시, 속기록과 회의록 작성 공개, 이사 임기 3년 1회 연임
박성중 의원 대표발의안 (21대, 2020.08)	정부여당 7인, 야당 6인 추천(13인) 대통령 임명	사추위 2/3 찬성 추천. 이사회 2/3 찬성, 국회인사청문회, 이사장 임면	이사회에서 사장추천위원회 15인 구성, 2/3찬성으로 후보 의결(특별다수제)	사장 임면제청, 감사 임명제청, 부사장 임명 동의, 사장추천위원회 구성 명시
정필모 의원 대표발의안 (21대, 2020.11)	이사후보추천국민위원회에서 이사 13인 추천 → 방통위 제청 대통령 임명	사추위에서 복수추천한 사람 중 이사회가 2/3 이상 찬성으로 임명 제청, 국회 인사청문회, 대통령 임명	이사회에서 공모를 통해 100인으로 사장후보추천국민위원회 구성	사추위가 복수후보를 추천한 뒤, 3개월 동안 이사회에서 2/3이상 찬성을 얻는 자가 없으면, 과반수 의결로 사장 임명제청
전혜숙 의원 대표발의안 (21대, 2021.03)	정부여당 4인, 야당 3인, 방통위 전원합의 2인, 미디어 관련 단체 2인, KBS 1인, 교섭단체노동조합 1인 추천(13인) 대통령 임명	사추위 추천 의견 70% 반영하여 이사회에서 추천, 국회 인사청문회, 대통령 임명	사장후보시청자평가위원회를 150~200명으로 구성(홀수)	사장 임면권 명시, 이사 추천 시 전문성, 대표성, 지역성, 성별 균형유지, 속기록 후 회의록 공개 이사 임기 3년, 1회 연임
정필모 이원 대표발의안 (21대, 2022.04)	<운영위원회> 국회 교섭단체 7인 (여4, 야3), 비교섭단체 1인, 방송&미디어학회 3인, KBS시청자위 3인, 방통위 7인	사추위에서 복수추천한 사람 중 운영위원회가 2/3이상 찬성으로 임명 제청, 국회 인사청문회, 대통령 임명	시청자사장추천평가위원회를 구성(별도의 내규 제정)	운영위원은 전문성, 지역성, 대표성을 고려하여 임명하고, 특정 성별이 7/10 초과 금지 사장추천 2회 이상 부결시 대통령령으로

(방송협회 2인, KBS 종사자대표2인, 방송 기자연합회 1인, 한국 피디연합회 1인, 한국 방송기술인연합회 1인), 대한민국시도 의회의장협의회 4인 추천(25인) 방통위 임명			정한 규칙에 따라서 공론조사 방식으로 사장후보자 임명 제청

치권의 직접적인 공영방송 거버넌스 구성에서의 영향력 행사를 제한하고, 사회적으로 다양한 주체가 이사('운영위원')를 추천할 수 있도록 법제도화를 추진했다는 점에서 새로운 패러다임을 제시하였다. 정필모 대표발의안은 이사의 수(법안에서는 '운영위원회 위원'의 수)를 25명까지 대폭 확대하여, 정치인이 임명할 수 있는 인원의 수를 전체의 1/3로 줄이고 나머지 2/3에 대해서는 방송 분야 관련 직능단체와 현업 단체에서 직접 추천을 받아서 전문성을 갖춘 인사로 이사회('운영위원회')를 구성하는 방안을 제시하고 있다. 이러한 방식은 그동안 이사회('운영위원회') 구성 과정에서 관행적으로 이어오던 정치적 후견주의를 최소화하고, 대표성과 전문성을 가진 이사회('운영위원회')에 구성원이 공영방송을 관리 감독하는 역할을 부여함으로써, 정치적 독립성을 보장하려는 긍정적인 시도라고 할 수 있다. 그러나 이 법안에서도 이사가 될 수 있는 대표성을 직능단체로 한정하고 있고, 다양한 계층과 전문 영역에 대한 고려가 부족하다. 물론 이사회 구성에서 다양성과 전문성을 시행령을 통해서 보장할 수도 있지만, 모법에 없는 내용을 시행령에

위임하기에는 한계가 있다. 또한 더불어민주당 당론에서 제시된 이사회를 '운영위원회'로 바꾸는 것은 조금 뜬금없는 명명이라고 할 수 있다. 방송법을 비롯한 공영방송 설치와 관련한 근거법령에서 공영방송 3사(KBS, MBC, EBS)와 방송문화진흥회는 모두 법인(영조물 법인 또는 재단법인)으로서 이사회를 두어야 하기 때문이다.

공영방송 거버넌스를 이야기할 때 가장 많이 등장하는 것 중의 하나가 이사회 정원의 증원이다. 정필모 의원 발의안은 이사회(운영위원회)를 현재 9~11인에서 일률적으로 25인으로 확대하는 방안을 제시한다. 입법안에서는 정당 32%(8/25), 학회 및 관련 단체 52%(13/25), 시도의회의장협의회 16%(4/25)로 구성되어 있어서, 정치권의 직접 추천은 48%, 직능 및 현업단체의 추천은 52%로 현행 제도보다는 정치권의 직접 추천 비율은 현저히 낮아졌으며, 정치권의 추천 주체와 이사를 추천할 수 있는 직능 및 현업 단체를 명시적으로 밝힘으로써 대표성과 전문성을 확보하려고 시도했다. 그러나 이렇게 구성된 이사회('운영위원회')가 공영방송의 일상 업무를 관리·감독하는 것은 비효율적일 수 있다. 물론 이사회의 역할을 더 확대한다면, 이사의 수가 증원될 필요는 있다. 예컨대 공영방송의 운영을 방송통신위원회와 같은 외부 행정 규제기관으로부터 독립시켜서, 공영방송 이사회가 실질적인 관리감독과 협치를 할 수 있다면 이사회 정원은 대폭 늘어날 필요가 있다. 그러나 그 역할이 바뀌지 않고, 협치 제도가 공영방송 이사회 관련 법안 마련과 병행되지 않는다면, 이사회 정원 확대는 공적재원을 통한 운영비용 부담만 증가시킬 수 있다.

4. 공영방송 거버넌스의 시민참여

공공 영역에서의 시민참여

정필모 의원 등이 발의해 민주당이 당론으로 채택한 공영방송법안은 공영방송 사장 추천 과정에 시민의 참여를 대폭 확대하는 방안을 포함하고 있다. 이러한 법안이 나오기 이전에도 시민의 참여는 비공식적으로 허용되고 있다. 방송통신위원회는 공영방송 이사 선임 과정에서 이사직에 응모하는 후보자의 지원 서류를 접수한 후 이사직 응모자들의 자기소개서와 직무계획서를 방송통신위원회 홈페이지에 일정 기간 게시하여 시민의 의견을 받았다. 또한, KBS는 사장 후보 선임 과정에서 무작위 추첨을 통해서 시민으로 구성된 사장추천위원회를 운영한 경험이 있다. 정필모 의원이 대표 발의한 공영방송법은 이러한 비공식적 시민참여를 법률에 따라서 공식화하자는 제안을 담고 있다.

'국가권력으로부터의 독립'이 언론의 자유의 핵심이라면, 국가권력이 공영방송 이사와 사장을 뽑는 과정에 덜 관여하는 게 최상일 것이다. 여기서 한발 더 나아가 시민이 직접 공영방송 이사와 시장을 뽑는 과정에 참여할 수 있다면 진정한 의미의 협치가 구현될 수 있다.

시민참여는 정치공동체가 만들어지는 과정에서 시민이 정치적 결정 과정에 직접 관여하는 것을 의미한다. 하지만 '시민참여'라는 정의는 정교하게 다듬어진 개념이라기 보다는 사회적으로 흔히 목격할 수 있는 현상 형태이기는 하다. 문제는 현실에서 자주 목격된다고 해서 곧바로 정교한 정의가 정치학이나 그 어떠한 사회과학적 연구결과에서 제시되지는 못하고 있다. 사정이 이렇다 보니 '시민참여'는 그동안 현상 행태를 기본적으로 기술하기 위해 '어느 정도 합의할 수 있는 개념 정의' 정도를 시도했을 뿐이다. 예컨대 시민이 자발적으로 참여하여 촛불을 들고 오랫동안 시위를 하여 무능하고 부패한 정권을 교체한 경험도 하나의 시민참여이고, 매일 아침 초등학교 앞 건널목에서 아이들의 등교 지도를 하는 학부모 모임도 하나의 시민참여이다. 공장폐수로 인해서 썩어가는 강을 살리기 위해 환경보호에 앞장선 지역주민의 집단행동과 플라스틱 사용을 최소화하기 위해서 물병을 들고 다니는 개인 행동도 모두 시민참여라고 할 수 있다. 그래서 시민참여를 한마디로 정의하기가 어려운 것이다.

그렇더라도 시민참여를 조작적으로라도 정리하면 다음과 같다. 첫째, 정치과정에 대한 시민들의 직접적인 관여이다. 시민참여는 국가마다 다른 정치체제와 사회 환경으로 인해서 참여방식에는 차이가 있다. 우리나라에서 시민이 참여하는 방식은 시위를 비롯한 직접적인 행동과 시민단체와 같은 이익단체 결성을 통해 목소리를 전달하는 데 익숙하다. 반면 스위스에서는 사회적으로 문제가 되는 특정 사안이 있다면, 일정 수의 시민이 안건을 발의하여 광장에서 도의를 통해 해결 방법을 논의한다. 이러한 시민참여 방식은 같은 국가에서도 지역별로 정치 과정이 형성된 환경과 역사적 발전 과정의 차이에 따라서 다른 방식으로 제도화되었다. 미국에서 선출직 공무원을 뽑는 방식은 각 정당과 주마다 달라서 각 주의 정당이 주관하는 코커스$^{Cau-}$ ^{cus}와 각 주 정부가 주관하는 프라이머리^{Primary}로 나뉘어 채택되고 있다. 코커스와 프라이머리는 대통령 후보를 지명하는 전당대회에 내보낼 주별 대의원을 뽑는 선거다. 코커스는 정당 당원으로 등록된 사람만 참가할 수 있는 당원대회로 각 정당의 지역위원회가 주관한다. 코커스는 비밀 투표가 아닌 공개투표에 가깝다. 그래서 코커스는 후보 선출 과정이 특이하고 복잡하다. 코커스에 참여하는 당원들은 교회나 도서관, 학교 체육관 같은 넓은 공공장소에서 각 후보 이름이 적힌 깃발에 줄을 서거나 투표용지에 지지 후보 이름을 적는다. 이때 선거인단의 득표율이 15%를 넘지 못한 후보는 탈락하고, 15%를 넘긴 후보를 대상으로 2차 투표가 벌어진다. 1차 때 탈락한 후보에게 투표한 선거인단은 2차에서는 15%를 넘긴 다른 후보 가운데 한 사람에게 투표해야 한다. 1, 2차 투표가 전체 1,700여개 투표소마다 독자적으로 이뤄진다. 집계할 숫자도 많고 구체적인 투표 절차도 복잡하다 (박상현, 2020.2.14). 마치 서부개척 시대에 마을의 보안관이나 시장을 뽑듯, 깃발이나 푯말 아래 모인 지지자가 더 많은 후보가 당선되는 방식이다. 마을에 따라서 목사나 판사가 선거관리위원장이 되어 최종 당선자를 선포한다. 반면 프라이머리는 주 정부가 선출 과정을 주도한다. 프라이머리를 채택한 33개주에서는 정당원뿐 아니라 일반인도 투표에 참여할 수 있다. 유권자들은 선거일에 투표소에서 자신이 선호하는 후보를 지지하는 대의원에게 표를 던진다. 이러한 이유로 코커스가 일종의 승자 독식이라면, 프라이머리는 득표수에 따라서 대의원

수를 배분할 수 있는 대의제이다. 직접 민주주의를 채택한 스위스에서도 주마다 대표자에 대한 선거 방식과 시민의 직접 참여 방식이 다르다. 프랑스어권과 독일어권이 다르고, 이탈리아어권과 로만어권이 차이를 둔다. 핵심은 사람 사는 환경과 살아온 과정에 따라서 정치적 참여방식이 다르고, 결과를 해석하는 방식이 다르지만, 공통점은 직접적인 관여를 시민참여라고 할 수 있다.

둘째, 정치적 공론 형성 과정에서 시민의 의사를 대변하는 상징으로서 시민의 정치참여를 강조하는 경향이 있다. 예컨대 시민의 생각을 대변할 수 있는 토론이나 여론조사 등을 통해서 시민참여를 보장하는 방식이다. 시민의 의사를 반영할 수 있는 지표를 정치적 결정 과정에 반영하는 것이다. 직접적인 참여와 달리 토론이나 여론조사를 통한 시민참여는 사실상 간접적인 방식으로 투표를 통해서 법적 효력이 발생하지 않는 한, 정치적 결정 과정에 반드시 반영된다는 보장은 없다. 물론 공론화위원회와 같은 방식으로 특정한 사안을 결정하기 위해서 여론조사를 실시하고, 그 결과를 반영하도록 입법화한다면 '시민참여'가 직접적이고 실효적으로 보장되겠지만, 단순히 참고만 한다면 시민참여의 의미는 퇴색될 것이다.

공영방송 영역에서의 시민참여

미디어 영역에서 시민참여 방식도 크게 다르지 않다. 입법을 통해서 시민참여를 보장하거나 관례적으로 시민참여를 보장할 수 있다. 입법을 통한 법제화는 통상 선거권을 통해서 이루어지며, 국민소환이나 국민투표, 정당 가입 후 당비 납부 등을 통해서 내부 통제 과정에 참여하는 권리 등을 입법을 통한 권리보장이라고 말한다. 예컨대 독일과 같이 일정한 자격 조건이 되는 단체에 대해서 공영방송 방송평의회에 평의원을 지명할 수 있는 직능단체를 법으로 명시하거나, 공론화위원회에서 한 여론조사 결과를 바탕으로 복수의 사장 후보를 추천할 수 있도록 법에 규정하는 것이다. 반면, 관례적 시민참여는 비록 특정한 법률로 정하지 않았지만, 내부 관행으로 시민참여를 보장하는 방식이다. 현재 KBS 사장이나 공영방송 이사 선임 과정에 시민 의견을 반영하는 방식이나 독자위원회나 고충처리인에게 독자의 불만 처리를 담당하도록 권한을 부여하는 방식은 관례로 만들어 놓은 제도기 정착된 것이다. 현재 시민단체 등이 요구하는 미디어 거버넌스에 대한 시민참여는 입법을 통한 권리보장이지만, 관행적으로 만들어 놓은 제도적 장치도 현재는 불안전하게 공존하는 상황이다.

넓은 의미에서 방송법 등에 보장된 시청자위원회, 각종 특별위원회도 입법을 통한 권리보장으로 볼 수 있으며, 각종 법률안에 대한 입법의견 청취 과정도 시민참여에 대한 입법적 권리보장으로 볼 수 있다. 관례적 시민참여는 법으로 보장하지 않은 관례적 시민참여가 있고, 관례조차 없는 시민참여(시민 발의를 통해서 저항적으로 실시되는 시민참여)는 구분될 수 있다.

그러나 시민참여의 정도는 어떠한 사안과 관련 있느냐에 따라서 관

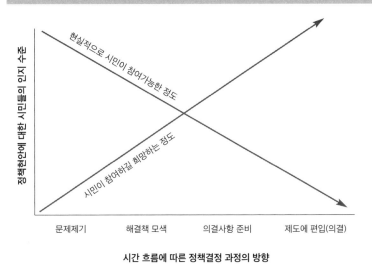

[그림2] 정책과정과 시민참여의 관여도

현실적으로 시민이 참여가능한 정도

시민이 참여하길 희망하는 정도

정책현안에 대한 시민들의 인지 수준

문제제기   해결책 모색   의결사항 준비   제도에 편입(의결)

시간 흐름에 따른 정책결정 과정의 방향

출처: Hirschner, 2017, 323쪽

여도에 차이가 있다. 문제 되는 사건이 발생하면 시민의 참여도는 높을 수밖에 없다. 또한 시민의 문제 현실을 바라보는 관점도 뚜렷하고 현안에 대한 집중도와 관여도도 높을 수밖에 없다. 그러나 문제를 해결하기 위해 구체적인 해결 방안을 찾아가는 과정에서 모든 시민이 참여할 수는 없다. 이는 문제 제기가 비교적 단순한 원인에 의해 촉발되더라도, 이를 해결하기 위해서는 정치 경제 사회적으로 다양하게 연결된 영역에서 해결을 위한 방안이 나와야 하기 때문이다. 해결책을 모색하고 채택하는 과정에서는 자연스럽게 시민의 직접 참여보다는 선출된 대리인과 전문가가 더 관여하게 된다. 이렇게 만들어진 해결책은 의결 과정을 통해서 제도에 편입되는데, 이때 시민의 관심은 최고조에 도달하지만, 실질적으로 의결 과정이나 정책 채택 과정에 직접 참여하지는 못한다. 특히 제도에 편입되는 의결(국민투표의 경우에도) 과정에서도 의결 과정에 직접 참여하고 싶어 하는 시민의 희망 정도는 더 고조되겠지만, 현실적으로 전문가와 정치세력의 영향력이 더 작동할 수밖에 없다(Hirschner, 2017). 통상 '제도화'라고 부르는 정책의 경로 형성은 시민 발의로 시작되더라도, 최종적인 경로는 기존의 제도와 관행, 관료에 의존하는 현상이 발생한다.

공영방송 관리 감독기구인 이사회를 시민이 직접 선출하는 사례는 매우 드물다. 독일이나 오스트리아, 북유럽 국가에서 나타나는 평의회 방식의 공영방송 관리 감독기구에는 시민참여가 다양한 방식으로 보장된다. 이들 국가에서는 흔히 코포라티즘corporatism이라고 불리는 정치권력으로부터 독립된 자율성을 바탕으로 대등한 수평적 협상력을 갖는 집단이 정치권력 및 행정기관과 협력을 통해서 공영방송 혹은 사회적 규제가 필요한 영역에서 공동규제를 하는 협치를 도입하고 있다. 정필모 의원 대표 발의법안에서 시도한 시민참여의 현실적인 형태를 살펴보기 위해 독일과 덴마크의 사례를 소개한다.

독일의 실험 : 방송평의회

① 독일제도의 특징

독일 공영방송 제도를 이해하기 위해서는 두 차례의 세계대전을 일으킨 전범국가인 독일의 전후 사정을 알아야 한다. 제2차 세계대전이 끝나고 독일제국은 영토의 상당수를 덴마크와 폴란드, 체코슬로바키아, 프랑스, 소련에 빼앗겼고, 남은 영토도 미국과 영국, 프랑스, 소련이라는 전승 4개국이 전국을 분할하여 군정을 실시하였다. 이후 독일인이 통치하는 정부가 수립되었지만, 다시 동서독으로 분할되었다. 정부 수립 이후에도 서독 지역에서는 미국과 영국, 프랑스군이 남아서 영향력을 행사했고, 동독에서는 소련군이 진주했다. 이러한 환경에서 서독의 입법자들은 더 이상 전쟁을 일으킬 만한 강력한 독일제국의 탄생이 불가능하도록 연방제도를 채택하였고, 시민과 시민의 이익을 대변하는 직능단체가 사회적으로 중요한 결정 과정에 참여할 수 있는 제도적 장치를 마련하였다. 독일 헌법인 기본법은 이렇게 만들어졌다. 독일 기본법 제73조는 연방정부와 16개 주정부가 입법권과 행정권을 분할하여 연방정부와 주정부의 역할을 엄격히 나누고 있다. 기본법에 따라서 연방정부는 외교, 국방, 국경 수비, 여권, 화폐와 금융, 국세, 대외 무역, 항공, 철도, 우편, 전신, 대학교육 분야의 고유 입법 및 행정 권한을 갖고, 주정부는 문화, 치안, 교육(유치원 및 초중고 교육), 보건, 미디어, 행정 자치 업무를 맡는다.

독일 16개 주정부는 각 주마다 지역적 특수성을 살린 주 방송법을 제정하고 있으며, 방송사의 설립과 인허가, 면허 정지, 감독과 규제의 업무 수행을 위해 주 미디어청을 별도로 설치하여 운영한다. 이러한 이유로 독일에는 연방 방송법이 없고, 16개 주정부가 공동으로 제정한 미디어 국가협약이 연방 방송법에 준한다.

독일 방송 법규는 공영방송과 상업방송의 공적책무와 관리감독, 재원에 대해 엄격하게 분리하여 관리한다. 상업 방송은 기본적으로 시간당 100분의 20만큼 방송광고가 허용되며, 중간광고를 비롯한 모든 광고 형태가 허용된다. 반면 공영방송은 주말과 공휴일, 평일 오후 8시 이후 방송광고가 금지되며, 일일 방송광고 시간도 제한된다. 물론 공영 방송사도 민영 방송사와 같이 방송 프로그램 협찬을 받을 수 있으며, 프로그램에 협찬한 회사의 이름을 프로그램 처음 부분과 끝 부분에 고지토록 했고, 중간광고도 허용된다. 그러니 이 모든 광고는 저녁8시 이전에만 가능하고, 주말과 공휴일에는 전면 금지이다. 지역 공영방송이 운영하는 TV채널은 방송광고가 원칙적으로 금지된다.

독일에서는 공영방송과 상업방송의 허가 및 감독규제 업무가 분리되어 있다. 독일의 공영방송사들은 제각기 방송사별 방송법을 갖고 있다. 전국적으로 방영되는 ARD와 ZDF는 각각 ARD 국가협약과 ZDF 국가협약이 있으며, 각 지역 공영방송사들도 방송법이나 방송 국가협약을 갖고 있다. 공영방송사에 대한 관리감독은 공영방송법에 따라 방송사별로 설치된 방송평의회Rundfunkrat와 경영이사회Verwal-tungsrat가 담당한다. 공영방송의 방송평의회는 공영방송을 규율하는 방송위원회로 최고 감독기관이다. 공영방송의 사장 선임과 신규 채널 신설, 신규 사업 투자, 프로그램 사후 심의 등 모든 관리감독은 방송평의회와 주지사 회의에서 결정한다. 반면 일상적인 경영감독과 예산통제, 인사 등 일상적인 경영에 대한 관리감독은 경영이사회가 맡는다. 그러나 민영방송은 본사가 위치한 주 미디어청이 직접 관할한다. 민영방송에 대한 규제는 미디어 국가협약과 각 주별로 제정된 방송법 또는 미디어법에 따라 이루어진다.

독일 방송 법규는 공영방송과 민영방송이 각각 다른 기관으로부터 통제를 받도록 이원화되어 있다. 공영방송사가 정당, 사회, 문화, 시민단체의 대표로 구성된 방송사별 방송평의회와 방송평의회가 선출한 경영이사회로부터 관리감독을 받는다면, 민영방송사는 본사가 위치한 지역의 주 방송법에 따라 주 미디어청의 통제를 받는다.

공영방송을 통제하는 공영방송별 방송평의회는 연방정부나 주정부의 통제를 받지 않는 독립적인 자율기구로 법적으로 설치 근거를 갖고 있다. 독일의 공영방송과 주 미디어청은 설치법과 정관 및 직무규정 등을 통해서 운영되는 연방 또는 주, 지방자치단체가 설치하여 정부부처로부터 독립적으로 운영되는 공법상의 공공기관이다.

② 공영방송의 평의회 구성 원칙

독일 공영방송의 관리감독 기구인 방송평의회를 사회단체와 직능단체, 정당, 종교단체가 지명하고 파견하는 평의원으로 구성하는 것은 방송운영의 독립성과 공공성을 지키려는 입법자의 의지가 반영된 것이다. 방송평의회는 방송사 운영을 총괄하는 방송사장Intendant을 선출하고, 방송사장의 업무를 감독하고 자문하며, 사안에 따라서는 방송사장을 해임시키는 임무를 맡고 있다. 이러한 방송 감독기구 운영은 경제적인 측면에서 볼 때는 매우 불합리한 경우도 있지만, 공영방송의 대표성 확보 측면에서는 합리성을 인정받아 왔다. 연방헌법재판소는 판결문(BVerfGE 12, 205(262))을 통해 "기본법 제5조 제1항 제2문에 따라 방송은 국가나 특정 사회집단의 영향력으로부터 자유로워야 한다"고 명시하고 있다. 또한 "공영방송은 민영방송의 출범 이후 경제적인 측면에서 다소 위협을 받는 상황이지만, 국가의 통제로부터 벗어나 중립적으로 운영되어야 한다"고 제시하고 있다.

공영방송의 방송 감독기관은 공통적으로 방송평의회와 경영이사회는 공영방송의 내적 다원주의를 실천하는 상징이다. 두 조직의 기능은 법으로 명시되어 있는데, 헌법이 정한 민주주의적 가치를 구현하고, 방송의 책무와 방송 원칙에 근거해 공영방송의 운영 상황을 감시하는 역할을 맡는다. 또한 운영 원칙은 독립성과 균형성에 기초한다.

독일 기본법 제5조 제1항 제2문은 국가나 이익단체가 국민의 자유로운 여론 형성 과정을 직간접적으로 통제하거나 영향력을 행사하지 못하도록 규정하고 있다. 독일 기본법 제5조는 독일 방송제도의 모법이며, 지금까지 연방헌법재판소 판결에 의해 여러 차례 법조항이 보완되었다. 독일 연방헌법재판소는 공영방송의 운영 주체를 국가가 아닌 방송평의회로 명시하고 있는데, 이는 공영방송 운영은 '국가로부터 자유롭게' 이루어져야만 독립성이 보장되기 때문이다(Wendt, 2000). 연방헌법재판소는 이러한 규정은 곧 공영방송의 감독기구인 방송평의회의 구성과 업무를 국가나 사회단체가 개입함으로써 방송의 자유를 직간접적으로 통제하거나 간섭할 수 없도록 판결했다.

공영방송 방송평의회는 방송사 정관의 제정, 방송사장의 선출과 면직, 경영이사회 이사 선출, 연간 예산에 대한 승인(방송평의회의 예산 승인은 경영이사회가 산정한 연간 예산액을 넘어설 수 없음), 연감 또는 경영보고서에 대한 의결, 250만 유로 이상의 계약 체결에 관한 허가, 공동 제작에 대한 승인(지역 공영의 범위를 넘어서는 방송 프로그램 제작을 위한 상호 협력), 채널 신설에 대한 의결, 청소년미디어보호법에 따른 프로그램 심의, 경영이사회를 거친 편성규약에 대한 동의의 업무를 담당한다.

반면 경영이사회의 역할은 연간 예산에 대한 최종 산출, 연차개발계획 확정, 회계규정 제정, 사장 직무규정 및 경영관련 사장의 결정에 대한 동의, 경영진이 추진하는 라이선스 계약에 대한 동의, 회계감사 선임, 사장 해임안 방송평의회 제출, 사장 및 본부장에 대한 후보 추천 및 해임안 제출, 채널 신설 및 확장에 대한 동의의 권한이 있다. 그러나 방송사 경영에 대한 최종 책임은 사장준칙/사장권한(Intendantenprinzip 또는 Intendantenverfassung)에 따라서 공영방송의 경영과 방송제작 및 편성의 최고 책임자인 사장에게 주어진다.

방송평의회는 방송사별로 설립된 일종의 '공영방송이사회'로 공영방송에 대한 감독과 규제 권한을 행사하며, 공영방송의 방송평의회 가운데 SWR은 방송평의원이 74명으로 가장 많다. 방송평의원의 임기는 대체로 4~5년이다. 방송평의원은 위원을 파견하는 기관에서 직접 선출하여 파견하며, SWR와 NDR는 파견 기관이 자신들의 단체에

할당된 수의 방송평의원을 선출하지 못하고 의견 대립이 있을 때 주의회가 지명한다. ZDF에 방송평의원을 파견하는 기관들은 3배수로 방송평의원 후보를 추천하여, 각 주 정부 총리들이 지명하는 사람을 방송평의원으로 임명한다.

③ 독일 제2공영방송의 평의회

독일제2공영방송인 ZDF의 방송평의회는 오랫동안 우리나라 방송평의회의 새로운 대안으로 연구되어 왔다. 그러나 독일은 신성로마제국 시절부터 지역분권 제도가 정착되어 왔고, 1945년 민주공화국 체제가 도입된 이후에도 근본적인 사회 작동 원리는 연방적 정치체제이다. 이러한 환경에서 만들어진 ZDF의 방송평의회를 우리나라 공영방송에 제도적으로 모방하여 이식하는 것은 사실성 불가능한 일이나. 그럼에도 ZDF의 방송평의회 제도의 구성원리와 작동 방식에서 우리에게 도움이 되는 다양한 시사점을 얻을 수 있을 것이다.

ZDF방송평의회는 ZDF법에 따라서 평의원을 지명할 수 있는 주체가 정해져 있다. 총 60명의 평의원 중 16명은 16개주에서 각각 1명, 연방에서 2명, 지방자치단체연합회 1명, 독일개신교 2명, 독일가톨릭교회 2명, 독일유대교중앙회 1명, 독일노동조합연맹 1명, 독일통합서비스노조(미디어관련 산별노조) 1명, 독일공무원노조 1명, 독일경영인협회연합회 1명, 독일상공회의소 1명, 독일농업중앙위원회 1명, 독일수공업중앙협회 1명, 독일신문발행인협회 1명, 독일기자협회 1명, 독일구호기관 가운데 4명, 독일올림픽스포츠협회 1명, 독일유럽연합협회

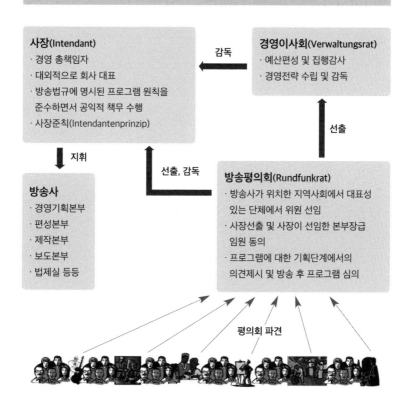

[그림3] 독일 공영방송의 거버넌스

사장(Intendant)
· 경영 총책임자
· 대외적으로 회사 대표
· 방송법규에 명시된 프로그램 원칙을
  준수하면서 공익적 책무 수행
· 사장준칙(Intendantenprinzip)

감독

경영이사회(Verwaltungsrat)
· 예산편성 및 집행감사
· 경영전략 수립 및 감독

선출

지휘

선출, 감독

방송사
· 경영기획본부
· 편성본부
· 제작본부
· 보도본부
· 법제실 등등

방송평의회(Rundfunkrat)
· 방송사가 위치한 지역사회에서 대표성
  있는 단체에서 위원 선임
· 사장선출 및 사장이 선임한 본부장급
  임원 동의
· 프로그램에 대한 기획단계에서의
  의견제시 및 방송 후 프로그램 심의

평의회 파견

1명, 독일환경과자연보호연방협회 1명, 독일자연보호연합 1명, 구 독일제국영토에 거주하던 독일인들이 패전 후 고토에서 추방 당한뒤 설립한 추방자연합에서 1명, 스탈린주의희생자협회 1명 등이며 그밖에 16개주에 분야별 전문가를 각 1명씩 추천받아서 총 60명으로 구성한다. 각 주에서 추천하는 전문가는 주별로 배당받은 분야가 다르다. 예컨대 바덴-뷔르템베르크주는 소비자보호협회에서 평의원을 지명하며, 바이에른주는 디지털 산업 영역에서 평의원을 지명하는 방식이다. 공영방송의 방송평의회가 담당하는 역할은 크게 10가지이다.

1. 방송사 정관의 제정
2. 방송사장 및 부사장의 선출과 면직
3. 경영이사회 이사의 선출
4. 연간 예산에 대한 승인(방송평의회의 예산 승인은 경영이사회가 산정한 연간 예산액을 넘어설 수 없음)
5. 연감 또는 경영보고서에 대한 의결
6. 250만 유로 이상의 계약 체결에 관한 허가
7. 공동제작에 대한 승인(지역 공영의 범위를 넘어서는 방송 프로그램 제작을 위한 상호 협력)
8. 채널 신설에 대한 의결(최종 허가)
9. 청소년 미디어보호법에 따른 프로그램 심의
10. 경영이사회 검토를 거친 편성규약에 대한 동의

이를 요약하면, 방송평의회는 실질적인 공영방송의 정책 방향을 결정하고, 사장 선임과 경영 실무를 관리 감독하는 경영이사회 임명, 프로그램에 대한 사후 심의 등을 담당한다.

방송평의회가 최고 의결기관이자 프로그램 심의 역할을 담당한다면, 방송평의회에서 12인 내외로 선출하는 경영이사회는 경영에 대한 실무와 행정을 총괄한다. 경영이사회 역할은 총 9가지이다.

[표3] 독일 공영방송의 방송평의원

방송사	위원수	임명 절차	임기	회기공개
ZDF	60	법에 따라 주별로 추천 인원, 직능대표 규정	4년	비공개, 공개가능
DLR	40	단체 : 직접 임명	4년	비공개, 공개가능
DW	17	단체 : 직접 임명	5년	비공개, 공개가능
BR	47	단체 : 직접 임명	5년	공개, 비공개가능
RB	35	단체 : 직접 임명, 5명은 시 문화부 임명	4년	공개, 비공개가능
HR	28	단체 : 직접 임명	4년	공개
MDR	43	단체 : 직접 임명, 의회에서 8명 임명	6년	비공개
NDR	58	단체 : 직접 임명, 미합의시 의회 임명	5년	비공개
RBB	30	단체 : 직접 임명	4년	공개, 비공개가능
SR	31	단체 : 직접 임명	4년	공개
SWR	74	단체 : 직접임명, 미 합의시 의회 임명	5년	공개
WDR	42	단체 : 직접 임명	6년	비공개, 공개가능

1. 연간 예산에 대한 최종 산출

2. 연차 개발계획 확정

3. 회계규정 제정

4. 사장 직무규정 및 사장의 결정에 대한 동의

5. 경영진이 추진하는 라이선스 계약에 대한 동의

6. 회계감사 선임

7. 사장 해임(해임안 제출한 방송평의회에서 최종 면직 의결)

8. 사장 및 부사장에 대한 후보 추천 및 해임안 제출

9. 채널 신설 및 확상에 대한 동의

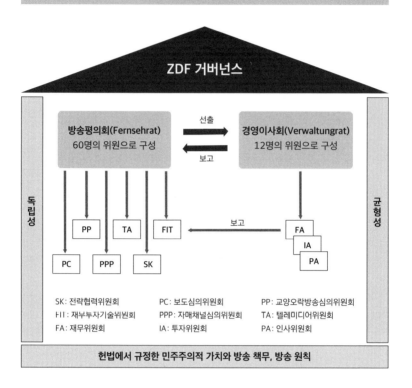

[그림4] ZDF의 거버넌스 구조

ZDF 거버넌스

방송평의회(Fernsehrat)
60명의 위원으로 구성

선출
보고

경영이사회(Verwaltungrat)
12명의 위원으로 구성

독립성

PP TA FIT

보고

FA
IA
PA

PC PPP SK

균형성

SK: 전략협력위원회　　PC: 보도심의위원회　　PP: 교양오락방송심의위원회
FIT: 재부투자기술위원회　PPP: 자매채널심의위원회　TA: 텔레미디어위원회
FA: 재무위원회　　　IA: 투자위원회　　　PA: 인사위원회

헌법에서 규정한 민주주의적 가치와 방송 책무, 방송 원칙

[표3]과 같은 대다수 다른 공영방송의 평의회 구성와 운영원칙도 ZDF와 크게 다르지 않다. 사장의 권한은 통상 사장원칙이라고 부르는데, 공영방송의 경영과 방송제작 및 편성의 최고책임자^{CEO}의 전권을 보장하고 있다.

ZDF방송평의회는 총 6개의 소위원회가 있다. 소위원회는 크게 3개의 프로그램심의위원회(보도, 교양오락, 자매채널)와 전략협력위원회,

재무투자기술위원회, 텔레미디어위원회로 나눌 수 있다. 프로그램심의위원회는 ZDF에서 방송한 프로그램의 사후적인 내용 심의를 담당한다. 안건은 사무국이 시청자 불만 접수와 평의원들의 안건 발의를 취합하여 상정한다. 공영방송에 따라서는 평의원이 정기회의에서 프로그램 사후 평가에 대한 안건을 제안하기도 한다. 이 경우 차기 프로그램소위원회에서 안건을 집중 심의하고 최종적으로 전체회의에서 처리한다. 프로그램심의위원회에 안건이 상정되면, 제작 책임자 등은 출석하여 진술해야 한다. 프로그램심의위원회는 심의 과정에서 위반의 정도가 심각하다고 판단할 때, 제작 책임자에 대한 징계나 프로그램 방송 중지, 시청자에 대한 사과 등을 결정할 수 있다. 전략협력위원회는 ZDF의 미래 전략에 대한 정책 업무를 담당하고, 재무투자기술위원회는 재정문제와 새로운 미디어 기술투자에 대한 업무를 담당한다. 텔레미디어위원회는 공적재원인 방송 분담금으로 운영되는 ZDF가 OTT영역에 진출할 때, 일명 3단계 심사로 불리는 투자 적정성 심사를 담당한다. ZDF방송평의회의 평의원 60명은 6개의 소위원회에 배치된다. 경영이사회에도 3개의 소위원회가 있는데, 재무위원회, 투자위원회, 인사위원회이다. 경영이사회는 결정된 사항을 항상 방송평의회에 보고하며, 경영이사회의 3개 소위원회도 방송평의회 재무투자기술위원회에 업무와 관련한 결정 사안을 보고해야 한다.

방송사장은 경영이사회에 2년에 한 번씩 외주 및 공동 제작 프로그램의 계약 사항과 방송편성 현황 등에 대해 세부적으로 성밀와아니 기술한 보고서를 제출할 의무가 있다. 경영이사회는 이 보고서를 바탕으로 프로그램 다양성에 대해 평가한다. 방송사장은 매년 상법에 따라 독립된 공인회계사 또는 회계 법인으로부터 회계감사를 받으며, 이를 바탕으로 대차대조표, 손익계산서, 자산현황보고서, 회계감사보고서, 경영보고서를 작성하여 주 정부와 주 회계원(감사원)에 제출한다. 방송평의회는 이 보고서를 기초로 매년 연감 또는 경영보고서를 의결하고 외부에 공개한다. 주 정부는 공영방송에서 제출한 각종 보고서를 의회에 전달하며, 주 회계원(감사원)은 보고서의 정확성과 신뢰성을 검토한다. 그러나 공영방송이 제출한 보고서와 관련하여 주 정부나 주 회계원이 별도의 감사나 거부권을 할 수 있는 권한은 없다. 다만, 방송재정수요산정위원회^{KEF}가 차기 방송분담금을 산정할 때, 주 의회와 주 회계원의 부가 의견이 제출될 수 있기 때문에 대충 제출할 수 있는 구조는 아니다.

공영방송은 또한 매년 경영 성과를 외부감사를 통해 받아야 하고, 그 결과를 주 정부와 주 회계원에 보고해야 한다. 또한 2년에 한 번씩 외주제작 및 공동 협력을 통한 프로그램 제작 상황에 대해 세부적으로 정량화하여 방송평의회에 보고할 의무가 있다.

덴마크의 실험 : 시청자평의회

① 덴마크의 공영방송 제도

덴마크는 전국적으로 송출되는 DR$^{Denmarks\ Radio}$과 TV2라는 2개의 공영방송이 있고, 전국을 8개 권역으로 나누어서 8개의 지역 공영방송을 두고 있다. DR은 공법상 공영방송으로 정부로부터 독립적으로 운영되며, 방송경영과 프로그램 성과를 재단이사회^{bestyrelse}가 관리 감독한다. 재단 이사회는 총 11명으로 구성되는데, 문화부장관이 3명, 국회에서 6명, DR 직원총회에서 2명을 선출한다. 재단 이사는 미디어 전문가, 법률가, 경제(재무) 전문가, 행정 전문가로 구성하며 덴마크 문화유산에 대한 조예가 깊어야 한다. 이들의 약력과 전문성, 활동 내용에 대해서는 매년 발간되는 DR 연감을 통해서 공개된다. 특이점은 국회에서 추천하는 6명은 동일한 정당 소속이 없다는 점이다. 국회에서 선출하는 이사는 의석수가 가장 많은 원내 교섭단체부터 순차적으로 6개 정당에서 한명씩 지명한다. 만일 의회에 진출한 원내 교섭단체가 6개가 아닌 5개일 경우에는 가장 의석수가 많은 정당이 2명을 추천하거나, 비교섭단체에 추천권을 양보할 수 있다. DR은 공공서비스세(옛 방송수신료)로 운영되는 공영방송으로 방송광고가 금지된다.

반면 TV2는 제2공영방송으로 설립되었다가, 국가가 소유한 재단법인으로 전환된 뒤, 상업 재원으로 운영하는 공영방송이다. TV2가 재단법인으로 독립할 당시, 덴마크 정부는 누적된 수신료 수입을 재단 출연금으로 출자했고, 이후 두세 차례 더 증자를 했다. TV2는 광고를 통해 운영되는 공영방송이다. TV2는 덴마크 기업의 상업광고 시장을 보호할 목적으로 설립되었으며, 현재 덴마크 방송시장에서 외국계 민영방송과의 경쟁에서 우위를 차지하고 있다. TV2의 관리감독은 재단이사회^{Bestyrelsen}에서 맡으며 9명으로 구성된다. 이사 임냉은 문화부 장관이 6명을 임명하고 3명은 TV2 직원들이 선출한다. 재단이사는 덴마크 문화에 대한 조예가 있는 미디어 전문가, 법률가, 경영 전문가(재무), 행정 전문가 가운데 명망 있는 인사로 구성된다. 이들의 경력과 전문성, 주요 활동은 매년 발간되는 TV2 연감을 통해서 정기적으로 일반에 공개된다. 방송법에 정해진 DR과 TV2 이사회의 역할은 다음과 같다.

1. 공영방송을 대외적으로 대표하며, 방송법에 규정된 공영방송의 책무와 법령 준수, 방송 프로그램에 대한 사후적 책임
2. 사장 선출
3. 사장이 추천한 본부장, 옴부즈맨, 보도국장 임명동의
4. 정관 및 내규 제정
5. 연감 및 경영보고서 승인
6. 프로그램에 대한 사후적 평가
7. 예산 승인 및 결산

TV2 재단이사회는 사실상 TV2의 최고 의사결정 기관이자 사후적으로 프로그램 내용에 대한 평가를 담당하는 심의 기관이기도 하다. 재단이사회는 프로그램심의위원회와 같은 상설 소위원회를 구성하여 TV2를 관리 감독한다. 그러나 재단 이사는 비상근 명예직이며, 직책수당과 회의비만 지급된다. 덴마크 공영방송도 독일 공영방송과 유사하게 공영방송의 프로그램 사후 심의 권한을 방송사 내부 관리감독 기관에 주고 있지만, 시청자 민원이나 보도내용에 대한 분쟁 등은 덴

마크 언론평의회^{Pressenævnet}에서 별도로 다루고 있다.

덴마크 정부는 공영방송 독점 시대를 1981년 지역민영TV 방송과 지역민영라디오 방송 허용을 통해서 종식시켰다. 공영과 달리 광고가 허용된 지역민영라디오 방송은 대부분 흑자경영을 했지만, 지역민영 TV 방송은 적자를 면하지 못했다. 적자가 누적된 지역민영TV 방송은 대부분 외국의 값싼 드라마 시리즈를 재전송하는 케이블방송 수준에 머물렀다. 이러한 한계를 극복하기 위해서 덴마크 정부는 1986년 법률을 통해서 다양한 정보를 제공할 수 있는 제2공영TV 방송 설립을 추진하였다. 이 법률에 따라서 1988년 제2공영TV인 TV2가 설립되었다. TV2는 전국채널과 더불어 덴마크를 인구 30만 명을 기준으로 (수도인 코펜하겐을 예외로 하고) 역사적인 지역 문화권을 고려하여 여덟 개 방송권역으로 나누어서 각 지역마다 지역 공영방송을 설립하였다. 이 여덟 개의 지역 공영방송은 DR 지역국으로 운영되던 시설을 기반으로 설립되었으며, TV2 본사의 지역관계사로 자리 매김되었다.

현재 TV2는 1개의 전국방송사와 여덟 개의 지역관계사로 구성되어 있으며, 지역관계사는 형식상 TV2의 일부이지만 모두 독립된 방송 법인이다. TV2 지역관계사는 본래 DR 지역국이었다. 그러나 1983년 덴마크 유틀란트반도 남부지역에 처음으로 DR 지역국을 TV Syd 라는 지역 공영방송으로 독립시켜서 지역 라디오방송을 송출하는 시범방송을 시작하였으며, 1986년에는 지역TV 방송까지 시범방송을 실시하였다. 덴마크 정부는 이러한 실험이 성공적으로 진행되자 지역 문화 육성과 덴마크어 진흥을 목적으로 DR 지역국을 전국적으로 여덟 개 지역 권역으로 나누어서 TV2 지역 공영방송으로 전환하였다. TV2 지역 관계사는 출범 초기부터 취재와 편성, 경영이 본사와 분리되어 독립적으로 운영되는 구조였지만, 2008년까지는 TV2로부터 지원받는 재원에 의존했으며 자체 수입 비율은 낮은 편이었다.

그러나 TV2가 상업재원으로만 운영되면서 적자가 지속적으로 증가하자, 2008년 덴마크 정부가 은행에서 국채까지 발행해서 대출을 받아줘야 하는 사태가 발생하였다. TV2를 아예 민영화해야 한다는 논의까지 등장했으나 두 가지의 해결 방안이 제시되었다. 첫째는 TV2 본사가 TV2 지역 관계사가 소유한 모든 상업 활동을 인수하는 것이고, 둘째는 지역 공영방송은 DR만 받던 수신료를 배분받는 것이다. 2009년 개편 이후 TV2 지역 공영방송은 수신료를 주 재원으로 하고, 협찬과 자체 수익사업, 프로그램 판매수입을 보조 재원으로 사용하는 공영방송이 되었다.

② 덴마크의 지역공영방송

TV2와 TV2 여덟 개 지역관계사는 모두 라디오TV법 제31조에 따라 공적책무를 수행하는 공영방송이다. 이 법률에 따라서 TV2는 상업 재원으로 운영되며, TV2 여덟 개 지역관계사는 수신료로 운영된다. TV2와 TV2 여덟 개 지역관계사는 모두 덴마크 문화부와 체결한 방송의 공적책무협약public service-kontrakt을 준수해야 한다. 각 방송사마다 덴마크 문화부와 체결하는 공적책무협약의 내용이 거의 비슷하다. 예컨대 TV2 Fyn이 덴마크 문화부와 체결한 협약에는 TV2 Fyn은 지상파 전송을 비롯한 TV송출망과 인터넷, 기타 다양한 디지털플랫폼을 이용하여 지역에 거주하는 주민들에게 방송 프로그램과 콘텐츠를 공급할 의무가 있으며, 이 의무에는 지역 문화와 지역 시청자의 공적 관심사를 충족시켜 줄 수 있는 지역 뉴스와 지역 문화와 정보, 예능 프로그램이 포함된다. 또한 청소년을 폭력적인 방송 프로그램으로부터 보호할 의무가 있고, 덴마크 문화 계승 발전과 덴마크 언어 신장에 기여해야 한다.

이 협약에 따라 TV2 Fyn은 매년 초 문화부 산하 문화재단^{Kultursty-}^{relsen} 라디오TV위원회^{Radio-og tv-nævnet}에 전년도 공적책무 활동에 대한 보고서를 제출해야 한다. 이 보고서에는 지난 1년 간의 경영평가와 수행한 프로젝트, 프로그램 내용, 방송시간, 시청률 등에 대한 상세한 내용이 포함되어야 한다. 라디오TV위원회는 이 보고서 내용을 검토하여 의견을 덧붙인 뒤, 연말까지 일반에 공개하도록 결정한다. 이때 경영성과와 프로그램 평가는 사장이 내부적으로 정리한 내용을 경영이사회, 시청자평의회에서 검토하여 확정하고, 재무평가는 외부 회계법인에 위촉하여 받는다. 또한 시청자평의회에서 사후적으로 실시한 프로그램 심의 결과와 덴마크 언론평의회에서 받은 제재내용도 보고서에 포함시킨다.

지역 공영방송은 TV Syd(쇠내르윌란 주, 리베 주, 바일레 주), TV2/Fyn(퓐스 주), TV2/Øst(스토르스트뢰 주, 베스트셸란 주), TV2/Nord(노르윌란 주), TV2/Lorry(코펜하겐 주, 프레데릭스보르 주, 로스킬레 주), TV Midt-Vest(링쾨빙 주, 비보르 주), TV2 Østjylland(오르후스 주), TV2/Bornholm(보른홀름 섬) 등

[그림5] TV2의 지역계열사

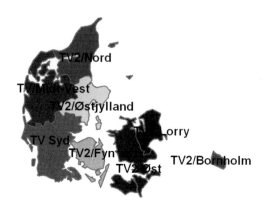

출처: https://omtv2.tv2.dk/fakta/organisation/tv-2-regionerne/

여덟 개이다. TV2 지역계열사 여덟 개는 TV2 주 채널에 시간대별 띠 편성을 하는 것 이외에, 2012년부터 지역공영에서 자체적으로 24시 간 뉴스를 송출할 수 있는 온라인 채널을 운영하고 있다. 또한 이 채널 은 지상파가 아닌 케이블TV에서 24시간 송출된다. TV2 지역계열사 의 지역방송 시간은 시청률이 매우 높으며, 매주 화요일에는 지역 교 양프로그램을 송출한다.

TV2의 지역 공영은 매일 19시 30분에 TV2 전국채널을 통해서 송 출되는 지역 뉴스 시간대에 방송권역에서 가장 높은 시청률을 기록한 다. 방송권역 인구가 190만에 달하지만, 수도 코펜하겐이 들어 있어서 상대적으로 경쟁자가 많은 TV2/Lorry는 2021년 평균 지역 시청률이

[표4] TV2 지역 공영방송 지역 종합뉴스(19시 30분) 시청률 및 점유율(2021년 평균)

지역사명	개국연도	지역 시청률(%)	지역 점유율(%)
TV Syd	1983년(라디오), 1986년(TV)	10.0	38.9
TV2/Fyn	1989년	10.2	43.4
TV2/Øst	1991년	11.6	36.1
TV2/Nord	1989년	12.0	44.6
TV2/Lorry	1990년	5.5	26.2
TV Midtvest	1989년	13.8	50.0
TV2/Østjylland	1990년	9.0	38.0
TV2/Bornholm*	1990년	28.6	75.4

* TV2/Bornhom은 2018년 평균
출처: TV 2 FYN 2022, 24쪽

5.5%에 불과했다. 그러나 나머지 지역 공영방송은 대부분 10~14% 대의 지역 시청률을 차지하고 있으며, 지역 점유율은 36~50% 사이 였다. 발트해에 있는 보른홀름섬을 방송권역으로 하는 TV2/Bornholm은 지역 시청률이 28.6%로 같은 시간대 다른 채널들과 비교했을 때 월등히 앞섰는데, 지역 점유율은 75.4%를 차지했다. 보른홀름섬에서 유독 지역방송 시청률이 높은 것은 고령 인구가 많고 인구밀도가 낮은데도 원인이 있다. 지역 공영방송의 높은 지역 점유율은 인터넷을 비롯한 디지털 플랫폼에서도 높은 이용률로 연계되고 있다.

TV2 지역 공영방송은 지역사회와 문화를 대표하는 전문가들로 시청자평의회^{repræsentantskab}를 누는데, 시청자평의회는 지역사회를 대표하는 직능단체와 사회단체, 그리고 TV2 지역사마다 결성한 후원회

^{Steatteforeningen} 회원 대표, 지역대표 등으로 구성된다. 평의원 선출에 대한 규정은 각 지역공영방송별로 제정하고 있으며, 평의원의 수도 각 지역공영방송별로 차이가 있다.

시청자평의회는 TV Syd와 TV2/Øst가 가장 많은 100명으로 구성되어 있고, TV2/Nord가 85명, TV Midt-Vest가 75명, TV2/Østjylland가 76명으로 구성된다. TV2/Lorrys는 52명이고, TV2/Fyn과 TV2/Bornholm은 각각 38명으로 구성된다. 이들의 임기는 TV2 Nord 등 4개사가 4년이고, TV2/Fyn은 3년, TV Syd, TV2/Øst, TV2/Bornholm는 2년이다. 임기가 4년인 지역 공영방송은 덴마크 지방자치선거가 치러지는 해에 시청자평의원을 전원 재 선임한다. 시청자평의원은 지방자치선거가 있는 해의 10월에 추천단체 추천과 후원회 선출, 지역별 개인 지원자 가운데서 현직 시청자평의원들이 회의를 통해서 선임한다. 이때, 단체 추천(후원회 포함)은 후보를 추천할 수 있는 단체를 정하는 과정이고 개인 지원자는 자격을 심사하는 두 가지 형태로 진행된다. 원칙적으로 시청자평의원은 모든 시청자가 지원할 수 있도록 개방되어 있다. 개인이나 단체나 누구든 시청자평의원을 맡고 싶다면, 자천을 통해 지원할 수 있다. 시청자평의원을 추천할 수 있는 단체는 지역 공영방송사마다 조금씩 다르지만, 시청자평의회 운영규칙에 부칙으로 추천 단체명을 적시한다. 만일 특정한 추천단체가 추천한 시청자평의원이 2회 이상 아무런 사유 없이 무단으로 회의에 불참할 경우에는 해촉되며, 해당 추천 단체는 다음 회기에 새로운 평의원 후보를 추천할 수 있지만, 동일한 해촉 사유가 반복되면 추천 단체에

[표5] TV2 지역 공영방송 거버넌스

지역사명	재단이사회	임기	시청자평의회	임기
TV Syd	7명	4년	100(+예비위원 6)	2년
TV2/Fyn	7명	4년	38	3년
TV2/Øst	7명	4년	100	2년
TV2/Nord	7명	4년	85(+예비위원)	4년
TV2/Lorry	7명	4년	52	4년
TV Midt-Vest	7명	4년	76	4년
TV2/Østjylland	7명	4년	75	4년
TV2/Bornholm	7명	4년	38(+예비위원 38)	2년

서 제외된다. 이렇게 선임된 시청자평의원들은 그 다음해 1월 1일부터 시청자평의원으로 위촉되어 활동을 시작한다.

시청자평의회는 통상 연2회 정기회의를 1월과 10월에 개최하는데, 재단이사회가 요청하거나 일정 수의 시청자평의원이 회의 소집을 요구할 때에는 임시회의를 개최한다. 임시회의는 방송사마다 차이가 있지만 대략 시청자평의원의 20~25%가 회의 소집을 요구하면 개최한다. 시청자평의원은 1회에 한하여 재임이 가능하다.

③ 덴마크 지역공영방송의 기능과 책무

시청자평의회는 크게 세 가시 역할을 한다. 첫째로 각 지역 공영마다 7인으로 구성되는 재단이사회 이사 가운데 직원 총회에서 선출하는 1인을 제외한 6인을 선출하는 역할을 맡는다. 시청자평의회는 임기가 4년으로 통일된 재단이사를 매 짝수 해에 절반씩 새로 선출한다.

둘째로 시청자평의회는 프로그램심의회^{programrad}로도 기능하는데, 프로그램 사후 심의를 담당한다. 이를 위해 시청자평의회 내부에 별도로 프로그램심의회를 설치하여 시청자 민원 처리를 담당한다. 마지막으로 재단이사회에서 심의 안건을 제안할 경우, 지역 공영방송의 경영 및 주요 전략에 대한 심의를 담당한다. 시청자평의회 의결은 평의원의 최소 1/3이상이 참석하여 단순 과반수로 하지만, 정관개정에 대한 사안만 정원의 2/3이상이 찬성해야 개정할 수 있다. 지역 공영방송사마다 차이가 조금씩 있지만 비상근 명예직인 시청자평의원에게는 회의비와 직무수당이 지급된다. 시청자평의회에 프로그램심의회를 두는 이유는(DR과 TV2의 경우에는 경영이사회 프로그램심의소위원회) 공영방송의 프로그램과 콘텐츠에 대해 사후 심의 권한을 독립적인 관리감독 기구에 부여함으로써 제작진에게 객관적인 의견 진술을 요구하고, 이를 바탕으로 제작진에 대한 권고와 심의의결 결과 공표 등을 할 수 있도록 보장하기 위함이다. 각 지역 공영방송이 시청자평의회를 설치하는 가장 큰 목적은 공영방송의 제작과 운영을 국회나 정부가 좌우하지 않고, 시민과 시청자가 직접 감시하고 의견을 제시할 수 있는 제도적 장치를 운영한다는 점이다. 이를 통해 제작자는 독립성을 얻고, 동시에 자신들이 만든 프로그램에 대해서 시청자와 시민 앞에서 책임을 져야 한다. 특히 최고경영자인 사장과 각 임원이 경영이사회에서 선출되고, 경영이사들은 시청자위원회에서 임면되는 과정을 거치기 때문에, 외압에서는 자유롭지만 시청자와 시민의 의견에는 무한책임을 지도록 보장하고 있다. 시청자평의원은 지원을 통해서 선출되며,

정관과 세칙을 통해서 어떤 단체를 추천 기관으로 정할지 규정한다.

TV Syd 시청자위원회는 2년에 한 번씩 남쥘란 지역을 대표하는 단체와 지역대표가 선출되며, 이들은 TV Syd의 프로그램 원칙을 제정하고 프로그램에 대한 사후적 내용 심의를 담당한다. TV Syd 경영이사회는 4년 임기로 시청자위원회에서 선출하며, 이사진은 TV Syd의 3개 방송권역인 남부, 서부, 동부에서 각각 한명씩 선임한다. 또한 TV Syd의 시청자평의회 100명의 평의원도 각 지역별로 골고루 분포되어야 하는데, 이를 위해 TV Syd 시청자평의원을 6개 영역에서 추천할 수 있도록 정관을 통해서 정하고 있다. 세부적으로 살펴보면, 첫째는 시청자 및 청취자 관련 단체에서 10인을 추천한다. 여기에는 지역교양대학협회[AOF] 추천 2인, 전국야간학교협회[LOF] 추천 2인, 덴마크교사협회 교회와미디어분과[KLF] 추천 3인, 라디오TV이용자협회[ARF] 추천 3인이 포함된다. 둘째는 직능단체로 13인을 추천할 수 있는데, 여기에는 덴마크노동조합[LO] 추천 2인, 덴마크경영단체[FTK, DA] 추천 2인, 덴마크농민단체 추천 6인, 독일소수민족농민협회 추천 1인, 수공업자 및 소상공인 단체 추천 2인이 포함된다. 셋째로 그 밖의 기타 사회단체 추천이 22인인데, 여기에는 덴마크올림픽위원회[DIF] 추천 3인, 덴마크체육협회[DGI] 추천 3인, 덴마크사회체육협회[DFIF] 추천 3인, 덴마크YWCA[KFUM] 추천 2인, 덴마크개혁교회 추천 3인, 덴마크적십자 추천 3인, 남덴마크헌혈인모임 추천 1인, 덴마크국민구제협회[ASF] 추천 1인, 덴마크아마추어연극단체[l kanten] 추천 1인, 의용소망내 추천 1인, 무선햄협회 추천 1인 등이다. 넷째로는 유틀란트반도 남쪽 독일

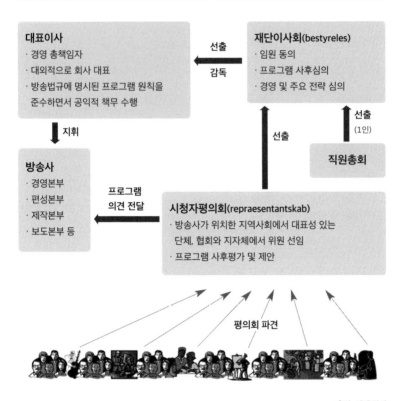

[그림6] TV2 지역공영의 거버넌스

대표이사
· 경영 총책임자
· 대외적으로 회사 대표
· 방송법규에 명시된 프로그램 원칙을 준수하면서 공익적 책무 수행

선출 / 감독

재단이사회(bestyreles)
· 임원 동의
· 프로그램 사후심의
· 경영 및 주요 전략 심의

지휘

선출

선출 (1인)

직원총회

방송사
· 경영본부
· 편성본부
· 제작본부
· 보도본부 등

프로그램 의견 전달

시청자평의회(repraesentantskab)
· 방송사가 위치한 지역사회에서 대표성 있는 단체, 협회와 지자체에서 위원 선임
· 프로그램 사후평가 및 제안

평의회 파견

출처: 자체 작성

접경에 사는 독일인협회 추천이 5인인데, 세부적으로 남슐레스비히 협회 추천 1인, 독일북슐레스비히연합 추천 1인, 남 덴마크 독일인 거주 자방자치단체(서부, 동부, 남부) 대표 추천 3인 등이다. 이밖에 이사회 특별 지명으로 지역의용방위군과 전국주택건설협회, 주택건설사협회에서 각각 1인씩 추천이 가능하다. 마지막으로 지역후원회별 선출

인원이 36인이 있는데, 지역별로는 남부지역에서 11인, 서부지역에서 11인, 동부지역에서 14인을 각각 추천할 수 있다. 지역후원회는 TV Syd Club에 가입하여 회비를 납부하는 회원 가운데, 구체적인 활동을 하는 사람들로 구성된다. 이들 가운데 2년에 한 번씩 시청자평의원이 선출된다. 결원이 발생할 것을 대비하여 지역별로 2명씩 예비 평의원도 선출한다. 예비 평의원은 평의원 가운데 회의에 참석할 수 없는 평의원이 있을 경우에 권한을 대행한다.

TV4 Nord는 85명의 시청자평의원을 총 3개 그룹(직능단체, 사회단체, 지역사회)으로 나누어 위촉하는데, 시청자평의원을 그룹으로 나누는 것은 각 그룹별로 경영이사를 선출할 수 있는 선출권을 차등적으로 적용하기 때문이다. 이는 TV4 Nord만의 특이한 방식인데, 그룹1과 그룹2는 경영이사를 각각 2명씩 선출할 수 있지만, 그룹3은 1명의 경영이사만 선출할 수 있고, 시청자평의원 가운데 선출되는 시청자평의회 의장은 임기 중 자동으로 경영이사로 활동할 수 있다. 시청자평의회는 지방자치단체선거가 있는 해에 시청자평의회 의장과 그룹1과 그룹2가 추천하는 이사 각 1명 등 총3인을 경영이사로 선출한다. 그리고 2년 후 10월에 다시 전체 그룹에서 각각 1명씩 경영이사를 선출한다. 경영이사의 임기는 선출된 다음해 1월부터 시작된다.

TV2와 TV2 지역 공영방송은 방송사 설립 초기부터 후원회를 운영하고 있다. 후원회는 프로그램에 대한 평가는 물론 시청자가 프로그램 기획과 평가에 적극적으로 참여하도록 유도하기 위하여 구성되었으며, 자발적인 참여에 기초한다. 후원회 회원이 되면 지역 공영방송이 개최하는 각종 행사와 축제, 시청자 모임에 우선 초청되고, 일부 유료 행사에서는 입장권 할인을 받는다. 또한 매년 정기적으로 실시되는 '시청자 초청의 날' 행사에 귀빈으로 초대받아서, 스튜디오에 출연하기도 한다. 지역 공영방송은 매년 최소 2회 이상 봄과 가을에 시청자를 방송사로 초청하여 스튜디오를 개방하고, 방송제작에 참여하는 행사를 개최하고 있다. TV Midt-Vest후원회의 경우에는 2020년 후원회 회원이 12,000명이었는데, 연 3회 방송사에서 초청 모임을 개최했다. 회비는 연간 125DKK(약 25,500원)이다. 이러한 후원회는 시청자평의회 구성에 중요한 역할을 하는데, TV Syd와 TV Midt-Vest는 시청자평의회 구성에서 후원회 추천몫을 보장하고 있기 때문이다. TV Midt-Vest는 76명의 시청자평의원 가운데 24명을 후원회에서 추천하도록 보장하고 있고, 나머지는 지역 개인 지원자 20명, 각 직능단체와 사회단체 추천 총 32명으로 추천 비율을 정하고 있다.

이와 달리 지역 공영방송의 경영이사회는 편성전략과 예산감독, 경영과 신규 사업에 대한 투자 등에 관해 결정한다. 방송 사장은 경영이사회에서 선출한다. 경영이사는 4년 임기로 선출되며, 여덟 개 지역 공영방송 모두 7인으로 구성되어 있는데, 6인은 시청자평의회에서 선출하고, 1인은 직원대표들이 선출한다. 시청자평의회에서 선출하는 6인은 매 짝수 해마다 3명씩 새롭게 선출한다. 경영이사회는 통상 연간 6~12회 정기회의를 개최하지만, 임시회의를 개최하기도 하며, 소위원회를 설치하여 프로그램, 인사, 재무관리 감독업무를 상시적으로 실시한다. 이들은 모두 비상임이다. 방송사의 일상적인 실제 업무는 사장(겸 보도국장)과 4인의 본부장(보도, 경영, 제작, 기술)이 맡는다. 경영이사와 사장의 임기는 통상 4년이지만, 대부분 10여년 이상 연임하고 있다. 이밖에 TV2 관계사 경영진 총회가 있는데, 매년 1회 TV2 경영이사회 이사장과 사장, 여덟 개 지역 공영방송 경영이사회 이사장과 사장이 총회에 참석하며, 이 총회에서는 TV2에 부여된 공적책무 이행에 대한 상호 의견 교환과 전국 방송사인 TV2와 여덟 개 지역 공영방송사 사이의 이해관계를 조율하는 역할을 담당한다. 여덟 개 지역 공영방송사 경영이사회 이사장과 TV2 경영이사회 이사장이 만나는 별도의 회의도 수시로 개최하고 있다.

공영방송에 대한 덴마크 정부의 기본정책은 재원 안정성 보장 및 정책 지향성 입안, 그러나 운영과 프로그램 편성에 대해서는 독립성을 보장하는 일명 '긴팔 원칙^{armslængde-princippet}'을 준수한다. 정부가 언론사와 '불가근 불가원'의 거리두기를 하는 이유는 정부가 프로그램 제작에 개입할 경우, 자칫 언론통제와 여론조작이라는 비난을 받을 수 있기 때문이다. 이러한 이유로 방송제작은 전문가들에게 맡기는 독립성 보장을 원칙으로 하면서, 제작에 필요한 재원과 정책적 지원을 한다는 의미이다. 정부가 일종의 받침목 역할을 수행하는 것이다. 덴마크 정부는 통상 4년에 한번씩 미디어정책에 대한 보고서를 발표하고, 이 계획에 따라시 각 공영방송사와 공적책무 협약을 체결한다.

5. 정치 후견주의와 특별다수제의 문제

정치 후견주의의 포기

한국에서도 독일이나 북유럽에서 일반화된 시민이 참여하는 공영방송 거버넌스는 가능할까? 한 가지 확실한 건 시민이 참여하기 위해서는 공영방송 거버넌스는 '통치'가 아닌 '협치' 구조로 설계되어야 한다는 점이다. 현재 우리나라의 공영방송법은 통치를 위한 수단으로써 공영방송 이사회와 사장 선임 제도를 설계해 놓고 있다. 이론상 독립된 합의제 기구인 방송통신위원회는 구성 과정에서 정부여당과 야당의 정치 후견주의에서 자유로울 수 없는 구조이고, 방통위의 추천을 받는 공영방송 이사는 형식상 전문성과 대표성을 고려하여 선임하게 되어 있지만, 실제로는 정치권으로부터 자유로울 수 없다.

정치가 공영방송을 놓아주지 않는 한 독립성은 보장될 수 없다. 물론 대안으로 전혜숙 의원 대표발의안과 정필모 의원 대표발의안이 있었다.

정필모 의원 대표발의안은 공영방송 이사를 정치권으로부터 독립된 전문가 집단과 직능단체가 추천할 수 있도록 보장하는 것을 제안한다. 구체적으로 정필모 의원은 개정안의 이사 추천 기관과 단체로 방송미디어 관련 학회, 방송협회, 방송기자연합회, 한국PD연합회, 한국방송기술인연합회(개정안 중 방통위설치법 제12조의2 제2항 각호)가 해당 직능 영역을 대표하는 단체로 규정하고 있다. 그러나 이 법안에서도 직능 영역(방송미디어 관련 학회)과 직능단체(방송협회 등)가 혼재돼 있다. 법조문 내에서 일관성이 유지되지 못하는 것이다. 만일 직능 영역을 규정한다면, 시행령을 통해서 구체적으로 어떠한 단체가 이사 후보를 추천할 수 있는지에 대한 자격을 정하면 된다. 예컨대 독일의 방송평의회 지명 방식처럼 특정 직능 영역을 대표하는 단체는 공익법인으로 등록된 기관으로 회원이 납부하는 회비와 기부금으로 단체가 운영됨을 증명할 수 있어야 하고, 매년 총회를 통해서 연간활동보고서와 외부 회계감사를 받은 내용을 공표하여야 한다. 독일은 국고보조 등을 통해 운영되는 일명 '관변단체'는 없지만, 있다 하더라도 회원의 회비 납부와 정기총회 및 외부 회계감사와 같은 자격 조건을 갖추지 못할 때에는 추천 단체에서 제외된다. 결국 직능을 대표하려면 오랫동안 사회적 신망을 얻을 때에만 방송평의회에 평의원을 추천할 자격이 주어진다. 독일 연방의회는 매년 주요 입법 로비 단체의 명단을 공개하고 있다. 각 직능별로 대표적인 시민단체, 직능단체를 모두 열거하고 있는데, 이 가운데 해당 직능을 대표할 수 있는 단체가 공영방송법에 평의원을 파견할 수 있는 단체로 명시된다.

우리도 직능단체나 시민단체가 공영방송 이사를 추천할 수 있도록 법적으로 보장한다면, 직능 영역을 법에 명시하고, 시행령을 통해서 직능 영역에서 이사를 추천할 수 있는 단체의 자격 조건을 정할 수 있다. 또한 고시를 통해서 후보 단체로 등록을 희망하는 직능단체와 시민단체를 접수하여, 각 단체가 법인이면서 매년 정기총회를 통해서 감사보고와 재정보고, 임원선출이라는 민주적이고 투명한 절차를 통해 운영됨을 평가하여 후보 단체 목록을 공표하는 방식을 채택할 필요가 있다. 새롭게 도입되는 제도는 안정적으로 운영할 필요가 있다.

만일 독일이나 오스트리아, 덴마크 공영방송법에서처럼 공영방송 이사를 추천할 수 있는 직능단체나 시민단체를 시행령이나 고시에 명시한다면, 해당 단체로부터 복수로 후보를 추천하도록 할 수 있다. 더 나아가 추천할 수 있는 단체를 복수로 정하고, 추천받은 이사 후보 가운데 심사를 통해 각 직능별로 최적의 인사를 선임할 수도 있다. 그러나 방송통신위원회를 비롯한 행정규제 기관의 정치적 독립성이 보장되지 않는다면, 차라리 한 단체에서 복수의 추천을 받는 방안이 더 합리적일 수 있다.

또한 공영방송 이사회에 시민 참여를 더 확장한다면, 직능 대표성이나 전문성뿐만 아니라 계층 간 다양성을 고민할 필요가 있다. 예컨대 이사의 수를 25인으로 늘린다면, 직능 기관이나 단체에서 추천하는 인사에 장애인이나 여성, 청년 등을 대표할 수 있는 이사가 반드시 포함될 수 있도록 할당제 적용도 검토해야 한다. 예를 들어 전체 이사는 특정 성비를 60% 이상 초과하지 않게 하고, 추천 기관은 추천 회기별로 남녀를 이사 후보로 교차 추천하도록 하는 방안도 고려할 수 있다. 예컨대 첫번째는 여성을 추천하고, 두 번째는 남성을 추천하는 방식이다.

만일 정치권이 현행 추천 방식을 유지하거나 여야 7:6 추천 방식 (박홍근·박성중 의원 대표발의안)을 고수한다면, 각 당은 방송정책, 방송법 (변호사 자격), 방송경영, 방송 재원 및 회계(회계사 자격), 방송기술(해당분야 자격자), 시청자 권익 보호 분야에서 최소 5~10년 이상 경력이 있는 후

[표6] 대표성과 전문성을 고려한 교차 추천 방식(7:6 추천안의 경우)

여·야	분야	고려할 조건
정부·여당	이사장 후보(전 분야)	특정 성비 60% 미만 추천 40대 이하 30% 이상 추천
	방송정책 전문가	
	방송경영 전문가	
	방송법 전문가	
	방송 회계 전문가	
	방송기술 전문가	
	시청자대표	
야당	방송정책 전문가	특정 성비 60% 미만 추천 40대 이하 30% 이상 추천 원내교섭단체 의석수 비율 배분
	방송경영 전문가	
	방송법 전문가	
	방송 회계 전문가	
	방송기술 전문가	
	시청자대표	

보를 추천하여 전문성과 대표성을 보완하도록 제도화할 필요가 있다.

물론 이 경우에도 이사 추천 과정에서 대표성과 전문성을 고려하더라도, 그동안 관행적으로 행해지던 정부 여당과 야당의 추천 권한을 합법화하고, 정치적 후견주의를 더 고착시킬 수 있다는 문제점이 있다. 시민 참여를 위해 직능별로 추천을 받아서 선임하는 것보다는 제도개혁의 정당성을 확보하는 데 한계가 있을 수 있나.

사장추천위원회를 통한 시민 참여 보장

공영방송 거버넌스 개선안에서 이사회 구성 만큼이나 비중 있게 다뤄지는 부분은 사장추천위원회의 구성이다. 이는 이사회가 지나치게 정치후견주의에 휘둘릴 수밖에 없는 구조라는 현실적인 문제를 이사 선임 방식의 개선에도 불구하고 단기간에 문제를 해소할 수 없다는 인식에서 사장추천위원회라는 안전장치를 만들자는 제안이다. 현재 사장추천위원회는 공영방송 내부에서 자체적인 규정을 통해서 운영하고 있지만, 이를 공영방송법에 명문화한다면, 사장추천위원회의 추천 방식에 대해서도 국민배심원제 방식으로 투명하게 이루어져야 하고, 운영도 별도 시행령과 규칙으로 구체화할 필요가 있다. 사장추천위원회는 시민이 공영방송 운영에 직접 참여하는 제도적 장치이기 때문에, 현실적으로 큰 결정 권한을 시민 대표에게 직접 부여하는 장치이다. 사장추천위원회에 추천위원으로 참여하는 방식은 현재로서는 국민배심원제처럼 무작위로 추첨을 통해서 정해질 수밖에 없다. 국민배심원이 합리적인 판단을 할 수는 있지만, 공영방송의 경영과 혁신을 책임지는 경영진을 뽑는 과정을 선의에만 의존하기에는 제도적인 불안정성이 존재할 수 있다. 이러한 우려를 불식하기 위해서는 사장 선임 과정에서 사장추천위원회와 이사회의 역할을 분리하는 것도 방법이다.

사장추천위원회는 사장 후보로 등록한 복수의 지원자로부터 '공영방송의 향후 지향점', '프로그램 전략', '시청자에 대한 책무성 강화방

[그림7] 사추위와 이사회의 사장후보 검증의 이원화

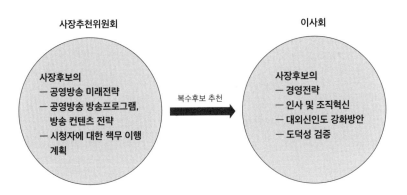

안' 등 공영방송의 역할과 프로그램에 대한 공약을 설명 듣고, 다수결로 복수의 후보를 이사회에 추천하도록 하고, 이사회는 사추위가 추천한 복수의 후보에 대해서 '경영혁신과 미래경영전략', '인사 및 조직혁신', '공영방송의 대외 신인도 강화 방안' 등 주로 경영에 대한 공약을 듣고 경영 능력을 평가하는 방식으로 대통령에게 추천할 후보를 선출하는 방식을 고려할 수 있다.

특별다수제라는 함정

공영방송 사장 추천에서 가장 많이 논의되는 것이 재적 2/3의 추천으로 사장후보를 정한다는 특별다수제 도입이다. 특별다수제는 정치 후견주의를 극복하고 가장 적임자를 사장으로 선출하기 위해서 도입된 사장 선출 방식으로 독일의 ZDF를 비롯하여 극히 일부 공영방송에서 채택하고 있는 제도이다. 특별다수제의 장점은 다양한 이해관계를 가진 이사(또는 평의원)들이 해당 공영방송을 운영하는데 가장 적임자로 판단되는 사람이 선출될 때까지 후보자를 찾는 방식이다.

그러나 이사회에서 최종 후보에 합의하지 못하면 특별다수제는 사장선임 과정을 오랫동안 공전시키는 단점이 있다. 이러한 이유로 독일의 ZDF 등에서는 사장 후보가 면접 과정에서 자신과 정치적 신념이나 당적이 다른 보도국장 후보를 러닝메이트로 밝히는 일명 비례주의Proporz로 불리는 제도가 보완적으로 도입되고 있다. 물론 유럽에서처럼 언론인이 일반적으로 정당에 가입하거나 최소한 자신의 정치적 성향을 공개적으로 표명하는 문화에서는 손쉬운 제도이다. 한국에서는 정치적 성향을 명확히 하는 경우도 있지만, 대개는 감추는 경우가 많고 보도국장 임기가 보장되는 경우도 적어서 실질적인 효과는 기대할 수 없다.

이러한 현실적 문제로 인해서 정필모 의원 대표발의안에서는 공론조사 과정을 거치도록 하고 있는데, 만일 1, 2차 선출 과정에서 합의하지 못한다면, 3차 선출 과정을 앞두고 공론 조사 과정을 거쳐 이사 과반수의 동의로 최종 후보를 선출하는 과정을 보완한다는 대안이다. 어쩌면 가장 현실적인 대안일 수 있다.

6. 우리에게 바람직한 공영방송 거버넌스는?

오랫동안 진행된 공영방송 이사회 개편과 사장선임 방식에 대한 논의는 다람쥐 쳇바퀴 돌 듯 제자리를 맴도는 것처럼 느껴진다. 그러나 제자리를 도는 것처럼 보이는 논의 과정도 조금씩 앞으로 나가고 있다. 정부와 정치권이 공영방송의 이사 선임 과정에서 정치 후견주의를 포기하기 위한 논의가 진행되고 있고, 공영방송 이사 추천에서 대표성과 다양성, 전문성을 보장하기 위한 여러 제안이 등장했다. 또한, 공영방송 사장을 선임하기 위한 제도적 장치로 사장추천위원회라는 대안을 제도화하자는 논의도 있다. 이러한 고민은 결국 집권여당과 정부에 의해 공영방송이 파행적으로 운영되는 문제점을 해소하기 위한 근본적인 해결책을 찾기 위한 출발이다.

대다수 입법은 결국 여야가 동의할 수 있는 최소 교집합을 합의사항으로 묶는다. 일반적으로 제도는 선행된 제도 형성 과정을 반영하는 경로를 의존한다. 그 과정에서 가장 크게 작용하는 것은 정치 후견주의에 대한 회귀 본능일 것이다. 현실적으로 국회가 완벽한 규범을 만드는 게 어렵다면, 현실적 한계를 인정하면서 기존 제도의 경로를 일정하게 다른 방향으로 틀어서 출구를 마련하는 점진적 해결책도 찾을 필요가 있다.

그러나 근본적인 해결을 위해서는 우리 사회에 맞는 대안을 마련하는 것이다. 공영방송 거버넌스 개선을 위한 사례로 종종 거론되는 독일의 방송평의회는 대륙법인 게르만법 전통과 연방제라는 정치체제,

자율성에 기초한 수평적 관계를 중요시하는 코포라티즘이라는 독일 사회의 환경과 전통을 반영하고 있다. 독일에서 방송평의회는 신권과 군주 권한을 대변하는 교황청과 왕권, 연방 영주들의 봉건 권력에 맞서 자치권을 획득하는 과정을 통해서 형성된 제도이다. 초기 평의회가 도시권이라는 자치 권한을 과도한 조세를 납부해가면서까지 얻었다면, 대다수 도시에서 평의회가 만들어진 16, 17세기 평의회는 '농민전쟁'과 '30년전쟁' 기간 중 흘린 '민중의 피'로 얻은 산물이다. 이러한 역사적 발전 과정을 통해서 만들어진 평의회 전통을 제2차 세계대전 후 독일에서 BBC 모형을 수용하여 공영방송 제도를 도입할 때, 거버넌스 구조는 수평적 자율성을 보장하는 독일식 평의회를 채택한 것이다.

우리에게는 이러한 전통이 없다. 하지만 4·19학생운동부터 5·18 민주화운동을 거쳐 촛불시위를 통해 불의한 권력을 몰아낸 민주주의 쟁취를 위한 과정이 있었고, 디지털 미디어를 통해 군건히 다져진 정치 공론장이 형성되어 있다. 이러한 우리 사회가 만든 새로운 전통 위에 해외 사례가 우리 사회에 주는 적용 가능한 시사점을 찾아야 할 것이다. 현실적으로 우리나라는 독일과 다른 법 제도 형성 과정과 제도 운영 경험을 가지고 있다. 이러한 차이점에도 시사점이 있으려면, 독일에서 제도화된 방송평의회가 우리 사회에 현실적으로 적용 가능한지 살펴볼 필요가 있다. 한국의 현행 공영방송 거버넌스는 집권 여당과 정부가 공영방송에 영향력을 행사하기에 편리한 구조이다. 우리나라에서는 정권이 교체될 때마다 야당은 합리적 대안을 제시하고, 여당은 통치권력을 강화하기 위해서 현행 제도 유지를 고수해왔다. 이러한 행태는 보수도 진보도 차이가 없었다. 결국 선의만으로 제도가 정의롭고 투명하게 작동하지 않는다. 오히려 한국적 정치 상황이라는 법제도적 한계로 인해서 공영방송이 '오래된 전통'인 정치후견주의에 안주하는 경향이 두드러지게 나타났다.

현 시점에서 공영방송 거버넌스와 관련 있는 몇 가지 대안을 고민해야 한다. 첫째로 변화된 미디어 환경에서 바람직한 공영방송은 무엇이고, 공영방송은 어떠한 역할을 해야 하는지에 대한 명확한 임무가 주어져야 한다. 이를 위해서는 공영방송법이 제정되어야 하고, 공영방송법에는 공영방송에 대한 정의와 역할, 책무를 명확히 할 필요가 있다. 둘째로 제작 실무자의 제작 자율권인 발제권과 프로그램을 제작할 권리, 부당한 지시를 거부해도 인사에 따른 불이익을 당하지 않을 권리를 보장하는 편성규약과 법 제도적 보장이 필요하고, 이들의 직능대표성과 제작 자율권 보장을 위한 제작자 대표위원회와 제작자 대표의 구성을 명문화하는 법 개정이 필요하다. 어쩌면 정치권이 공영방송에 대한 영향력을 포기하지 않으려는 근본적인 이유는 공영방송 종사자들이 제작 자율권을 보장받을 경우, 자신들이 공영방송을 도구화하거나 경영과 인사에 직접적인 통제력을 잃을 수 있기 때문일 것이다. 그러한 의미에서 완전한 제작 자율권 보장은 공영방송 거버넌스 구조에서 매우 중요한 의미를 차지한다. 셋째로 공영방송사 경영진의 책임 경영을 보장할 수 있는 사상 권한과 최종 결정권에 대한 책무성도 명문화되어야 한다. 만일 사장이 경영과 방송 편성제작에 대한 책무를 제대로 수행하지 못했을 경우, 이사회는 사장을 비롯한 경영진을 언제든지 소환하여 책임을 묻고, 경중에 따라서는 면직시킬 수 있어야 한다.

　새로운 규칙을 몇 가지 바꾼다고 해서 여러 개의 바퀴가 맞물린 제도 전체가 자동으로 좋아지지는 않는다. 오히려 바뀐 규칙을 지키는 시늉만 하는 '상징적 동조decoupling' 현상만 나타날 뿐이다. 그러한 의미에서 공영방송 거버넌스를 바꾸는 일은 단순히 이사 수를 늘리는데 그치지 않고, 공영방송을 작동시키는 방식과 실효적인 감독 수단, 법제도적 독립성 보장에 대해 고민해야 한다.

권기헌 (2008), 『정책학』, 서울: 박영사

김민정 (2017), 공영방송 지배구조 개선법에 대한 검토, 〈한국언론학회·한국언론정보학회·전국언론노동조합 공동 긴급 현안 세미나〉(2017.9.22 한국프레스센터)

김창룡 (2017), 공영방송 지배구조 개선을 위해 '한국형 모델'을 제시한다, 〈카메라기자〉 110호, 4쪽

박상현 (2020.2.14), 박상현의 디지털 읽기: 하이테크 믿다가 난리… 차라리 로테크로 돌아가자는 美 대선. 조선일보, https://www.chosun.com/site/data/html_dir/2020/02/14/2020021400036.html

유홍식 (2017), 언론개혁의 방향과 입법과제, 〈국회입법조사처 주최 세미나〉(2017. 3. 2 국회)

이명석 (2002), 거버넌스의 개념화: '사회적 조정'으로서의 거버넌스, 『한국행정학보』 36권 4호, 321-338

임지영 (2022. 7. 6), 우크라이나에 대한 가장 생생한 이야기, 여성들의 모놀로그, 〈시사인〉, https://www.sisain.co.kr/news/articleView.html?idxno=47843

정준희 (2017), 새 정부의 방송법 체계 변화 전망과 공영방송의 역할과 위상. 〈한국언론학회 가을철 정기학술대회〉(2017. 10. 21 중앙대학교)

조항제 (2014), 『한국 공영방송의 정체성』, 서울: 컬처룩

Adorno, T. W. (1944/1981). *Dialektik der Aufklaerung*. Frankfurt a.M.: Suhrkamp Verlag.

Blumer, J. H. & Hoffmann-Riem, W. (1992). New Roles for Public Television in Western Europe: Challenges and Perspectives. *Journal of Communication (1)*, 20-35.

Bundesverfassungsgerichtshof (2014). *14. Rundfunkurteil - "Normenkontrollanträge gegen den ZDF-Staatsvertrag" (BvF 1/11, BvF 4/11 am 25. Maerz 2014)*. Karlsruhe: Beundesverfassungsgerichtshof.

Denhardt, J.V. & Denhardt, R. B. (2007). *The New Public Service Expanded Edition. Serving Not Steering*. Armonk: M.E. Sharpe.

Donges, P. & Puppis, M. (2003). *Die Zukunft der oeffenlichen Rundfunks – Internationale Beitraege aus Wissenscahft und Praxis*. Koeln: Herbert von Halem Verlag.

Donges, P. (2011). *Die pluralen Gremien der Landesmedienanstalten und der ALM in der Governance-Perspektive*. Berlin: Vistas.

Hirschner, R.(2017). Beteiligungsparadoxon in Planungs- und Entscheidungsverfahren. *Forum Wohnen und Stadtentwicklung (6)*, 323-326.

Holtz-Bach, C. & Norris, P. (2001). "To Entertain, Inform, and Educate"; Still the Role of Public Television. *Political Communication (2)*, 123-140.

Just, N., Latzer, M., Sauwein, F. (2007). Communications Governance: Entscheidnugshilfe fuer die Wahl des Regulierungsarrangements am Beispiel Spam. In P. Donges (eds), *Von der Medienpolitik zur Media Governance?* Koeln: Herbert von Halem Verlag, 103-126.

Kiefer, M.-L. (2001). *Medienoekonomik*. Muenchen/Wien: Oldenbourg.

Krueger, U. M. & Zapf-Schramm, T. (2002). Wahlrechriterstattung im oeffentlich-rechtlichen und privaten Fernsehen. Ergebnisse des ARD/ZDF-Wahlmonitors 2002. *Media Perspektiven (12)*, 610-622.

Lange, S. & Schimank, U. (2004). *Governance und gesellschaftliche Intergration*. Wiesbaden: Verlag fuer Sozialwissenscahften.

Langenbucher, W. (1990). Braucher eine demokratische Gesellschaftoeffentlichen Rundfunk?. *Media Perspektiven (11)*, 699-716.

Mayntz, R. & Scharpf, F. W. (1995). Der Ansatz des akteurzentriertenInstitutionalismus. In R. Mayntz, & F.W. Scharpf (Eds), *Gesellschaftliche Selbstregelung und politische Steuerung*. Frankfurt/M. : Campus Verlag, 39-72.

Pfetsch, B. (1991). *Politische Folgen der Dualisierung des Rundfunksystem in der Bundesrepublik Deutschland. Konzept und Analysen zum Fernsehangebot und zum Publikumsverhalten*. Baden-Baden: Nomos Verlag.

Pierre, J. & Peters, B. G. (2000). *Governance politics and the state*. New York : St. Martin's Press.

Porter, V. (1999). Public service broadcasting and the new global information order. *Intermedia (4)*, 34-37.

Puppis, M. (2007). *Einfuehrungin die Medienpolitik*. Konstanz: UVK,

Ronnenberger, F. (1978). *Kommunikationspolitik. Teil III: Kommunikationspolitik als Medien-*

politik. Mainz: v. Hase & Koehler.

Salamon, L. M. (2002). *The tools of government: a guide to the new governance*. Oxford: Oxford University Press.

Saxer, U. (1998). Was heisst Kommerzialisierung. *Zoom K&M (11)*, 10-17.

Trute H-H. & Kühlers D., Pilniok A. (2008). Governance als verwaltungsrechtswissenschaftliches Analysekonzept. In: G.F. Schuppert & M. Zürn (eds), *Governance in einer sich wandelnden Welt*. Wiesbaden: VS Verlag für Sozialwissenschaften, 173-189.

TV2 Fyns (2022). *TV2 Fyn public-service-redegoerelse 2021*. Odense: TV2 Fyns.

TV2 (2022). *TV2 Regionerne Organisation*. https://omtv2.tv2.dk/fakta/or\-ganisation/tv-2-regionerne/(최종검색 : 2022. 8. 15)

Wendt, R. (2000). *Staatliche Massnahmen zur Erhaltung der presserechtlichen Meinungsvielfalt*. Saarbruecken : Saarbruecker Bibliothek.

김동원 (한국예술종합학교 방송영상과 강사)

4

언론 규율의
세 공간과
자율규제의
패러다임 전환

해석틀의 차이가 발생하는

세 번째 규율 공간인 일상은 법률이나 강령보다

더 현실에 가까운 실재의 공간이다.

이 공간은 속보 경쟁과 저널리즘의 가치가

충돌하는 곳이며, 일관성과 비일관성, 사실과 의견,

개념과 경험이 서로 뒤엉켜 언론 종사자의

직업 공동체와 독자 시민이 각자의 삶에서 구성한

공동체가 서로 비대칭 관계에 놓인 장이기도 하다.

1. 자율규제 쟁점의 맥락

신문과 방송뿐 아니라 인터넷을 통한 정보 제공자까지 정기간행물의 기사, 방송 뉴스 콘텐츠, 인터넷 공간 내 미디어 콘텐츠는 법적규제와 자율규제 모두를 적용받는다.[1] 그러나 규제^{regulation}는 규제 영역·대상·개입 범위·수행 주체에 따라 [표1]과 같이 다양한 유형을 취한다. 언론에 대한 규제는 위 유형과 예시에 따라 몇 가지 구분이 가능하다. 그러나 이 글에서 다루는 규제는 언론사와 언론 종사자 행위의 결과인 언론보도, 또는 미디어 콘텐츠가 인격권을 침해하는 경우 적용되는 규제로 사회규제(영역), 성과규제(대상), 네거티브 규제(개입 범위), 직접·자율규제(수행 주체)에 해당한다.

언론보도나 미디어 콘텐츠에 의해 개인이나 단체(법인 등)가 재산권이나 인격권에 피해를 입었을 때 현재의 규제 수준이 적절한지는 오

---

1) 이 글에서 자율규제와 관련하여 다루는 언론은 언론중재법 제2조(정의) 제1항에 따른 "방송, 신문, 집기 등 정기간행물, 뉴스통신 및 인터넷신문"과 정보통신망법 제2조(정의) 제2항에서 제3항에 따른 "정보통신서비스", "정보통신서비스 제공자"를 말한다. 정보통신망법 제2조 제4항의 "이용자"는 논의에서 제외한다.

[표1] 정부규제의 유형과 예시

구분	유형	예시	비고
영역	경제규제	진입·품질·가격·물량 규제 등	시장에 대한 정부 개입
	사회규제	환경·산업재해·소비자안전·사회적 차별 규제	민간경제주체의 사회적 역할을 고려 책임과 부담을 가하는 규제
대상	수단규제	투입규제	정부가 목표 달성을 위해 필요한 기술이나 행위를 사전 규제
	성과규제	산출규제	정부가 특정 사회문제 해결의 목표 달성 수준을 피규제자에게 요구
	관리규제	식품유해요소 중점 관리 등	위 두 규제와 달리 과정을 규제
개입범위	네거티브 규제	~ 할 수 있다. ~ 가 이다.	원칙 허용, 예외 금지
	포지티브 규제	~ 할 수 없다. ~ 가 아니다.	원칙 금지, 예외 허용
수행주체	직접규제	정부기관에 의한 인·허가 등	법령에 따른 규제
	자율규제	신문윤리위원회 등	사업자협회의 자율규제
	공동규제	한국광고자율심의기구	신문법 시행령에 따른 기금지원

출처: 이종수 외(2022)

랫동안 논쟁이 되어 왔다. 대개의 개인, 단체, 기관 등 행위자가 타인에게 특정한 행위를 통해 피해를 입히는 경우와 달리 언론은 그 행위는 물론 보도나 콘텐츠와 같은 행위 결과가 공공의 이익을 전제로 수행되기 때문이다. 문제는 공공의 이익이라는 목적이 언론보도로 인한 피해라는 결과와 충돌할 때다. 특히 그 피해 당사자가 사회적 지위와 평판을 가진 개인이나 단체일 때에 이 문제는 수시로 불거졌다.

가장 최근의 사례는 「언론중재 및 피해구제 등에 관한 법률」(이하 언론중재법) 개정안 논란이었다. 2020년 5월 임기가 시작된 제21대 국회로 한정해 보면 2020년 6월 더불어민주당(이하 민주당) 정청래 의원안을 시작으로 2021년 6월 24일 민주당 김용민 의원안까지 모두 16건의 개정안이 발의됐다.

논쟁이 격화된 때는 김용민 의원안이 공개된 직후였다. 민주당은 "가짜뉴스 방지법", 언론보도에 따른 시민피해 구제를 위한 "민생 법안"으로 입법 배경을 설명하며 더 이상 미룰 수 없는 언론개혁 과제라 밝혔다. 더 이상 미룰 수 없는 과제란 곧 입법 과정의 강행처리를 의미했다. 민주당은 16개 개정안의 통합안(대안)을 공개하지 않은 채 7월 27일 국회 문화체육관광위원회 법안소위 의결을 거치며 해당 상임위와 법제사법위원회까지 신속한 처리 절차를 밟았다.

이례적인 강행 처리에 전국언론노동조합, 방송기자연합회 등 언론 현업단체와 자유언론실천재단뿐 아니라 국경없는기자회와 유엔인권이사회 등 해외 단체까지 반대와 우려를 표명했다. 여기에 국민의힘과 조선·동아·중앙 등 대형 언론사, 보수시민단체까지 반대하며 정치적 대립으로 확장됐다. 결국 민주당은 8월 국회 본회의 통과를 미루고 국민의힘과 협의체를 구성하여 9월 국회로 처리를 미루었고 29일 양당은 언론중재법뿐 아니라 정보통신망법, 신문법, 방송법 등 언론·미디어 관련 개정안을 다룰 '국회 언론·미디어제도개선 특별위원회' 설치를 합의했다.

그러나 두 달을 훌쩍 넘어 진행된 개정안 논쟁은 법리적 문제를 넘어 언론의 자유와 사회적 책임, 언론보도로 인한 인권 침해 방지와 처벌이라는 양립하기 어려운 윤리학의 문제로 확대되었다. 무엇보다 개정안에 대한 찬반 여부를 떠나 '규제 주체가 누가 되어야 하는가'의 물음은 여전히 남았다. 논쟁이 한참이었던 2021년 8월 23일 TBS가 의뢰하고 한국사회여론조사연구소가 발표한 여론조사 결과에서 언론보도에 대한 징벌적 손해배상제 도입 찬성 의견은 54.1%, 반대는 37.5%로 나타났다. 징벌적 손해배상과 같은 언론보도에 대한 직접규제에 더 많은 찬성을 보인 여론은 언론의 행위와 그 결과에 대한 책임을 언론 스스로가 아닌 법적 규율에 맡겨야 한다는 평가를 반영했다.

2021년 하반기에 불거진 언론중재법 개정안 논란은 직접규제인가, 자율규제인가의 이분법을 넘어 현재 한국 언론에 작동하고 있는 규제의 공간과 그 주체에 대한 냉정한 진단으로 이어져야 한다. 이 글에서는 언론보도 및 미디어 콘텐츠에 의한 인격권 침해에 초점을 맞추어 규제의 공간을 세 부문으로 구분하면서 진단을 시작한다. 여기서 규제란 행정학에서 말하는 규제보다 넓은 범위로 언론사와 언론 종사자의 취재·보도·제작 행위 및 행위 결과에 대한 다양한 주체들의 규율^{discipline}을 뜻한다. 이렇게 보면 규율의 공간은 세 곳으로 구분된다. 첫째, 법령과 제도에 의해 규율되는 직접 규제의 공간으로 헌법에서 시작하여 민법과 정보통신망법·언론중재법 등이 여기에 속한다. 둘째, 언론사, 언론 관련 직능단체 및 학계에서 규정하고 제안하는 저널리즘의 공간이다. 이 공간에서는 표현의 자유와 함께 사회적 책임을 져야 하는 언론에 대한 규범이 언론계에서 만들어지고, '저널리즘'이 갖춰야 할 조건에 대한 학술적 평가와 제언이 제시된다. 흔히 '자율규제'는 이 공간에서의 규율을 뜻한다. 이 두 가지 공간이 잘 알려진 규율의 공간이라면 이 글에서는 또 다른 규율의 공간으로 언론 종사자(기자 및 PD 등)가 취재, 보도, 제작 등 직무 실천으로 구성하는 직업 공동체의 공간을 상정한다. 앞의 두 공간에서 작동하는 규율은 법률이나 강령 등으로 명문화 되었다면, 이 공간에서 규율은 언론 종사자가 의식적이거나 무의식적으로 취하는 행위 기준이며 명문화 될 수 없는 사실과 의견, 기호와 의미의 공간이다. 세 번째 공간에 대한 논의는 사실과 허위, 관찰과 관념(이론), 개념과 경험과 같이 주관과 객관으로 양분할 수 없는 '방법론'을 통해 이루어져야 한다. 이 글에서는 이 방법론을 위해 다양한 사회과학 방법론 중 비판적 실재론^{Critical Realism}의 입장을 취하여 직업 공동체의 실천 공간을 다루고자 한다.

자의적이지만 위와 같은 세 공간의 구분과 중첩을 상정하는 이유는 언론 종사자가 취재·보도·제작 현장에서 수행하는 실천을 직접규제 및 자율규제의 명문화된 규정 —법률 및 강령 등—과 비교하고 직접규제와 자율규제가 갖는 한계를 밝혀야 하기 때문이다. [그림1]의 배치처럼 가장 추상 수준이 높은 헌법과 법률의 직접규제 공간은 최상단에, 상대적으로 언론 종사자의 현장에 가까운 언어로 명시된 자율규제 공간은 중간에 위치하며 서로 중첩된다. 그러니 언론 종사자가 현장에서 수행하는 직업 공동체 내 실천은 위 두 규율의 공간을 배태

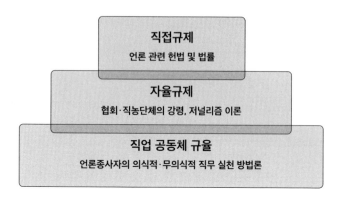

[그림1] 언론 규율의 공간들

직접규제
언론 관련 헌법 및 법률

자율규제
협회·직능단체의 강령, 저널리즘 이론

직업 공동체 규율
언론종사자의 의식적·무의식적 직무 실천 방법론

한 원천이자 사실^{fact}을 찾기 위한 방법론의 공간이기도 하다. 이후 글에서는 세 공간을 차례로 일별하고 실현 가능한 언론 자율규제 방안을 모색할 것이다.

2. 직접규제의 공간 : 헌법과 법률

가. 헌법

직접규제는 언론사와 언론 종사자에게 부여되는 가장 높은 수준의 규율이자 법령이라는 점에서 추상 수준이 가장 높은 규율의 공간이다. 1987년 공포된 현행 헌법은 언론과 출판의 자유에 대해 다음과 같이 규정하고 있다.

제21조 ① 모든 국민은 언론·출판의 자유와 집회·결사의 자유를 가진다.
② 언론·출판에 대한 허가나 검열과 집회·결사에 대한 허가는 인정되지
아니한다.
③ 통신·방송의 시설기준과 신문의 기능을 보장하기 위하여 필요한 사항
은 법률로 정한다.
④ 언론·출판은 타인의 명예나 권리 또는 공중도덕이나 사회윤리를 침해
하여서는 아니된다. 언론·출판이 타인의 명예나 권리를 침해한 때에는 피
해자는 이에 대한 피해의 배상을 청구할 수 있다.

제37조 ② 국민의 모든 자유와 권리는 국가안전보장·질서유지 또는 공공
복리를 위하여 필요한 경우에 한하여 법률로써 제한할 수 있으며, 제한하
는 경우에도 자유와 권리의 본질적인 내용을 침해할 수 없다.

헌법 제21조 제1항에 명시된 "모든 국민은 언론·출판의 자유"를 갖
는다는 조문은 대개 '표현의 자유'로 해석되지만 '알 권리' 또한 포함
한다.[2] 언론의 자유란 누구든 어떠한 사상이나 의견도 말과 글 등 기
호로 표현할 수 있는 자유이며, 출판의 자유란 기호로 표현된 사상이

---

2) 헌재 1989. 9. 4. 88헌마22, 판례집 1, 176.

나 의견을 전파할 수 있는 자유를 뜻한다. 그러나 사상과 의견을 표현하고 전파할 때는 전제가 따른다. 사상과 의견을 형성할 재료, 즉 정보에 대한 자유로운 접근과 수집, 그리고 처리가 보장되어야 한다. 1992년 이른바 '군사기밀보호법' 사건에 대해 헌법재판소가 내린 결정은 알 권리와 민주주의 간의 중요한 원칙을 언급했다. 자유민주주의 체제에서 정치 지도자들의 결정과 행동에 관해 국민이 충분한 지식(정보)을 갖고 있어야 하며, 이는 사회 구성원이 정치적·사회적인 결단을 형성할 때 중요한 수단이 된다는 판단이다(이승선, 2021: 22).[3]

이 결정에서 헌법재판소가 표현의 자유는 다른 기본권에 우선하는 헌법상의 지위를 갖는 이유를 설명하며 자치정체自治政體의 이념을 근거로 든 것은 중요하다. 표현의 자유는 개인의 자유에 그치는 것이 아니라 통치권자를 비판함으로써 피통치자가 스스로 지배에 참여할 권리이기 때문이다. 표현의 자유에 알 권리가 포함된다는 점을 생각해보자. 통치권자는 일반 대중과 마찬가지로 오류를 범할 수 있으며, 더 큰 권력을 가진 통치권자의 오류는 그 영향이 일반 대중의 오류보다 더 클 수 있다. 따라서 정보의 자유로운 접근·수집·처리의 대상에서 국가는 예외일 수 없고, 이렇게 확보한 알 권리의 실현으로 통치자에 대한 피통치자의 비판이 가능하다.

선거제도로 실현되는 대의제 민주주의와 달리 민주정의 기본 원칙

---

3) 헌재 1992. 2. 25. 89헌가104, 판례집 4, 64.

은 시민이 통치하는 자리와 복종하는 자리를 번갈아 차지해야 한다는
것이었다. '잘 다스린다'는 의미는 통치자가 다스릴 권리를 갖기 이전
에 복종하는 위치에 있었다는 사실을 전제로 했다(Manin, 2004: 46-47).
이와 같은 관직에 대한 '교체의 원리'는 헌법이 규정한 표현의 자유와
도 밀접한 관련을 맺는다. 통치받는 위치에 있는 시민은 통치권자에
대한 표현의 자유가 확보되어야 하며, 그래야 자신이 통치자의 위치
에 있을 때 시민에게 표현의 자유를 보장할 수 있기 때문이다.

그러나 헌법은 제21조 제4항에 언론·출판의 자유의 한계를 설정하
는 기준을 포함하고 있다. 언론과 출판은 "타인의 명예나 권리 또는
공중도덕이나 사회윤리를 침해하여서는 아니"되며, "명예와 권리를
침해"받은 피해자는 언론과 출판에 대해 "피해의 배상을 청구할 수 있
다"는 조항이 그것이다. 이 조항은 헌법에서 '예외상태'를 규정한 제
37조 제2항 "국가안전보장·질서유지 또는 공공복리를 위하여 필요
한 경우에 한하여 법률로써 제한"할 수 있는 권리이기도 하다. 예외상
태에 근거한 언론·출판의 자유에 대한 헌법의 제한은 제헌헌법부터
명시되었지만 그 내용은 달랐다. 타인의 명예나 권리 또는 공중도덕
이나 사회윤리의 침해가 아니라 "질서유지와 공공복리를 위하여 필
요한 경우"라는 국가의 자의적 판단이 기준이었기 때문이다. 그러나
질서유지와 공공복리라는 표현의 자유에 대한 예외상태의 창출은
1961년 5·16 군사 쿠데타 직후 헌법 개정에서 그 범위가 더욱 구체
화되있나.

제18조 ① 모든 국민은 언론·출판의 자유와 집회·결사의 자유를 가진다.

② 언론·출판에 대한 허가나 검열과 집회·결사에 대한 허가는 인정되지 아니한다. 다만, 공중도덕과 사회윤리를 위하여는 영화나 연예에 대한 검열을 할 수 있다.

③ 신문이나 통신의 발행시설 기준은 법률로 정할 수 있다.

④ 옥외집회에 대하여는 그 시간과 장소에 관한 규제를 법률로 정할 수 있다.

⑤ 언론·출판은 타인의 명예나 권리 또는 공중도덕이나 사회윤리를 침해하여서는 아니된다.

위 조항 중 영화나 연예에 대한 검열(제2호), 언론·출판에 대한 "타인의 명예나 권리 또는 공중도덕이나 사회윤리 침해"(제5호)는 법률에서 다루어야 할 규제를 헌법에 명시한 최초의 규정이었다. 이후 1972년 개정된 '유신 헌법', 그리고 신군부의 정권 장악 이후 개정된 1980년 헌법에서는 검열만 사라졌을 뿐 제5호의 조문은 그대로 유지됐다. 특히 신군부는 1980년에 언론 표현물에 대한 압수, 언론인의 결격사유, 등록취소, 편집인 등에 대한 형사처벌 등을 규정한 '언론기본법'을 제정했다. 이 법에서는 취재원의 보호, 정정보도청구권, 언론중재위원회 등의 도입과 함께 헌법 조항인 "타인의 명예나 권리 또는 공중도덕이나 사회윤리 침해"를 금지조항으로 두었다. 민주화 항쟁의 산물이었던 1987년 현행 헌법에서도 이 조항은 그대로 유지되었다(이승선, 2021: 39). 기본권 제한이라는 예외 상태를 명시한 제37조와 함께 제21

조 제4항은 금지조항과 피해배상 청구권을 명시하고 있다.

직접규제의 공간에서 표현의 자유에 대한 더 강화된 형법, 민법, 정보통신망법 및 언론중재법 개정안이 발의될 때마다 헌법의 예외 상태(제37조)와 금지 및 배상 청구권(제21조 제4항)이 종종 언급되는 것은 '민주화 이후의 민주주의'에서 역설적인 현상이다. 개헌의 역사를 볼 때, 법률로 위임할 수 있는 표현의 자유에 대한 규제는 군부독재의 헌법에서 기원했기 때문이다. 따라서 1987년 개헌 이후 제21조 제4항은 언론·출판의 자유를 어디까지 보호해야 하는지 한계를 설정하는 기준으로 해석되어 왔다. 그러나 제21조 제1항에서 명시한 언론·출판의 자유와 제4항을 동시에 해석할 경우, "언론·출판의 자유에 따르는 책임과 의무를 강조함과 동시에 언론·출판의 자유에 대한 제한 요건을 명시한 규정"으로 볼 수도 있다. 이는 2021년 형법 제307조 제1항 사실적시 명예훼손 사건 결정에서 제시된 판단이었다.[4] 그러나 2009년 헌법재판소는 음란표현물을 다룬 사건에서 헌법 제21조 제4항에 의거 음란표현은 언론·출판 자유의 보호 영역에 해당하지 않는다고 판단했다. 음란표현물은 타인의 명예를 훼손한 사실적시와 달리 표현의 자유에 속하지 않는다는 결정인 셈이다. 결국 헌법 제21조 제4항은 실질적으로 언론·출판의 자유를 제한하는 법률의 위헌성을 판단할 때 중요한 기준으로 여전히 작동하고 있는 셈이다.

---

4) 헌재 2021. 2. 25. 2017헌마113 등, 공보 제293호, 425. 헌법재판소는 이 결정에서 형사상 사실적시 명예훼손에 대한 처벌을 합헌으로 판단했다.

따라서 헌법에 명시된 표현의 자유는 가장 높은 추상 수준에 위치하며 헌법재판소의 결정에 따라 하위 법령에 대한 합헌, 위헌, 또는 변형 결정의 기준이 되어 왔다. 그렇다면 이제 한 단계 아래 추상 수준에서 작동하는 법률을 살펴보자.

나. 법률

인격권 침해에 초점을 맞추어 관련 법률을 정리하면 [표2]와 같다.[5] 위 법률의 제한 조항은 앞서 언급한 헌법 제21조 제4항에 근거한 것이지만 언론보도의 어떤 수준이 명예훼손에 해당하는지, 사실과 허위의 명확한 구분이 가능한지, 또한 명예훼손에 따른 처벌이 과도하지 않은지에 대한 논쟁은 꾸준히 이어져왔다.

대표적으로 인격권 침해에 있어 형법이나 민법 중 하나로 규율하는 해외사례와 비교하여 한국은 형법에서 (허위)사실적시 명예훼손과 민법에서 명예훼손에 대한 배상을 함께 규율함으로써 과잉입법이라는 지적이 있어 왔다.[6] 이 배경에서 징벌적 손해배상에 대한 필요성이 제

---

5) 형법에서는 명예훼손에 대한 위법성 조각사유를 규정하고 있는 반면, 민법에서는 관련 규정이 없다. 이에 법원은 민사상 명예훼손과 관련하여 형법상 위법성 조각사유에 의존해 오고 있다. 또한 명문규정은 없지만 피고가 진실이라 믿은 상당한 이유가 있었음을 입증하면 위법성이 조각된다는 '상당성 법리'도 형사상 명예훼손죄와 민사상 손해배상책임을 판별하는 데 있어 판례를 통해 확립된 기준으로 작동하고 있다.

6) 〈'징벌적' 언론중재법, 밀어붙이기 안 된다〉, 한국기자협회보 편집위원회, 2021년 7월 13일

[표2] 인격권 침해 구제를 위한 현행 법률 규정 요약

법률	제한조항	벌칙 또는 손해배상
형법	사실적시 명예훼손 (진실성과 공공성을 충족하는 경우, 위법성 조각)	2년 이하 징역(금고) 또는 500만원 이하 벌금
	허위사실적시 명예훼손죄	5년 이하 징역, 10년 이하 자격정지 또는 1천만원 이하 벌금
	사자 명예훼손죄 (허위사실)	2년 이하 징역(금고) 또는 500만원 이하 벌금
	출판물 명예훼손 (비방할 목적)	1. 사실적시: 3년 이하 징역 또는 7백만원 이하 벌금 2. 허위사실적시: 7년 이하 징역, 10년 이하 자격정지 또는 1천5백만원 이하 벌금
	모욕죄	1년 이하 징역(금고) 또는 200만원 이하 벌금
민법	불법행위 성립시	손해배상, 명예회복에 적당한 처분
정보통신망법	사이버명예훼손죄 (비방할 목적)	1. 사실적시: 3년 이하 징역 또는 7백만원 이하 벌금 2. 허위사실적시: 7년 이하 징역, 10년 이하 자격정지 또는 5천만원 이하 벌금
언론중재법	언론보도에 대한 조정(재판상 화해와 동일효력)과 중재(법원 확정판결과 동일효력): 정정보도 청구, 반론보도 청구, 추후보도 청구, 손해배상	

출처: 김민정(2021)

기되었다. 헌법재판소가 2021년 2월 25일 선고한 2017헌마1113등 결정은 형법의 '사실 적시 명예훼손죄'가 헌법에 위반되지 않는다고 선언한 최초의 결정이었다. 헌재는 이 결정에서 '징벌적 손해배상'이 인정되지 않는 우리나라 상황에서 민사적 구제방법만으로는 입법목적을 동일하게 달성하면서 덜 침익적인 수단이 없다고 판시했다(이승선, 2021: 11). 요컨대 민법에서 명예훼손에 대한 징벌적 손해배상이 인

[표3] 언론중재법에 따른 청구 유형

구분	해당조항	청구 요건	비고
정정보도	제14조	· 사실적 주장에 관한 언론보도 등이 진실하지 아니함으로 인하여 피해를 입은 경우 · 언론사의 고의·과실이나 위법성이 없어도 청구 가능	인터넷뉴스서비스 (포털 등)는 정정·반론·추후보도 청구를 받은 경우 지체 없이 해당 기사에 관하여 청구 사실을 알리는 표시를 하고, 해당 기사 제공 언론사에 청구 내용을 통보해야 함
반론보도	제16조	· 사실적 주장에 관한 언론보도 등으로 인하여 피해를 입은 경우 · 언론사의 고의·과실이나 위법성이 없어도, 보도 내용의 진실여부와 상관없이 청구 가능	
추후보도	제17조	· 언론 등에 의하여 범죄혐의가 있거나 형사상의 조치를 받았다고 보도 또는 공표된 자가 그에 대한 형사절차가 무죄판결 또는 이와 동등한 형태로 종결되었을 때 청구 · **추후보도**에는 청구인의 명예나 권리 회복에 필요한 설명 또는 해명이 포함되어야 함	
손해배상	제18조	· 피해자가 언론보도 등에 의한 피해 배상에 대해 손해 배상액을 명시하여 조정을 신청	· 정정·반론·추후 보도 청구와 관련 피해자와 언론사의 분쟁이 있을 경우 · 조정에 따른 합의는 재판상 화해의 효력을 가짐
	제24조	· 피해자와 언론사가 정정·반론·추후 보도 청구 또는 손해배상 분쟁에 관해 중재부의 결정에 따르기로 합의한 경우 신청	중재 결정은 확정판결과 동일한 효력을 가짐

정된다면, 형법의 사실 적시 명예훼손죄는 폐지될 수 있다는 해석이기도 하다. 헌법재판소는 형사처벌이 적용되는 정보통신망법의 사이버명예훼손죄 또한 합헌으로 결정했다. 이 결정에서는 온라인에서 명예를 훼손당한 피해자가 정보를 삭제하거나 반박문을 게재하는 것, 방송통신심의위원회에 분쟁조정을 신청하는 것, 민사상 손해배상을 청구하는 것은 형벌을 통한 범죄의 억제력과 예방효과를 갖지 못한다고 판단했다(이승선, 2021: 9).

현재 언론보도에 의한 인격권 침해 구제 법률 중 상대적으로 신청이 용이하고 구제 방법이 다양한 법률은 언론중재법이다. 언론중재법에 따라 언론중재위원회가 조정, 또는 중재할 수 있는 침해 구제 청구 유형은 [표3]과 같다.

언론중재법은 2005년 참여정부의 개혁 입법 중 하나였다. 이전 정기간행물법과 방송법 등 개별법에 분산 규정되어 있던 언론피해구제 제도를 포괄하여 단일화하고, 언론보도 피해자의 청구기간을 확대하며, 종전의 중재제도를 조정과 중재로 구분하여 이 절차에 따라서도 손해배상을 받을 수 있게 했다(조소영, 2021: 6-7). 2005년 언론중재법 제정 후 위헌소송이 잇달았다. 이 소송 중 주목할 결정은 '사실적 주장에 관한 언론보도 등이 진실하지 아니함으로 인해 피해를 입은 경우' 청구할 수 있는 정정보도청구권이었다. 언론사의 입장에서는 '사실보도'에 대해 정정보도를 청구하도록 한 조항은 언론 자유의 침해라 주장했지만, 언론사가 정정보도 청구를 거부할 수 있는 사유를 인정하고 있으며 제소기간도 단기간일 뿐 아니라 정정보도 방법도 원래 보도 이상의 부담을 지우고 있지 않다는 이유로 각하되었다. 그러나 헌법재판소는 정정보도청구의 소를 제기할 때 민사집행법상의 가처분절차를 따르게 한 것에 대해서는 위헌이라 판단했다. 이는 지금도 꾸준히 논란이 되고 있는 언론보도의 '사실성'에 대한 입증 책임의 문제가 헌법재판소에서 처음 언급된 사례이기도 하다. 헌법재판소는 정정보도를 민사상 가처분절차에 따르게 할 경우, 가처분 이후 본안 절차에서 요구되는 원고의 '증명'을 배제하고 간략한 '소명'만으로 정정보도가 가능하므로 언론사의 방어권을 심각하게 제약한다고 판단했기 때문이다.[7] 그럼에도 언론보도의 사실성을 입증하는 책임을 누가 맡는가에 대한 논란은 수시로 제기됐다.

'사실적 주장'은 언론중재법의 정의(제2조 14항)에서 "증거에 의해 그 존재 여부를 판단할 수 있는 사실관계에 대한 주장"이다. 즉 '사실 그 자체'가 아니라 '사실관계에 대한 주장'이다. 따라서 이 주장이 근거한 사실관계가 '진실하지 아니'할 경우는 허위보도에 해당한다. 언론중재법에서 정정보도 청구권은 이와 같은 허위보도로 인해 피해가 발생했음에도, 언론사의 고의·과실이 없거나 위법성 조각사유가 인정되는 등의 이유로 피해자가 언론사에 대해 민사상의 불법행위 책임이나 형사 책임을 물을 수 없다는 이유에서 도입되었다.

따라서 쟁점은 '사실적 주장'과 '허위의 보도'로 구분할 수 있다. 우

---

7) 헌재 2006. 6. 20. 2005헌마165결정 등 판례집 18-1하, 337, 404-407.

선 '사실적 주장'에 대해 법원은 "언론보도가 대개 사실적 주장과 의견표명이 혼재하는 형식"으로 이루어진다는 점, 따라서 사실적 주장과 의견표명을 하나의 기준에 따라 구별할 수 없으며, 구별할 때는 언론사의 보도 당시 보도의 객관적 내용과 일반 시청자가 특별히 주의를 기울이지 않더라도 보도를 접할 수 있는 환경을 전제로 해야 한다. 이 전제가 있더라도 언론보도에 사용된 어휘의 통상적인 의미, 전체적인 흐름, 문구의 연결방법뿐 아니라 해당 보도가 게재한 문맥의 보다 넓은 의미나 배경이 되는 사회적 흐름 및 시청자에게 주는 전체적 인상도 고려하여 사실적 주장과 의견표명을 구분해야 한다.[8]

'허위의 보도', 즉 언론보도의 진실성 여부에 대한 판례는 더 다양하다. '진실하지 아니함'은 진실성을 전제로 하지만, 이 진실성이란 문자나 사진 등 기호로 구성된 텍스트가 그 지시 대상과 일치하거나 상응한다는 의미로만 받아들여지지 않기 때문이다. 언론보도의 진실성에 대한 주요 판례는 [표4]와 같다(조소영, 2021: 13-14).

---

8) 대법원 2006. 2. 10. 선고 2002다49040 판결: 대법원 2011. 9. 2. 선고 2009다52649 전원합의체 판결. 위 문장은 다음의 판결을 풀어 쓴 것이다. "언론보도는 대개 사실적 주장과 의견표명이 혼재하는 형식으로 이루어지는 것이어서 그 구별기준 자체가 일의적이라고 할 수 없고, 양자를 구별할 때에는 당해 원 보도의 객관적인 내용과 아울러 일반의 시청자가 보통의 주의로 원 보도를 접하는 방법을 전제로, 사용된 어휘의 통상적인 의미, 전체적인 흐름, 문구의 연결방법 뿐만 아니라 당해 원 보도가 게재한 문맥의 보다 넓은 의미나 배경이 되는 사회적 흐름 및 시청자에게 주는 전체적인 인상도 함께 고려하여야 할 것이다."

[표4] 언론보도의 진실성에 대한 주요 판례

판결	내용
대법원 2006. 2. 10. 선고 2002다49040 판결; 대법원 2011. 9. 2. 선고 2009다 52649 전원합의체 판결	언론보도 내용 전체의 취지로 살펴 볼 때 중요한 부분이 객관적 사실과 합치하되는 사실이라는 의미로서, 세부에 있어 진실과 약간 차이가 나거나 다소 과장된 표현이 있다고 하여 진실하지 않다고 볼 수는 없다.
대법원 2002. 1. 22. 선고 2000다37524, 37531 판결; 대법원 2006. 3. 23. 선고 2003다52142 판결; 대법원 2007. 9. 6. 선고 2007다 2275 판결 등	복잡한 사실관계를 알기 쉽게 단순하게 만드는 과정에서 일부 특정한 사실관계를 압축, 강조하거나 대중의 흥미를 끌기 위하여 실제 사실관계에 장식을 가하는 과정에서 다소의 수사적 과장이 있더라도 전체적 맥락에서 보아 보도내용의 중요 부분이 진실에 합치한다면 보도의 진실성은 인정된다.
대법원 2007. 9. 6. 선고 2007다2275 판결; 대법원 2015. 7. 23. 선고 2014다 28121 판결 등	자유로운 견해의 개진이나 공개된 토론과정에서 다소 잘못되거나 과장된 표현은 피할 수 없고 표현의 자유의 생존에 필요한 숨 쉴 공간이 있어야 하므로, 진실에 부합하는지 여부는 표현의 전체적인 취지가 중시되어야 하는 것이고 세부적인 문제에서까지 객관적 진실과 완전히 일치할 것을 요구할 수는 없다
대법원 2002. 1. 22. 선고 2000다37524, 37531 판결; 대법원 2011. 9. 2. 선고2009 다52649 전원합의체 판결 등	명예훼손적 보도의 진실성 여부에 대해 엄격하게 판단하지 않고, 전체적 맥락에서 보아 보도내용의 중요부분이 진실에 합치한다면 해당 보도의 진실성은 인정된다.

위 판례들의 핵심은 언론보도의 진실성이란 언론보도 시점에서 보도 내용을 둘러싼 전체적 맥락에서 진실과 합치되는지에 있지, 세부적 내용의 오류, 다소의 과장·강조·압축·장식 등 수사적 요소까지 진실과 부합하는지는 고려되지 않는다고 볼 수 있다.

다. 법에 의한 사실 판단의 한계

언론중재법을 포함하여 앞의 [표2]에서 제시된 인격권 침해 관련 구제 법률에서는 사실적시와 허위사실적시를 구분하고 있다. 그러나 사실과 허위사실의 구분은 법적 분쟁에서 사실확정의 절차, 정보, 기준 등 사실확정의 방법을 요구한다(김정오 외, 2021: 244-250). 다양한 입장이 있으나 주류 법철학에서는 사실확정이 자연과학에서 다루는 사실을 대상으로 하지 않고 우연적이며 일회적인 성격이 강한 '과거의 사실'을 대상으로 한다는 점을 분명히 한다. 즉 과거에 발생한 사실과 시간이 흐른 후 재판에서 다루는 사실을 일치시키는 절차가 소송절차에 포함된다. 따라서 법에 의한 사실확정의 방법은 절차적 합리성에 기초한다. 사실을 확정하는 절차가 얼마나 공정하게 제도화되어 운용되는가에 따라 이 절차를 통해 확정되는 사실의 진실성도 높아질 것이라 기대하기 때문이다.

그러나 사실확정의 절차는 소송이 민사소송인지, 형사소송인지에 따라 달라진다. 사적 자치를 기본원리로 하는 민법에서 민사소송의 사실확정은 '당사자주의'를 따른다. 민법에 따른 명예훼손이나 언론중재법 또한 이 원칙에 기초하고 있다. 사실확정을 다투는 당사자들이 소송 수행 능력에 있어 평등함을 전제로 하여, 사실확정에 필요한 정보수집 활동을 각 당사자에게 일임하는 것이다. 이에 따르면 법원은 '형식적 진실'을 완성하는 일종의 '관찰사'가 된다. 반면 형사소송에서는 형벌이라는 강력한 제재수단을 부과하는 과정이므로 국가가 개입하여 사실확정을 해야 한다는 이념을 따른다. 따라서 형사소송에서 사실확정은 검사나 피고인과 같은 당사자가 아니라 법관 혹은 법원이 주도하는 '직권주의'에 기초하며 '실체적 진실'을 판정한다. 그러나 민사소송과 형사소송 절차가 당사자주의와 직권주의로 뚜렷이 구분될 수 없다는 반박도 제기된다. 당사자주의의 전제인 소송 수행 능력에 있어 평등함이란 이념형에 가깝다. 특히 언론사와 피해자 개인의 관계에서 정보 불균형을 고려할 때 양자가 동등한 증거수집 능력을 갖추고 있다고 보기는 어렵다는 주장이 대표적이다.[9] 형사소송의 직권주의 또한 다르지 않다. 소송에 대한 주도권을 국가가 갖는다면 사실확정은 국가에 의해 왜곡될 수 있고 정치적 논란에서 자유롭지 못하기 때문이다.

따라서 사실확정의 방법인 절차뿐 아니라 사실확정에 필요한 정보의 수집과 이용에 있어 공정함이 강조된다. 이 때 정보란 사건 관련자

---

9) 피해자는 그 언론보도 등이 진실하지 아니하다는 데 대한 증명책임을 부담한다. 판례는 사실적 주장의 진실 여부 판단에 있어서, 어떠한 사실이 적극적으로 존재한다는 것의 증명은 물론 어떠한 사실의 부존재 증명이라도 그것이 특정 기간과 특정 장소에서 특정한 행위가 존재하지 아니한다는 점에 관한 것이라면 피해자가 그 존재 또는 부존재에 관하여 충분한 증거를 제출함으로써 이를 증명할 수 있을 것이라고 보았다. 다만 증명의 용이성과 관련된 사정은 증명책임을 다하였는지의 판단에 고려되어야 한다는 점에서, 의혹을 받을 일을 한 사실이 없다고 주장하는 사람에 대하여 의혹을 받을 사실이 존재한다고 적극적으로 주장하는 자는 그러한 사실의 존재를 수긍할 만한 소명자료를 제시할 부담을 지고, 피해자는 그 제시된 자료의 신빙성을 탄핵하는 방법으로 허위성 입증을 할 수 있다고 판시하였다(조소영, 2021: 17). 대법원 2004. 2. 26. 선고 99도5190 판결; 대법원 2005. 7. 22. 선고 2005도2627 판결; 대법원 2011. 9. 2. 선고 2009다52649 전원합의체 판결.

들의 주장과 이를 뒷받침할 증거로 구성되며 후자가 사실확정에서 더 큰 비중을 차지한다. 물론 이 증거가 강요에 의한 자백이거나 위법한 수단으로 수집된 증거일 경우, 그 공정성과 객관성을 인정하지 않는다. 사실확정의 증거에서도 절차와 마찬가지로 절차적 합리성이 적용된다.

사실확정의 마지막 단계인 기준에는 객관적 기준과 주관적 기준 모두가 포함된다. 여기서 객관적 기준이란 크게 물리적이며 감각적인 실체의 존재 여부(경험법칙), 또는 이러한 실체가 없을 경우 관련 당사자 진술의 형식 논리적 타당성(논리법칙)을 뜻한다. 특히 논리 법칙은 모순 없는 진술의 일관성뿐 아니라 기초적인 논리 명제, 예컨대 모순율과 배중률을 따를 수 있다.[10] 반면 주관적 기준은 법원의 사실확정 기준에도 법관의 주관적이며 개인적인 경험이 포함될 수 있음을 보여준다. 예컨대 "특정 기업이나 정당에 부정적인 견해를 갖고 있던 기자의 언론보도"라는 피해자의 주장은 '부정적'이라는 표현이 어떤 수준을 뜻하는 것인지 체험이나 직관에 의존하게 된다. 사실 판단의 주체가 기자 개인의 소셜 미디어 게시물이나 이전 보도 내용이 해당 기업이나 정당에 부정적이라 판단할 때는 기자가 아닌 사람들이 취하는 부정적인 견해와 얼마나 차이가 있는지, 그리고 감정에 따른 비난인지 아닌지를 판단해야 한다. 이러한 주관적 기준은 사실확정의 기준

---

10) 모순율은 어떤 명제와 그 명제의 부정이 동시에 참이거나 동시에 거짓일 수 없다는 판단이며, 배중율은 하나의 명제는 참이거나 거짓이며 그 중간은 없다는 판단이다.

에만 적용되지 않는다. 사실확정 이후 언론보도에 따른 피해가 어떤 법규범에 해당되는지 관련 법률의 조항을 '해석'할 때에도 주관적 기준이 작동한다. 해당 조항을 문자의 함의대로만 해석할 것인지, 아니면 관련 법률의 목적이나 입법의 역사적 맥락을 고려할 것인지는 개념에 대한 이론적 인식에 따라 달라지기 때문이다.

직접 규제의 규율 공간은 가장 높은 추상 수준을 갖는 헌법과 이에 기초한 인격권 침해 관련 법률로 구성된다. 헌법은 알 권리를 포함한 표현의 자유와 함께 그 한계를 타인의 명예나 권리 또는 공중도덕이나 사회윤리 침해로 설정하고 있다. 형법과 민법, 그리고 정보통신망법·언론중재법에서는 언론보도에 의한 피해를 명예훼손, 모욕, 불법행위 등에 따른 피해로 명시하면서 사실적시와 허위사실적시 모두를 다룬다. 법률은 표현의 자유와 그 한계라는 헌법의 규정보다 한 단계 아래의 추상 수준에서 언론보도의 사실확정, 즉 보도의 진실성 여부를 판단한다. 그러나 형법에서는 사실적시에 의한 명예훼손이라도 해당 보도가 진실성과 공공성을 충족하는 경우는 위법성 조각 사유로 보고 있다. 언론중재법에서는 추상 수준이 더욱 낮아진다. 언론보도의 경우 '사실적 주장'은 사실 그 자체가 아니라 사실관계에 대한 주장이며 언론사나 기자 개인의 의견 표명과 명확히 구분될 수 없다. 또한 사실적 주장이라 하더라도 그 근거가 진실성에 기초하지 않았을 때는 '허위의 보도'로 볼 수 있다. 다만 이 진실성에 대한 판단은 언론보도 시점에서 보도 내용을 둘러싼 전체적 맥락에서 진실과 합치되는지의 사실확정에 따른다. 그러나 법률에서 어려움은 사실확정의

[표5] 법원 사실확정의 기준

구분	기준의 유형	기준의 적용
객관적 기준	경험법칙	· 자연과학적 법칙과 정신과학의 법칙 모두를 적용하여 관찰자의 경험으로 확인할 수 있는 사실 · 증거의 물리적 감각적 존재뿐 아니라 족보를 통한 가족관계의 증명처럼 일반 상식에 속하는 것이나 과학에 의해 입증될 수 있는 증거에 기초한 판단
	논리법칙	· 물리적이며 감각적인 증거가 없어 자연과학적 법칙을 적용할 수 없을 경우 적용하는 정신과학적 기준 · 고의나 과실(형법), 선의나 악의(민법)와 같은 인간 내면의 성향에 대한 판단. 당사자 진술의 논리적 일관성이 대표적인 예
주관적 기준	체험	· 사실확정의 주체가 주관적이며 역사적인 경험에 기초하여 확인하는 사실 · 그러나 사실확정의 주체는 반드시 분쟁 관련자들의 주장, 특히 증거를 판단하는 기준으로 체험을 적용해야 함
	직관	· 사실확정의 주체가 체험에 기반을 두면서도 이와 구분되는 독립적인 판단 기준 · 인간행동이나 사물 현상을 전체적으로 통찰하는 힘으로써 사실확정의 주체에게 부여된 능력 다만 판단 주체는 자신의 직관이 객관적임을 논리적으로 드러내야 함

출처: 김정오 외(2021)

절차 및 기준에 있다. 사실확정의 방법은 기본적으로 절차적 합리성을 따르지만 소송 절차에 따라 사실확정의 주체가 달라지며 사실확정의 기준 또한 온전히 객관적 기준만으로 충족되지 않는다. 이런 이유에서 언론사와 언론 종사자의 행위 및 행위 결과에 대한 두 번째 규

율 공간, 즉 보다 구체적인 수준이 작동하는 자율규제의 공간이 요청
된다.

3. 자율규제의 공간 : 저널리즘의 규범과 직능단체의 강령

가. 한국신문윤리위원회의 강령과 실천요강

한국 언론의 대표적인 자율규제 기구로는 1961년 발족한 한국신
문윤리위원회(이하 신문윤리위)를 들 수 있다. 윤리위는 사단법인으로 총
회 회원, 이사회, 윤리위원회로 구성되며 윤리위원회 안에 심의실과
독자불만 처리위원회를 두고 있다. 신문윤리위는 2021년 12월 기준
117개의 일간신문 및 뉴스통신사(한국신문협회 소속 52개사)와 126개의
온라인 신문사(회원사 52개사)를 서약사로 두고 있다.[11] 신문윤리위는
한국신문협회, 한국신문방송편집인협회, 한국기자협회가 채택한 강
령과 요강을 심의규정으로 적용하고 있다. 심의규정은 신문윤리강령
과 신문광고윤리강령을 최상위 규정으로 하여 보다 구체적인 신문윤
리실천요강과 신문광고윤리실천요강 및 기타 준칙들로 구성되었다.

---

11) 서약사란 윤리위의 신문윤리강령 및 그 실천요강의 준수를 찬동하는 발행인과 편집국장이
서명 날인한 서약서를 제출한 신문사와 통신사를 뜻한다. 한국신문윤리위원회 정관 제33
조(서약서 제출).

신문윤리위의 신문윤리강령과 실천요강은 1957년 처음 제정되었고 1996년 전면 개정된 후 2022년까지 세 차례 부분 개정을 거쳤다. 이러한 역사성은 또 다른 자율규제기구인 인터넷신문위원회, 한국광고자율심의기구, 웹툰자율규제위원회의 강령 및 규정과 비교했을 때 첫 번째 규율 공간인 법률을 보다 구체화하여 자율규제의 대표적 사례로 검토할 대상임을 의미한다.

총 16개 조항으로 구성된 신문윤리실천요강은 크게 취재를 중심으로 하는 행위에 대한 규정과 취재의 결과물을 독자에게 표출하는 편집과 보도 등 행위 결과에 대한 규정으로 구분할 수 있다. 취재 등 행위에 대한 규정에는 제2조 취재준칙, 제6조 보도유예 시한, 제7조 범죄보도와 인권존중, 제14조 정보의 부당이용금지, 제15조 언론인의 품위가 해당된다. 편집과 보도 등 행위 결과에 대한 규정에는 제3조 보도준칙, 제5조 취재원의 명시와 보호, 제8조 저작물의 전재와 인용, 제9조 평론의 원칙, 제10조 편집지침, 제11조 명예와 신용 존중이 포함된다. 그 밖에 제4조 사법보도 준칙, 제12조 사생활 보호, 제13조 청소년과 어린이 보호는 취재·편집·보도에 모두 적용되는 규정으로 볼 수 있다.

인격권 침해 관련 법률 조항은 다음의 [표6]과 같이 신문윤리실천요강에서 보다 구체화되어 있다. 신문 사칭·위장 금지, 도청 및 비밀 촬영 금지, 부당한 금전 제공 금지, 미확인보도 명시 원칙, 자살보도의 주의 등 취재와 보도 현장에서 언론 종사자가 부딪힌 현실적인 문제를 적시하고 있다.

[표6] 한국신문윤리위원회 신문윤리실천요강의 조항별 내용

조항	내용
제1조 언론의 자유, 책임, 독립	언론인은 자유롭고 책임 있는 언론을 실현하기 위해 부당한 억제와 압력을 거부해야 하며 편집의 자유와 독립을 지켜야 한다.
	1. 정치권력으로부터의 자유 2. 사회·경제 세력으로부터의 독립 3. 사회적 책임 4.차별과 편견 금지 5. 사회적 약자 보호
제2조 취재준칙	언론인은 취재를 위해 개인 또는 단체와 접촉할 때 필요한 예의를 지켜야 하며, 비윤리적이거나 불법적인 방법을 사용해서는 안 된다. 또한 취재원을 위협하거나 괴롭혀서도 안 된다.
	1. 신분사칭·위장금지 2. 자료 무단 이용 금지 3. 재난 및 사고 취재 4. 전화 및 디지털기기 활용 취재 5. 도청 및 비밀촬영 금지 6.부당한 금전 제공 금지
제3조 보도준칙	언론인은 보도기사(해설기사 포함)를 작성할 때 사안의 전모를 충실하게 전달함을 원칙으로 하며, 출처 및 내용을 정확히 확인해야 한다. 또한 사회정의와 공익을 실현하기 위해 진실을 적극적으로 추적, 보도해야 한다.
	1. 보도기사의 사실과 의견 구분 2. 공정보도 3. 반론의 기회 4. 미확인 보도 명시 5. 보도자료 검증 6. 선정보도 금지 7. 재난보도의 신중 8. 자살보도의 주의 9. 피의사실 보도 10. 표준어 사용
제4조 사법보도준칙	언론인은 사법기관의 독립성을 부당하게 훼손하는 취재·보도·평론을 해서는 안 된다.
	1. 재판 부당 영향 금지 2.판결문 등의 사전보도 금지
제5조 취재원의 명시와 보호	언론인은 보도기사를 작성할 때 취재원이나 출처를 밝혀야 하며, 추상적이거나 일반적인 취재원을 빙자하여 보도해서는 안 된다.
	1. 취재원 보호 2. 취재원 명시와 익명 조건 3. 제3자 비방금지와 익명보도 금지 4. 취재원과의 비보도 약속
제6조 보도유예 시한	언론인은 취재원이 요청하는 보도유예 시한이 합리적이고 타당한지 판단하여 수용 여부를 결정해야 한다.
	1. 보도유예 시한 연장 금지 2. 보도유예 시한의 효력 상실
제7조 범죄보도와 인권존중	언론인은 유죄가 확정되기 전의 형사사건 피의자 및 피고인의 인권을 존중해야 한다. 특히 피해자 및 범죄와 무관한 가족들의 인권을 보호해야 한다.

	1. 피의자 및 피고인의 명예 존중 2 .피의자·피고인·참고인 등 촬영 신중 3. 범죄와 무관한 가족 보호 4. 성범죄 등의 2차 피해 방지 5. 미성년 피의자의 신원 보호
제8조 저작물의 전재와 인용	언론사와 언론인은 타인의 저작권을 침해해서는 안 되며, 저작물을 전재 또는 인용할 때는 출처를 구체적으로 밝혀야 한다.
	1. 통신기사의 출처 명시 2. 타 언론사 보도 등의 표절 금지 3. 출판물 등의 표절 금지 4. 사진, 영상 등의 저작권 보호
제9조 평론의 원칙	사설과 평론은 사실을 근거로 의견을 공정하고 바르게 표명하되 균형과 절제를 잃지 말아야 하며, 특히 편파와 왜곡을 경계해야 한다. 또한 평론은 정치적 입장을 자유로이 표현할 수 있으며, 논쟁적 문제에 대해 공중의 의견을 폭넓게 수용하여 다양한 여론형성을 위해 노력해야 한다.
	1. 사설의 정론성 2. 평론의 자유
제10조 편집지침	언론인은 신문을 편집할 때 사내외의 압력이나 억제로부터 자유로워야 하며, 공개된 기준에 따라 독립적으로 편집해야 한다.
	1. 제목의 원칙 2. 편집 변경 금지 3. 기고문 변경 금지 4. 기사 정정 5. 관련 사진 게재 6. 사진 및 영상 조작 금지 7. 기사와 광고의 구분 8. 이용자의 권리 보호 9. 부당한 재전송 금지
제11조 명예와 신용 존중	언론인은 개인과 단체의 명예나 신용을 훼손하는 보도나 평론을 해서는 안 된다.
	1. 명예·신용 훼손 금지 2. 사자의 명예 존중
제12조 사생활 보호	언론인은 공익을 위해 부득이 필요한 경우를 제외하고는 개인의 사생활을 보도, 평론해서는 안 된다.
	1. 사생활 침해 금지 2. 개인정보 무단 검색 금지 3. 사생활 등의 촬영 및 보도 금지 4. 공인의 사생활 보도
제13조 청소년과 어린이 보호	언론인은 청소년과 어린이의 건전한 인격 형성과 정서 함양을 위해 노력해야 하며, 특히 음란하거나 폭력적, 퇴폐적인 유해환경으로부터 이들을 보호해야 한다.
	1. 청소년과 어린이 취재 보도 2. 범죄보도와 청소년, 어린이 보호 3. 유해환경으로부터의 보호 4. 유괴·납치 보도 제한 협조
제14조 정보의 부당이용 금지	언론인은 취재 과정 등에서 얻은 정부를 본인, 친인척 및 이해 관계자의 이익을 위해 사용하거나 다른 개인이나 기관에 넘겨서는 안 된다.
	1.소유 주식 등에 관한 보도 제한 2.주식·부동산 등의 부당 거래 금지

제15조 언론인의 품위	언론인은 언론이 사회적 공기임을 인식하고 그에 합당한 공인으로서의 품위를 지켜야 한다.
	1. 금품수수 및 향응, 청탁 금지 2. 부당한 집단 영향력 금지 3. 광고·판매 등의 영업행위 금지
제16조 공익의 정의	신문윤리실천요강에 규정된 공익을 위해 필요한 경우에는 다음과 같은 사항이 포함된다.
	1. 국가 안전 등 2. 공중 안녕 3. 범죄의 폭로 4. 공중의 오도 방지

그러나 "보도기사는 사실과 의견을 명확히 구분하여 작성해야 한다", "경합 중인 사안을 보도할 때는 한 쪽의 주장을 편파적으로 보도하지 않는다", "구두발표와 보도자료는 사실 검증을 거쳐 보도하는 것을 원칙으로 한다", "재판에 부당한 영향을 끼치는 취재·보도·평론을 해서는 안 된다", 사설에서는 "언론사의 상업적 이익이나 특정 정당·단체·정파의 이권을 대변해서는 안 된다" 등의 조항은 첫 번째 규율 공간인 헌법 및 법률과 유사하게 절차적 합리성이나 경험적이고 논리적인 기준으로 판단하기 어려운 개념들로 이루어져 있다.

특이한 조항은 제16조 공익의 정의 즉, "공익을 위해 필요한 경우"에 있다. 법원 판결에서는 판례나 법관의 체험 및 직관에 의해 고발과 분쟁에서 해석되는 공익을 신문윤리실천조항에서는 국가의 안전 보장 등 네 가지 판단 기준으로 제시한다.[12] 그러나 (국가 안전 등) "국가의 안전 보장, 사회질서 유지, 공공복리를 위해 부득이한 경우"는 헌법에서 국민의 모든 자유와 권리가 법률로 제한될 수 있는 예외 상태와 동일하다. 또한 (공중 안녕) "공중의 보건과 안전", (범죄의 폭로) "반사회적 범죄 또는 중대한 비윤리적 행위를 방지하기" 위한 조건은 실질적으로 언론·출판의 자유를 제한하는 법률의 위헌성 판단 기준과 유사하다. 그러나 윤리실천요강에서 "공익을 위해 부득이 필요한 경우" 등 다수 조항에 포함된 공익은 각 조항의 예외적 적용을 위한 기준, 즉 알 권리와 표현의 자유 범위 경계를 확장하는 기준이다. 첫 번째 규율 공간이자 자율규제 규율의 근거가 되는 헌법과 법률에 명시된 표현의 자유 보장의 실질적 경계가 윤리실천요강에서는 거꾸로 취재·보도·평론과 관련된 규율의 예외로 적용된 셈이다. 공익에 대해 정의를 내리는 조항 자체도 문제지만, 이 조항은 국가 안전, 공중 안녕, 공중의 오도 방지와 같은 국가가 주체가 되는 이익으로 왜곡되어 해석될 수도 있다. 국익이 곧 공익이었던 군사독재 시기를 지난 현재 이와 같은 조항은 언론사뿐 아니라 기자협회와 같은 직능단체 간에도 공익에 대한 유연하고 탄력적인 합의가 어려움을 반증한다.

신문윤리위의 강령과 실천요강은 15인으로 구성되는 윤리위원회의 심의 기준이다. 윤리위원회는 한국신문협회에서 추천하는 신문 발행인 2인, 한국신문방송편집인협회에서 추천하는 편집인 2인, 한국기자협회에서 추천하는 신문기자 2인, 국회에서 추천하는 국회의원 2

---

12) 제16조 공익의 정의 ① (국가 안전 등) 국가의 안전 보장, 사회질서 유지, 공공복리를 위해 부득이한 경우, ② (공중 안녕) 공중의 보건과 안전, 환경 보존을 위해 부득이한 경우, ③ (범죄의 폭로) 반사회적 범죄 또는 중대한 비윤리적 행위를 방지하기 위해 부득이한 경우, ④ (공중의 오도 방지) 개인이나 단체의 주장 또는 행동으로 공중이 오도되는 것을 막기 위해 부득이한 경우

인, 대한변호사협회에서 추천하는 변호사 1인, 교총에서 추천하는 교수 1인, 신문윤리위에서 추천하는 4인, 독자불만처리위원 등 총 15인으로 최대 10명이 언론인으로 구성될 수 있다. 윤리위원회는 5명의 심의위원으로 구성되는 심의실과 독자불만처리위원 및 심의위원 2인으로 구성되는 독자불만처리위원회의 보고 사건을 윤리강령과 실천요강에 의거해 위반 여부 및 제재 수준을 심의·결정한다. 물론 심의·결정 사건에는 기사 및 광고와 관련된 제소 사건과 윤리위원회가 필요하다고 인정하는 사건 또한 포함된다. 윤리위원회의 제재는 △주의, △경고, △공개경고, △정정, △사과, △관련자 경고 등이 있으며 같은 규정 위반으로 1년 동안 3회 이상 경고를 받고도 시정하지 않은 경우 해당 언론사에 1천 만원 이하의 과징금을 부과·징수할 수 있다. 윤리위원회는 결정의 강제력을 위해 언론사가 결정사항을 이행하지 않을 경우 회원자격 정지 또는 제명을 요구할 권한이 있다.

그러나 신문윤리위의 제재조치는 윤리위원회에 회부된 건수에 비해 낮은 비율을 보였다. 2016년에서 2020년 5년 동안 한해 평균 심의 건수는 2,000건을 넘었다. 그러나 심의실 보고 사건에 대해 내린 제재조치는 대부분 '주의'였으며 같은 기간 '경고'보다 높은 제재조치는 한 건도 없었다. 독자불만처리위원회에서 제기한 보고 사건(불만 사항)의 경우, 전체의 약 20~60%가 제재조치 결정을 받았으나 경고보다 높은 제재조치는 한 건도 없었고 대부분 '주의'에 머물렀다(이승선 외, 2021).

대표적인 언론사와 직능단체의 자율규제 기구로서 신문윤리위에 대한 평가는 다른 자율규제 기구에도 동일한 한계로 지적되었다(강형철 외, 2021).[13] 첫째, 언론보도 피해에 대한 조치가 취해지는데 상당한 시간이 걸린다. 심의 또는 불만처리가 접수된 이후 자율규제 기구의 (비)정기 회의가 1개월 또는 2개월에 걸쳐 열리기 때문에 기동성이 떨어진다. 둘째, 독자(이용자)가 직접 제기하는 문제와 피해 구제 요청에 대한 대응보다 해당 보도의 심의에 더 중점을 두기 때문에 적극성과 신속성이 부족하다. 신문윤리위의 독자불만처리위원회의 불만처리 건수와 제재조치 결정을 보면 활발한 활동을 기대하기 힘들다. 셋째, 자율규제 기구 재원에 대한 회원사의 책임 수준이 떨어진다. 신문법 시행령을 통해 공동규제 기구의 지위에 있는 한국광고자율심의기구를 제외하면 신문윤리위 등 자율규제 기구는 7억 5천만 원 이내로 언론진흥기금의 지원을 받고 있다.[14] 자율규제 기구 회원사들이 심의비나 행정수수료 등의 명목으로 비용 분담을 하고 있으나 그 규모는 언론진흥기금 지원액의 10%에 해당한다. 낮은 수준의 비용 분담은 회원사들의 책임의식을 떨어뜨릴 수 있다. 넷째, 신문윤리위를 비롯해 인터넷신문위원회, 한국광고자율심의기구는 심의 기능과 대상이 중복되었을 뿐 아니라 제재 수준 또한 상이하다. 다섯째, 심의 과정에 독

---

13) 이하 평가는 2021년 전국언론노동조합의 의뢰로 구성된 통합형 언론자율규제기구 연구위원회가 공개 제출한 「통합형 언론자율규제 기구 설립안」의 내용을 정리한 것이다. 해당 위원회는 심형철(부명어미)을 위인김으로, 김민정(한국외대)·심서태(세명대)·심영섭(경희사이버대)·정은령(서울대 SNU팩트체크센터), 황용석(건국대) 위원으로 구성되었다.

14) 웹툰자율규제기구는 가입사들이 가입비와 운영비를 분담하고 있다.

자(이용자)의 관심과 참여가 반영되기 어려운 위원회의 구성이다. 신문윤리위의 경우 15명 중 최대 10명이 언론인으로 구성될 수 있어 독자나 피해자의 관점이 반영되기 어렵다. 독자 참여의 부재는 위에서 언급한 심의 기준인 강령과 실천요강의 추상적이고 규범적인 조항들과 무관하지 않다. 취재를 중심으로 하는 행위에 대한 규정과 취재의 결과물을 독자에게 표출하는 편집과 보도 등 행위결과에 대한 규정은 언론 종사자의 취재·보도·편집 현장의 실태를 반영할 수 있으나 독자의 관점에서는 다른 해석을 내릴 수 있으며 제재 조치를 납득하지 못할 수 있다.

나. 저널리즘의 규범 이론과 자율규제

신문윤리위 강령과 실천요강의 사례는 반드시 언론사와 언론 종사자의 입장만 반영되었다고 보기는 어렵다. 취재준칙, 보도준칙, 취재원의 명시와 보호, 평론의 원칙 및 편집지침 등은 "사실과 의견의 명확한 구분", "구두발표와 보도자료는 사실 검증을 거쳐 보도" 등 사실성^{factualness}, "경합 중인 사안을 보도할 때는 한 쪽의 주장을 편파적으로 보도하지 않는다"는 균형성^{balance}, "재판에 부당한 영향을 끼치는 취재·보도·평론"과 "언론사의 상업적 이익이나 특정 정당·단체·정파의 이권을 대변"해서는 안 된다는 중립성^{neutrality} 등 일종의 전문직주의가 견지하는 규범이 포함되어 있기 때문이다(Westerstal, 1983). 이러한 규범들은 전통적인 저널리즘의 객관성 원칙을 따르지만, 취재·보도·편집이라는 언론 종사자의 행위와 행위결과에 대한 책임을 선언했다는 점에서 투명성의 원칙으로도 볼 수 있다. 따라서 자율규제 기구의 강령과 실천요강이 언론 종사자의 현장에 가까운 언어로 명시된 자율규제 공간으로서 충분한 실효성을 갖지 못한다면 투명성 원칙의 한계를 검토할 필요가 있다.

자율규제 기구의 심의기준인 강령과 실천요강은 신문윤리위와 같이 자율적으로 언론사와 직능단체가 정한 규율이지만, 이런 규율의 바탕에는 저널리즘의 방법론으로 볼 수 있는 일종의 규범이론이 깔려 있다. 대표적으로 빌 코바치와 톰 로젠스틸이 2001년 초판을 낸 후 2021년 4판까지 수정·보완해 온 『저널리즘의 기본원칙』(이하 『기본원칙』)이 그 예다(Kovach & Rosenteil, 2021). 『기본원칙』에서는 달라진 미디어 환경에서 진실보다는 공정성과 균형성을 앞세우는 저널리즘, 급증한 언론사의 속보 경쟁을 이용하는 취재원 우위의 주장 저널리즘journalism of assertion, 대중의 선입견과 기존 가치관을 재강화하여 노골적인 정파성을 내세우는 긍정 저널리즘journalism of affirmative, 구글과 같이 뉴스를 생산하지는 않으면서 수많은 뉴스를 검색결과나 알고리즘으로 선별하고 배치하는 집합 저널리즘journalism of aggregation을 진실을 첫 번째 원칙으로 삼는 저널리즘에 도전하는 위협으로 평가한다.

『기본원칙』은 위의 저널리즘 또한 진실을 강조하고 공정성과 정확성을 원칙으로 내세운다는 점을 지적한다. 지극히 편향적이고 정파적인 보도를 일삼는 언론사들이 공정성과 균형성뿐 아니라 정확하고 진실을 추구한다고 주장하는 모순은 전통적인 저널리즘의 원칙인 객관성이 잘못 이해된 결과라는 것이다. 『기본원칙』은 객관성이란 20세기 초 과학과 철학에서 유래한 "정보에 대한 일관성 있는 검증 방법의 발전"이었다고 말한다. 저널리즘을 과학과 철학의 방법론으로부터 유도하는 관점은 실증주의 철학과 수학의 형식논리학이 과학적 방법론의 토대를 제공했던 1930년대 월터 리프먼의 주장이기도 했다. 그는 기자들이 "과학의 정신을 학습"해야 하며 "우리가 사는 세상처럼 다양한 곳에서 오직 한 가지 통일성만이 가능하다. 그것은 목적이 아니라 방법의 통일성이며 철저히 훈련된 실험의 통일성"이라는 입장을 견지했다(Lippman, 1995). 요컨대 과학자와 마찬가지로 기자는 객관적이지 않다. 그러나 그가 사용하는 방법은 객관적일 수 있다는 방법의 객관성, 흩어진 사실을 모아 질서를 부여함으로써 진리에 도달하는 과정으로서의 객관성인 셈이다.

진실에 도달하는 방법으로서의 객관성은 이로부터 파생된 저널리즘의 독립성에 대해 보다 냉정한 태도를 취할 수 있게 해준다. 『기본원칙』은 전통적인 저널리즘의 원칙 중 하나였던 독립성, 즉 불개입$^{dis-}$ ^{engagement}, 이해관계의 초월^{disinterestedness}, 거리두기^{detachment} 또는 중립성^{neutrality} 등으로 이해된 언론의 독립이라는 표현이 오히려 더 혼란을 가중시켰다고 진단한다. 기자가 자신이 살아온 지역 공동체를 떠나 다른 지역 공동체와 거리를 두는 현상과 공적 사안의 직접 전달보다 분석과 논평에 더 초점을 두는 심판자의 입장이 언론의 독립으로 여겨지면서 저널리즘의 두 번째 원칙인 시민에 대한 충성을 저버리고 언론사와 기자의 고립을 가져왔다는 것이다(Kovach & Rosenteil, 2021: 115-118).

다른 여러 전문직 관련 개념과 마찬가지로 편집의 독립은 시간이 가면서, 특히 어느 특정 부문에서는 고립의 상태로 굳어져 가기 시작했다. 기자들은 그들이 애써 정당과 상업적 압력들로부터 확보한 독립을 존중하고 보호하며, 때로는 독립 그 자체만을 추구하기도 했다. 외부 압력들로부터의 거리두기는 공동체와의 관계를 단절하는 상황으로 변질되기도 한다. 지나치게 단순화한, 결함이 있는 객관성에 대한 인식은 혼란을 가중했다. 이 맥락에서 객관성은 뉴스를 위한 취재의 방법이 아니라 일종의 완전히 비어 있는 의식 같은 형식주의적 이해의 결과였다(ibid: 115).

『기본원칙』은 두 가지 독립이 저널리즘의 고립을 초래했다고 진단한다. 시민 공동체와의 단절과 공적 사안에 대한 심판자·평론가의 지위가 하나라면 언론사 내부 경영부문과 편집부문과의 장벽, 마치 정교분리와 같은 원칙이 미디어 환경의 변화에 따른 수익 악화로 저널리즘의 가치를 저버리게 하는 결과를 가져왔다는 것이다.『기본원칙』은 신문이나 지역방송이 과거와 같이 독점적인 광고 매체의 지위를 잃어버린 지금, 언론사가 시민을 마케팅 대상으로 인식하고 독자 분석(분절)을 통해 수익 전략을 세우며 인센티브 제도로 기자들에게 경영성과를 독려하는 방식은 기자뿐 아니라 경영자에게도 장기적인 전략을 세우지 못하게 만든다고 본다. 그럼에도『기본원칙』이 제시하는 대안은 '저널리즘의 원칙을 이해하는 선한 최고경영자'에 머문다. 시민에게 책임을 다하려는 언론사들의 다섯 가지 특징은 ① 수유주는 반드시 시민 제일주의를 존중해야 한다 ② 시민을 가장 우선시하는 업무직(경영직) 간부를 고용하라 ③ 뉴스에 대해서는 기자가 최종 결정권을 가진다 ④ 내부적으로 행위 기준을 분명히 설정하고 알려라 ⑤시민들에게도 분명한 기준을 알려주라는 규범을 반복한다 (ibid: 135-140).

『기본원칙』이 제시하는 저널리즘의 규범은 새롭지 않다. 이 규범은 언론 규율의 두 번째 공간인 자율규제의 강령과 실천요강에 명시된 사실과 의미를 분명히 구분한다. 사실은 진실에 더 가깝게 다가가기 위해 확인 가능한 경험적이고 논리적인 대상이며, 의미는 주장이나 정파성으로 왜곡될 수 있는 주관적 영역이 된다. 따라서 『기본원칙』은 진실을 추구하는 과정에서 더 많고 더 정확한 사실을 찾아가는 과정을 공개하라는 투명성의 원칙을 요구한다. 이 투명성이 바로 독자에게 저널리즘에 대한 신뢰를 제공하고 그들이 정확한 정보를 확인할 수 있는 학습효과를 가져 온다는 것이다(ibid: 97-98). 언론사 내 비편집부서뿐 아니라 독자와 시민에게도 밝혀야 하는 투명성은 취재·보도·편집 과정에서 언론 종사자가 수행하는 행위와 행위결과를 공개하라는 의미는 아니다. 이보다 모든 언론사는 자신들이 진실에 접근하는 과학적 방법론을 투명하게 공개하여 주관적일 수밖에 없는 기자의 충동을 제어하는 객관적 도구를 밝히고, 이 방법론을 통해 다른 기자나 시민들도 진실에 이르는 동일한 경로를 밟을 수 있음을 증명해야 한다.[15]

『기본원칙』이 제안하는 투명성은 취재·보도·편집에서 수행하는 언론사와 언론 종사자의 활동과 활동결과를 공개하라는 규범으로 자율규제의 원칙이 될 수 있다. 저자들은 미국 투손시의 KGUN_TV가 제정한 '시청자 권리장전'을 사례로 제시했다. 이 권리장전은 투손 시민들이 그의 뉴스팀과 기자들로부터 무엇을 기대해야 하는지를 정리한 내용이었다. 7개의 권리를 담은 장전은 다음 내용을 포함했다. 시민의 알 권리에 대한 정의(회사는 어려운 질문을 하고 심층 조사 보도를 실시한다), 윤리적 취재에 관한 권리(회사는 미국 기자협회 윤리 강령을 지킨다), 해결책 지향의 저널리즘에 대한 권리(단지 문제만 제기하는 게 아니라 해결책을 찾아 세시하려고 노력한다) 등이다.[16]

그러나 자율규제의 투명성 규범에서 밝혀야 하는 대상은 의견이나 의미와 구분된 '사실'과 '진실'을 찾아가는 검증 가능한 통일된 방법이다. 통일된, 그리고 과학적인 저널리즘의 통일성은 '취재 과학'으로 소개되며 "추가하지 말 것", "속이지 말 것", "투명성", "취재원 오도하기: 투명성의 다른 측면", "자기 스스로 하는 취재^{originality}", "겸허한 자세"라는 다섯 가지 원칙을 요구한다. 여기서 단연 중요한 원칙은 바로 투

---

15) "투명성의 정신은 과학의 방법론과 같은 원칙이다. 이 원칙에 따르면 당신은 그것을 어떻게 알았는지와 왜 그렇게 믿는지를 설명해 줘야 한다. 그러면 수용자는 당신이 한 작업을 똑같이 할 수 있어야 한다. 과학에서는 실험의 신뢰도 혹은 객관성이 다른 사람이 똑같은 방법으로 그 실험을 되풀이 할 수 있는가 하는 기준에 의해 정의된다. 저널리즘에서는 오직 우리가 아는 것을 어떻게 알게 됐는가를 설명해주는 방법만이 혹시 관심있는 수용자가 똑같은 취재를 할 의사가 있을 때 그렇게 할 수 있는 상황을 제공하게 된다. 이것이 과학과 저널리즘에서 말하는 방법의 객관성을 뜻한다"(ibid: 185).

16) 이와 유사하게 공개된 언론사의 취재보도원칙은 2020년 5월 개정된 한겨레의 "한겨레미디어 취재보도준칙", 법조 보도의 지침인 "범죄 수사 및 재판 취재보도 시행 세칙"을 들 수 있다.

명성이다. 『기본 원칙』이 요구하는 투명성을 비롯한 객관성을 대체하는 다른 원칙은 2021년 하반기 민주당의 언론중재법 개정안에서 논란이 된 '입증책임'이 요구하는 진실성의 요건이기도 하다. 역설적으로 자율규제를 통해 구현하고자 했던 검증 가능한 통일된, 그리고 과학적인 방법론이 실효성 없는 전문직주의의 내부 규율로 인식될 때, 이는 언제라도 법령과 제도에 의해 규율되는 직접 규제의 공간으로 포섭될 수 있음을 뜻한다. 따라서 자율규제가 언론사와 언론 종사자의 모든 활동과 활동결과에서 실효성을 가지려면 규범이 아닌 현실에서 수행하는 사실에 대한 인식과 활동에 대한 또 다른 방법론의 접근으로 검토되어야 한다.

4. 직업 공동체의 실천 공간 : 자율규제의 근거

언론 종사자, 특히 기자가 취재·보도·편집을 수행하는 현장의 공간은 직업 공동체의 공간이다. 헌법과 법률, 자율규제 기구의 강령과 실천요강 등 추상 수준이 높거나 보다 구체적인 규율의 공간에서 명문화될 수 있는 규정들과 달리, 이 공간에서는 언론 종사자가 자신의 행위 기준을 의식적이거나 무의식적으로 취하며 명문화될 수 없는 사실과 의견, 기호와 의미, 객관과 주관의 이분법이 소멸된다. 이 절에서는 언론 종사자, 특히 기자라는 직업 공동체의 공간에서 작동하는 규율과 관행을 확인하기 위해 아래와 같은 가상의 기사를 사례로 들어 설명할 것이다.

  금융당국의 인가 없이 투자금을 유치한 혐의로 기소된 ○○○사 김철수 전 대표가 유치 과정에서 정치인 최경식 씨를 수차례 강연자로 섭외했다는 사실이 밝혀졌다. 김 전 대표는 2016년 7월부터 이듬해 6월까지 금융위원회에 증권신고서를 제출하지 않은 채 중개인을 거쳐 총 4,000명으로부터 약 700억 원의 투자금을 불법 모집한 혐의로 재판에 넘겨졌다. 최경식 씨는 ○○○사가 투자금을 유치하던 2016년 12월부터 이듬해 3월까지 ○○○사 주최 행사에 세 차례 강연을 한 것으로 알려졌다. 당시 인터넷에 배포된 행사 홍보 포스터에는 최경식 씨 사진이 이름과 함께 게재되었다. 해당 행사에 참석했던 피해자 아무개 씨는 "투자자 모집행사 강연자에게는 고액의 사례비가 지급되는 관례가 있다"며 "김 전 대표와 최경식 씨 사이 친분이 두터웠던 것으로 보였다"고 밝혔다. 대법원은 지난 10일 자본시장법 위반 등의 혐의를 받은 김 전 대표의 상고심에서 징역 2년 6개월을 선고한 원심을 확정했다.

가. 사실과 허위의 이분법

  첫 번째 규율의 공간에서 논의되었던 언론보도의 인격권 침해 관련 법률에서 사실과 대립하는 허위, 즉 '진실하지 아니함'은 진실성을 전제로 하지만, 문자나 사진과 같은 기호로 구성된 텍스트가 그 지시 대상인 인물이나 사건과 일치하거나 상응하지 않는다는 의미로 해석된다고 지적했다. 나아가 법원이 소송절차에서 진행하는 사실확정의 기준에도 객관적 기준과 함께 주관적 기준 또한 적용된다. 저널리즘의 규범이론이나 자율규제 기구의 강령 및 실천요강에서 사실과 의견을 명확히 구분하는데 반해 취재·보도·편집을 수행하는 현장의 공간에서는 이러한 이분법이 뚜렷한 기준이 되지 못한다. 위 사례 기사는 한 가지 사실만을 다루지 않는다. 기사에서는 다음과 같이 사실과 관련된 네 가지 진술을 포함하고 있다.

① ○○○사 전 대표 김철수 씨는 금융당국의 인가 없이 투자금을 모집하여 4,000명의 피해자를 낳았다.

② 법원에서는 김철수 씨에게 징역 2년 6개월의 유죄를 선고했다.

③ 최경식 씨는 ○○○사가 주최한 행사에서 강연을 했다.

④ 피해자 아무개 씨는 "투자자 모집 행사 강연자에게는 고액의 사례비가 지급되는 관례가 있다"며 "김 전 대표와 최경식 씨 사이 친분이 두터웠던 것으로 보였다"고 기자에게 말했다.

진술 ①과 진술 ②는 검찰의 기소장과 법원 판결문의 일부를 인용한 것이며, 진술 ③은 기자가 인터넷 검색을 통해 찾은 홍보 포스터를 근거로 작성한 진술이다. 진술 ④는 기자가 접촉한 금융사기 피해자 중 한 명의 증언 일부를 선택하여 인용한 진술이다. 네 가지 진술 모두에서 기사는 보도 시점에 확정된 사실관계만을 다루고 있다. 진술 ①과 진술 ②는 기소장과 판결문을 증거로 하고 있지만 1심에서 대법원 판결까지 수정되고 추가된 모든 공소장과 판결문을 그대로 옮겨 놓지는 않았다. 마찬가지로 진술 ③ 또한 기자가 취재 과정에서 찾은 홍보 포스터 하나일 뿐이며 이후 과정에서 다른 정치인이나 유명인사가 등장하는 포스터나 관련 자료를 찾을 수도 있다. 진술 ④는 판결문이나 포스터와 같이 기자가 감각 경험으로 확인할 수는 없는 피해자(취재원)의 '사실적 진술' 일부를 옮겨 쓴 것이다. 기자는 취재 과정에서 전화나 대면 인터뷰를 통해 긴 분량의 아무개 씨 진술을 확보했을 것이고, 그 중 일부를 선택한 것이다. 또한 기자는 아무개 씨 이외 복수 피해자의 진술을 확보했을 수 있다. 이들은 정치인 최경식 씨의 강연 사실을 재차 확인해 주었을 수 있고, 김철수 전 대표와의 관계에 대한 다른 의견을 진술했을 수 있다.

사례 기사에 포함된 진술들은 신문윤리위 실천요강의 제3조 보도 준칙에서 "언론인은 보도기사를 작성할 때, 사안의 전모를 충실하게 전달함을 원칙으로 하며", "사회정의와 공익을 실현하기 위해 진실을 적극적으로 추적, 보도해야 한다"는 조항과도 연관된다. 그러나 문제는 이 한 건의 기사로는 '사안의 전모를 충실히 전달'할 수 없으며, '진실을 적극적으로 추적, 보도'하기 위한 후속 기사가 필요하다는 점에 있다.

이 기사에 포함된 네 가지 진술은 천체물리학에서 다루는 행성이나 화학에서 다루는 분자와 같이 고정된 사물에 대한 진술이 아니다. 특히 이 기사는 두 가지 사실을 동시에 다루고 있다. 하나는 이미 법원 판결로 확정된 김철수 전 대표의 금융사기이며, 다른 하나는 금융사기 과정의 일부였던 행사에 유명 정치인 최경식 씨가 강연을 했다는 사실이다. 흔히 "사실대로 보도하면 문제될 것이 없다"는 주장은 이 사례 기사에서 빈약한 주장이 된다. 김철수 전 대표의 금융사기 사건은 여죄가 밝혀질수록 더 많은 피해자와 공범이 나올 수 있는 사건이다. 또한 유명 정치인 최경식 씨의 관련 행사 강연이 그와 김철수 전 대표와의 단순한 친분으로 이루어진 것인지, 아니면 금융사기를 위장하고 신뢰도를 높이기 위한 수단임을 그가 알고 있었던 것인지의 여부는 고정된 사물이 아니라 취재와 보도 과정에서 언제라도 변하거나 수정될 수 있는 사실적 진술을 토대로 한다.

그럼에도 이 사례 기사 한 건으로 정치권의 개입을 폭로했다거나 허위보도를 했다고 주장할 수는 없다. 이런 주장은 금융사기와 정치권 개입이라는 사회현상으로서의 사실을 변하지 않는 사물이나 생산물로 보는 고전적 실증주의나 기계적 실재론의 '상식'에 기초한다. 따라서 사실 보도와 대립하는 '허위·조작보도'라는 개념은 위 사례 기사에 적용하기 어려운 사회현상에 대한 정보(지식)의 물신성^{fetishism}을 반영한다. 저널리즘의 전통적인 방법론에서도 이런 물신성을 엿볼 수 있다. 언론중재법 제2조(정의)에서 '사실적 주장'을 "증거에 의하여 그 존재 여부를 판단할 수 있는 사실관계에 관한 주장"으로 규정된다. 여기서 증거는 해석에 따라 기록, 증언, 문건 등 취재 당시에서 소송이 진행되는 시점까지 변하지 않은 물적 증거를 뜻한다.[17] 『기본 원칙』에

---

17) 이러한 사실에 대한 물신성을 극복하는 방법이 '상당성의 법리', 즉 피고가 (취재 당시) 진실이라 믿은 상당한 이유가 있었음을 입증하면 위법성이 조각된다는 판례이다.

서도 '진실'은 "저절로 부풀어 올라 제 형태를 드러내는 빵 반죽과 같은 것이 아니"라 말하지만 여기서도 진실은 숨겨져 있거나 발견되길 기다리는 사실이다(Kovach & Rosenstiel, 2021: 61). 사건이나 사고와 같은 물리적 현상에 대한 기록과 확인은 진실의 상응성^{correspondence}, 즉 기자가 기록한 기호^{sign}와 현실^{real}의 일치함을 뜻하기 때문이다. 예컨대 사례 기사에 포함된 네 가지 진술은 금융사기와 정치권 개입이라는 현실의 행위와 정확히 일치해야 사실이 된다.

그러나 위 사례 기사에서 적어도 세 가지 진술(①, ②, ③)은 금융사기라는 행위의 일부만을 보여줄 뿐이다.[18] 이러한 관점은 법률이나 강령과 같은 언론 규율의 두 공간에서 다루는 사실확정이나 실천요강의 기준과는 다른 접근을 필요로 한다. [그림2]와 같이 사례 기사는 사회 현상을 관찰하고 보고하는 기자라는 주체와 금융사기라는 객체와의 관계로 나누어 볼 수 있다. 그러나 이 때 금융사기라는 객체는 행성이나 분자와 같이 고정된 사물이 아니라 부단히 변화하는 과정이자 하나의 대상으로 존재하지 않는 행위 주체들이 서로 연관된 사회적 관계이다. 이러한 관계를 사례 기사에 적용하면 아래와 같은 그림으로 나타낼 수 있다(Sayer, 1999: 33-34).

---

18) '행위와 추론의 일부만을 보여준다'는 설명이 언론 보도, 나아가 사회과학 방법론에서 실재란 관찰자의 이론(지식)과 감각으로 구성되는 구성물일 뿐이라는 의미가 아니다. 도리어 신재는 기자나 과학자의 관념 속에서 구성될 수밖에 없으며 그 관념의 구성 여부와 상관없이 실재는 독자적으로 존재한다. 이런 점에서 비판적 실재론은 소위 '탈구조주의'나 강한 '구성주의'가 말하는 실재 없는 구성물로 사회현상을 바라보지 않는다.

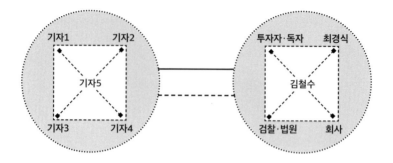

[그림2] 저널리즘에서의 주체-객체 관계 1

기자1　　기자2

기자5

기자3　　기자4

투자자·독자　　최경식

김철수

검찰·법원　　회사

　위 그림에서 사례 기사를 취재 보도한 기자5는 한 명의 개인이 아니라 언론사, 보도국의 한 부서, 출입처 기자단이라는 공동체의 인지적이고 개념적인 자원들을 학습하고 사용하는 존재로 또 다른 기자와 조직의 네트워크에 속한 존재다. 따라서 기자는 이러한 공동체 안의 다른 주체(기자 및 언론 종사자)들과 상호의존하거나 경쟁하며 기사를 생산해 낸다. 그러나 이러한 공동체 내 상호의존은 기자(주체)만의 특성이 아니다. 오른쪽 사건의 네트워크가 보여주듯 금융사기라는 객체 또한 상호연관 속에서 변하는 대상이다. 이 네트워크에 김철수 전 대표를 중심에 놓으면 그가 설립했던 회사와 그 구성원(금융사기의 조력자), 김철수 전 대표의 사기 의도를 알고 있었거나 전혀 몰랐던 투자자들, 회사가 주최한 행사에 김철수 전 대표가 섭외한 정치인 최경식 씨―이 또한 다수의 행사 강연자 네트워크의 일부이다―가 관계를 맺고 있다. 검찰과 법원은 고발과 판결에서 김철수 전 대표 한 명만을 대상으로 한 것처럼 보이지만, 그 과정에는 회사 구성원과 투자자 등 다른 관계자들의 증언과 조사가 포함되었을 것이다. 금융사기에 대한 판결은 끝났지만 이 네트워크에 속한 행위자(주체)들 활동과 발언은 끝나지 않는다.

따라서 이 네트워크는 말과 행동이 부단히 변하는 주체들로 구성된 취재 대상이며, 기자에게는 한 번의 보도가 아니라 연속되는 취재와 보도 활동을 요구한다. 고정되지 않고 변하는 객체라는 저널리즘 방법론의 특징은 취재 현장에서 자주 접할 수 있다. 재판이 거듭되고 취재가 계속될수록 새로운 진술을 덧붙이거나 또 다른 피해와 연관된 가해자(김철수 전 대표 및 회사 구성원)와 피해자(투자자), 강연에 나섰던 배경과 그 대가를 명확히 밝히지 않는 정치인, 재판의 범위를 한정한 검찰과 법원 등이 존재하는 시공간이 바로 취재 현장이다. 이런 이유에서 '허위·조작보도'는 그 경계를 설정하기 어려운 개념화다. "사안의 전모를 충실하게 전달함을 원칙으로 하며, 출처 및 내용을 정확히 확인해야 한다"는 윤리위 실천요강의 취재준칙은 그저 규범에만 그치게 된다. 더 어려운 문제는 '허위·조작보도'가 단순한 사물에 대한 지시^{denotation}를 넘어 의미^{sense}의 영역을 구분한다는 점에 있다.

나. 사실과 의견의 상호승인 : 이중의 해석학

법률에 근거한 사실확정 기준이나 자율규제 기구의 강령과 실천요강은 사실과 의견을 구분한다. 대법원 판결에서 언론보도는 대개 "사실적 주장과 의견표명이 혼재하는 형식"이라고 인정하고 있지만 보도 내용을 둘러싼 전체적 맥락에서의 진실성을 구분하기 때문에 사실과 의견의 구분은 여전히 남아 있다. 마찬가지로 신문윤리위의 강령과 실천요강에서도 "보도기사는 사실과 의견을 명확히 구분하여 작성해야 한다"고 명시하고 있다.

그러나 위 사례 기사에서 사실과 의견의 구분은 쉽지 않다. "정치인 최경식 씨"라는 구절은 최경식이라는 한 개인 그 자체를 가리키는 진술이 아니라 그의 다양한 활동 중 기자가 초점을 맞추어 떠올린 '사유 속 객체thought object'이다. '정치인'이라는 단순한 수식어지만 최경식이라는 개인에 대해 독자들은 정치적 지향에 따라 서로 다른 의미를 부여한다. 독자의 사유 속 객체인 최경식은 그의 정치 이력과 정치 지형에 따라 호불호가 명확한 정치인이며 기사에서는 이런 의미를 부여하지 않더라도 수식어 하나로 기자의 의견이 반영된 것으로 읽힐 수 있다.

정치인 최경식이라는 진술은 사실 그 자체가 아니라 기자의 경험과 직관이 투영된 '사실적 진술'이다. 기사에서 논란이 될 수 있는 진술은 ④ 해당 행사에 참석했던 피해자 아무개 씨는 "투자자 모집행사 강연자에게는 고액의 사례비가 지급되는 관례가 있다"며 "김 전 대표와 최경식 씨 사이 친분이 두터웠던 것으로 보였다"고 밝혔다는 부분이다. 피해자 아무개 씨는 기자와의 인터뷰에서 이 진술보다 더 많은 진술을 했을 수 있다. 또는 기자가 만났거나 연락한 투자자들 중 유사한 진술을 했지만 인용을 거부했기 때문에 익명을 전제로 진술한 이는 아무개 씨 혼자일 수도 있다. 따라서 취재원을 선택하고 그의 진술 중 일부를 기사로 택한 기자의 취재와 보도 행위는 단순한 관찰과 보고가 아니라 투자자, 김 전 대표, 그리고 최경식 씨를 향한 실천의 일부다. 다수의 강연자 중에서 최경식 씨를 선택한 이유는 기사에서 드러나지 않는다. 인용한 진술 중 "고액의 사례비가 지급되는 관례"와 "김 전 대표와 최경식 씨 사이 친분이 두터워 보였다"는 아무개 씨의 추정을 넘어 더 많은 의미를 창출한다. 즉 최경식 씨가 금융사기에 연루되었고 그 대가로 고액의 사례비를 받았다는 의혹을 낳는 것이다.

최경식 씨는 이 기사에 대해 사실적시 명예훼손으로 소송을 제기할 수 있다. 그러나 기사에서는 행사에서 강연을 했다는 사실과 투자자 아무개 씨의 진술만이 언급되었을 뿐 금융사기에 연루되었다는 언급은 독자의 의미와 추정의 영역에 속한다. 그럼에도 기자가 이렇게 진술을 조합하여 기사를 작성한 과정에는 금융사기 – 정치인 개입 – 정치자금 조성이라는 과거 사건에 대한 경험, 자신이 속한 언론사 보도국의 조직문화, 출입처 기자들 사이 단독보도 경쟁 등의 요인이 작용했을 수 있다. 이런 요인을 사회과학 방법론에서는 '관찰의 개념 의존성', 또는 '관찰의 이론 부과성'이라 말한다(Sayer, 1999: 79-80).

이 관찰의 개념 의존성은 취재 대상인 사회현상(객체)—사회적 재난, 정치적 논란, 경제 위기 등—에 그것을 가리키는 행위인 준거$^{refer-ence, denotation}$, 그리고 이것에 부여하는 언어적 활동인 의미^{sense} 사이의 구분이 어려움을 뜻한다. 예컨대 스트레이트 기사는 어떤 사건이 발생했다는, 건조한 지시어로만 구성된 준거(지시)다. 반면 대통령 선거, 정당 간 논쟁 등을 보도하는 기획 기사에는 평가나 전망과 같은 의미가 부여된다. 그러나 준거와 의미는 서로 분리될 수 없다. 한 건의 기사라도 사례 기사와 같이 사실 전체의 어떤 측면, 즉 금융사기의 피해자, 행사에서 강연을 한 정치인, 사기를 공모한 김 전 대표와 관계자 중 어떤 인물을 사건의 네트워크 중심에 위치시킬 것인지는 기자가 사건에 부여하는 의미에 따르기 때문이다.

결국 사실과 의견, 준거와 의미를 명확히 구분하는 것이 불가능하다면 양자가 배타적인 관계가 아니라 상호승인의 관계에 있다고 보는 것이 타당하다. 사례 기사로 사실적시 명예훼손 등으로 논쟁이 벌어졌을 때, 자율규제기구의 강령과 실천요강처럼 사실과 의견을 명확히 구분하여 심의하고 분쟁의 당사자 간 합의를 이루기란 쉽지 않다. 사실과 의견의 구분은 전통적인 저널리즘이나 자율규제 기구의 강령과 실천요강에서 당연하게 여겨진다. 달리 표현하면 가치 중립적인 사실과 가치 부과적인 의견의 구분으로 나타난다. 방송법에서 '보도'와 '논평'을 구분하거나 기자들이 '단신'과 '기획기사'를 구분할 때도 동일하다. 그러나 보도와 단신 또한 기자의 용어 선택과 경험에 따라 충분히 의미를 부여 받아 쓰여진다.[19] 따라서 특정 언론보도에 대해 취재원과 관계자가 '사실 왜곡'이나 '진의 왜곡'이라고 주장할 때 기자, 독자, 피해자, 법관은 각자의 개념 의존성에 근거한 사실을 기준으로 하는 셈이다. 이는 첫 번째 규율 공간인 법률에서 언론보도에 따른 피해가 어떤 법 규범에 해당되는지 법관이 관련 법률 조항을 해석할 때 주관적 기준이 작동하는 이유다. 이러한 차이는 저널리즘의 객체가 단순

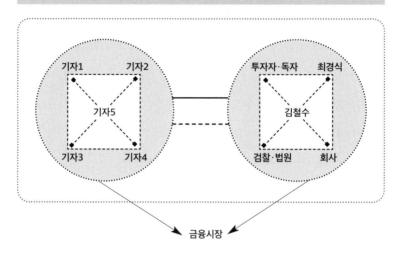

[그림3] 저널리즘에서의 주체−객체 관계 2

한 사물이 아니라 [그림3]의 오른쪽 네트워크처럼 주체가 포함된 객체라는 점에서 '이중의 해석학'으로 이어진다.

　사례 기사 또한 사실과 의미의 상호 승인 관점에서 본다면 [그림3]과 같이 양쪽의 네트워크에서 서로 다른 해석을 하게 된다. 사례 기사가 분쟁 조정 신청이나 소송 사건이 되는 이유의 다수는 기사에 포함

---

19) 우리가 일련의 개념들에 입각하여 사유한다는 점은 실제를 반영하는 사진 촬영에서도 드러난다. 세월호 참사에서 시신 인양 작업을 촬영할 때도 밀착 촬영한 사진과 원거리에서 촬영한 사진은 전혀 다른 틀(schemata)이 작용한 결과다. 따라서 관찰의 개념 의존성을 고려하면 '관찰 가능한 것'과 '관찰 불가능한 것'을 구분하기 힘들다. 똑같은 세포를 현미경으로 보더라도 일반인과 생물학자의 지각은 전혀 다르다. 일반인에게는 관찰 불가능한 것이 학자에게는 가능하다는 점은 지각에 포함된 개념화의 문제이며, 따라서 대개 '사실적 지식'과 '이론적 지식'이라는 구분의 무의미함을 보여준다.

된 진술들의 진실성 여부보다 상이한 해석이 우선하기 때문인 경우가 많다. 왼쪽 네트워크에 속한 기자는 보도국의 소속 부서, 출입처 기자단 등 조직 내 커뮤니케이션을 통해 사회현상을 바라보는 해석의 틀 frame을 갖게 된다. 아이템 발제 승인, 취재, 기사 작성, 데스킹, 편집 등을 거치는 과정은 조직 내 일관성을 요구함과 동시에 기자와 언론사만의 해석 공동체를 만들어 낸다.[20) 이 해석은 기사라는 최종 결과물을 요구하기 때문에 사회현상과 사건을 등장인물, 배경, 내러티브가 있는 텍스트와 같이 전제한다.

그러나 기자가 해석하고 취재·보도해야 할 객체인 오른쪽의 네트워크는 더욱 복잡하다. 여기에는 김철수 전 대표와 그 회사의 구성원, 김 대표 금융사기의 피해자인 투자자들, 회사가 주최한 행사에 김철수 전 대표가 섭외한 정치인 최경식 씨, 그리고 법원과 검찰 등이 서로 다른 이해관계로 얽혀 있다. 일반 독자들 또한 금융시장에 관심이 있거나 피해 경험이 있는 이들일수록 이 네트워크에 속할 수 있다. 따라서 이들은 자신이 연관된 금융사기, 또는 정치권 개입 의혹에 대해 서로 논리적이거나 개념적으로 일관된 진술을 하지 않으며 해석 또한 상이하다.

---

20) 기자와 그가 속한 보도국(편집국) 내 이러한 과정은 소규모 언론사와 디지털 콘텐츠 플랫폼(팟캐스트·유튜브 등) 채널을 운영하는 집단에서 압축되거나 누락되기 쉽다. 독자를 확보하고 조회수를 늘리기 위해 속보성과 의견·추론·해설을 앞세우는 경향은 해석 공동체의 폐쇄성을 더 높일 가능성이 크다.

특히 진술 ④ 즉, 해당 행사에 참석했던 피해자 아무개 씨는 "투자자 모집 행사 강연자에게는 고액의 사례비가 지급되는 관례가 있다"며 "김 전 대표와 최경식 씨 사이 친분이 두터웠던 것으로 보였다"는 김 전 대표, 최경식 씨, 피해자 아무개 씨뿐 아니라 다른 행사 참석자와 투자자들까지 관련된 진술이다. 언론피해 조정이나 신문윤리위 심의 과정에서 이 진술에 관련된 이들은 기자와 상이한 해석의 틀을 갖고 있으며, 이로부터 서로 다른 사실적 진술을 제시할 것이다. 특히 정치인 최경식 씨를 강력하게 지지하는 독자라면 진술 ④를 곧바로 '정치인의 금융사기 연루'라는 허위보도로 해석할 수 있다.

이와 같은 이중의 해석학은 언론보도 피해에 대한 자율규제에서 중요하게 고려되어야 한다. 언론 종사자에게는 익숙한, 그러나 자율규제 강령, 실천요강, 준칙에 명시될 수 없는 해석의 틀은 시민과 독자에게 낯설 수밖에 없다. 특히 사례 기사는 [그림3]의 하단에 위치한 '금융시장'이라는 현실의 중요한 영역에 영향을 미치는 행위이기 때문에 해석의 문제를 더욱 신중하게 고려해야 한다. 사례 기사는 단순한 문자 텍스트가 아니다. 기자와 독자들이 기사에 포함된 네 가지 진술 중 어디에 더 중요성을 부여하고 더 많은 해석의 틀로 바라보는지에 따라 이 기사는 허위보도 논쟁이나 소송, 나아가 정치인 최경식 씨에 대한 정치권의 공세까지 확장될 수 있는 사회적 행위가 된다. 이 사례 기사를 자율규제기구에서 다룬다면 심의위원들은 법관과 같은 관찰자가 아니라 또 다른 행위자가 된다. 기사를 둘러싼 논쟁이 수천 명의 피해자를 낳은 금융시장을 현실로 삼을 것인지, 아니면 정당 간 정쟁과 지지자들의 갈등이라는 또 다른 사건으로 확장될 것인지를 결정하는 계기이기 때문이다.

다. 입증책임에서 공동체 간 대화로

[그림3]에서 양쪽에 위치한 주체와 객체의 네트워크의 차이는 기자가 속한 언론 종사자 네트워크가 취재·보도 대상이자 독자로 구성된 네트워크보다 우월함을 뜻하지 않는다. 한 명의 기자가 언론사, 보도국 소속 부서, 출입처 기자단이라는 공동체에서 습득한 사실적 진술의 선택 방식과 해석의 틀은 취재원과 독자가 속한 느슨하고 분화된 네트워크와 다를 수밖에 없다. 자율규제기구를 통해 독자의 항의를 대할 때, 기자는 독자가 자신과 같은 저널리즘의 원칙이나 시각을 갖고 있다고 생각하거나 취재원과 독자가 가진 해석의 틀을 '오해'라고 치부해서는 안 된다. 서로 다른 사실을 선택하고 상이한 의미를 부여하는 두 네트워크의 차이는 전문성의 우위가 아니라 그 자체로 기자와 언론사가 속한 사회 공동체의 현실을 보여준다.

그러나 [그림2]와 달리 [그림3]에서 두 네트워크는 점선으로 이루어진 하나의 공간에 포함되어 있다. 이는 취재·보도 주체인 기자가 취재·보도 객체(대상)인 취재원과 독자와 같은 공동체의 일원임을 뜻한다. 천체물리학이나 화학의 관찰자(주체)와 관찰 대상(객체)의 관계는 사회현상에 대한 연구와 저널리즘의 방법론에 적용될 수 없다. 이런 점에서 자율규제의 공간에서는 반드시 언론사와 기자, 나아가 언론계라는 공동체가 정치·경제·사회적 권력집단뿐 아니라 각자의 생활에서 전문성을 갖춘 시민·독자 공동체와 대칭 관계에 있음이 전제되어야 한다.

이러한 대칭성은 언론보도의 진실성에 대한 입증 책임을 기자와 언론사로 전환하거나 원고(피해자)의 입증책임을 경감하자는 주장에서 간과된다. 사례 기사에서 정치인 최경식 씨는 자신이 김 전 대표가 주최한 행사에서 강연한 사실은 맞지만 '고액의 사례비'는 받지 않았고 "김 전 대표와 두터운 친분"이 없다고 주장하며 소송을 제기할 수 있다. 그러나 소송은 최경식 씨가 강연 사례비는 다른 강연자와 동일한 액수로 지급받았고, 김 전 대표가 자신을 섭외한 과정을 설명하면서 해당 기사가 진실이 아니라는 증명을 제기하며 시작된다.[21] 이는 기자가 속한 공동체가 금융계나 금융회사의 사업 방식이나 관행에 대해 동일한 수준의 정보와 전문성을 갖추지 못했기 때문이다. 최경식 씨가 이러한 증명을 하지 않고 바로 해당 기자에게 진술 ④의 취재원을 공개하라고 요구한다면 익명을 요청한 취재원과의 약속을 어길 뿐 아니라 다른 언론사의 기자들 또한 피해자 인터뷰와 제보에 제약을 받는다. 언론보도의 진실성에 대한 입증책임 전환은 [그림3]의 두 네트

---

21) 민사소송에서 언론보도의 인격권 침해에 대한 진실성 증명 책임은 피해자가 우선 부담하며 피해자가 하지 않은 일에 대한 증명이 용이하지 않을 때는 기자가 사실적 주장의 근거를 제시해야 한다. 대법원 2004. 2. 26. 선고 99도5190 판결; 대법원 2005. 7. 22. 선고 2005도2627판결; 대법원 2011. 9. 2. 선고 2009다52649 전원합의체 판결.

워크 간 비대칭성을 전제로 한다. 즉 언론사와 기자가 취재원과 시민·독자보다 더 많은 정보와 자원을 갖고 있다는 가정이다. 그러나 기자가 언론사와 기자 공동체에 속해 있기 때문에 대개의 시민·독자보다 사실과 주장에 대한 접근이 용이하다는 점이 취재 대상이 속한 영역의 전문성을 보장해 주지는 않는다.

[그림3]에서 기자가 속한 네트워크와 취재 대상이 속한 시민·독자의 네트워크의 지위를 바꾸어 보자. 예컨대 금융사기의 피해자가 주체의 위치에, 이를 보도한 기자와 언론계가 객체의 위치에 서는 경우다. 이 때 피해자들은 왜 금융사기의 주범과 그 맥락에 대한 더 심층적인 보도를 하지 않는지, 액수로 산정할 수 없는 피해에 대한 이해가 왜 부족한지 묻게 된다. 반대로 기자는 이런 질문에 대해 보도국 소속 부서의 의사결정 과정이나 수천 명에 달하는 피해자 조사에 어려움이 있다고 호소할 것이다. 이러한 관계에서 피해자들은 사례 기사를 쓴 기자와 소속 언론사를 '언론'이라는 집합 명사로 묶어 '시민을 가르치려는 엘리트주의자'이자 '금융계는 전혀 모르고 정치적 의혹만을 제기하는 집단'으로 동일시하게 된다. 그러나 시민과 독자는 하나의 집단이 아니라 각자가 생계를 이어가는 일상에서 기자와는 다른 전문가이자 연구자이기도 하다. 사회를 구성하는 다양한 분야와 관계 속에 있는 시민과 독자가 각자의 경험에 따른 사실의 선택과 해석의 틀을 가지듯, 기자를 비롯한 언론 종사자 또한 한 분야에 속한 시민이다. 따라서 현재 언론사와 직능단체의 자율규제 패러다임은 첫 번째 규율 공간인 헌법과 법률의 추상 수준을 취재와 보도 현장의 두 번째 규율

공간으로 구체화하는 수직적 이동에서 벗어나야 한다. 도리어 서로 다른 해석틀을 가진 언론 종사자 공동체와 독자 공동체의 상호 인정을 위한 공론장으로서 자율규제 기구가 구성되어야 할 것이다.

5. 자율규제의 패러다임 전환

언론 규율의 세 공간 중 상위 두 공간의 토대를 이루는 곳은 법률이나 강령으로 명문화되지 않는 직업 공동체의 공간이다. 이 공간에서 활동하는 언론사와 언론 종사자에게 상위 규율의 두 공간은 일상이 아닌 규제의 공간으로 인식된다. 심의 및 제재조치의 실효성과 강제성이 없다고 평가되어 온 언론 자율규제 기구는 조정과 중재라는 절차적 합리성에 초점을 맞출 수밖에 없었다. 이는 최상위 규율 공간인 법률의 처벌이나 배상의 전 단계로 이해되어 왔고, 언론보도로 인한 피해가 증가함에도 제재조치가 피해자 구제에 기여하지 못하면서 그 한계를 지적받아 왔다. 2021년 국회 민주당의 언론중재법 개정안 논란은 언론사와 언론 종사자가 스스로 규율해야 할 자율규제의 구체성을 상위 공간인 직접규제의 법령으로 해소하려 했던 시도였다.

이 글에서는 자율규제의 한계를 규제기구의 구성, 심의 및 피해구제 절차, 상벌 및 실천요강 등의 심의기준에서 찾지 않고 언론 종사자와 독자·시민이 함께 공유하는, 그러나 서로 다른 해석틀을 갖고 만나는 일상 공간과의 연관 속에서 찾으려 했다. 특히 언론 종사자 네트워크와 다양한 취재대상이자 각자의 전문성을 갖고 있는 분화된 독자 네트워크 간 해석틀의 차이는 자율규제라는 패러다임의 전환에 중요한 의미를 갖는다. 해석틀의 차이가 발생하는 세 번째 규율 공간인 일상은 법률이나 강령보다 더 현실에 가까운 실재의 공간이다. 이 공간은 속보 경쟁과 저널리즘의 가치가 충돌하는 곳이며, 일관성과 비일관성, 사실과 의견, 개념과 경험이 서로 뒤엉켜 언론 종사자의 직업 공동체와 독자·시민이 각자의 삶에서 구성한 공동체가 서로 비대칭 관계에 놓인 장이기도 하다.

흥미로운 점은 최상위의 규율 공간인 법률에서도 이러한 해석틀의 차이를 '사실적 주장과 의견표명이 혼재하는 언론보도'로 인정한다는 판례다. 특히 보도의 진실성을 언론보도 시점에서 작동했던 전체적 맥락을 고려하여 판단하며, 세부적 내용의 오류나 다소의 과장 및 압축 등 수사적 요소의 기준으로 삼지 않는다. 또한 법원의 사실확정 기준에는 객관적 기준인 절차적 합리성뿐 아니라 주관적 기준까지 포함된다. 이에 비해 자율규제 공간은 법률이나 법원의 기준보다 더 강력하게 사실과 의견을 명확히 구분하고 있으며, 논쟁 중인 사안에 대해 한 쪽 주장을 편파적으로 보도하면 안 된다는 균형성과 중립성의 기준을 실천요강에 명시하고 있다. 지금까지 신문윤리위 등 언론 자율규제기구가 그 실효성을 의심받고 피해구제에 소극적이었다는 평가를 받는 이유는 자율규제 기준이 도달하기 어려운 '규범'으로 언론 종사자들에게 여겨졌기 때문이다. 이와 같은 규범성은 언론보도의 피해를 겪고 위반의 근거를 찾으려는 독자에게는 법률보다 명확한 기준으로 인식되지만, 판단과 결정을 내리는 자율규제기구의 윤리(심의)위원들에게는 문자 그대로 적용하기 어려운 규율로 여겨진다.

무엇보다 이 글에서 사실적 주장에 대한 언론 종사자 공동체와 독자 공동체 간의 비대칭 관계를 논의할 때 도입한 비판적 실재론에서는 "사실의 문제에 대해 절대적 진리를 발견했다거나, 지식의 절대적 기초를 수립했다는 주장"을 함부로 할 수 없다는 입장을 취한다. 사회과학자는 이론과 분석 모두에서 획득한 사실적 진술과 지식의 오류가능성fallible을 늘 전제하고 있다(Sayer, 1999: 106). 언론사와 언론 종사자에게도 이러한 오류 가능성의 인정이 필요하다. 주관적일 수밖에 없는 기자가 진실을 추구할 때 사용해야 할 통일되고 검증 가능한 방법론에서는 이 오류 가능성에 대한 인정을 찾기 힘들다. 자율규제를 언론 종사자에게 따라야 할 규범이 아니라 일상의 실천으로 바꾸려면 저널리즘의 방법론에 대한 냉정한 비판이 필요하다. 따라서 자율규제기구는 언론사와 언론 종사자, 그리고 독자 공동체가 모두 공유하고 공감하는 미디어 환경의 변화에 따라 강령과 실천요강을 개정해야만 한다.

이러한 제안은 한국의 정치·경제 및 언론 환경의 변화에 발맞춘 자율규제 패러다임의 전환을 의미한다. 지금처럼 언론 종사자 중심으로 운영되는 자율규제기구는 언론 종사자, 직능단체, 그리고 시민사회단체가 상호승인하는 강령 및 정책을 수립할 공론장 역할을 해야 한다. 공론장인 자율규제기구의 대표적인 사례는 자율규제의 오랜 역사를 밟아온 영국에서 찾을 수 있다. 2016년에 출범한 언론모니터독립기구^{IMPRESS}는 1953년 설립된 언론평의회^{Press Council}에서 시작되었다.[22] IMPRESS는 최초로, 그리고 현재 유일하게 영국 정부의 승인을 받은 언론 자율규제기구다. 이 기구는 후원금을 내는 자선기부단체와 시민, 그리고 연간 순매출 기준 0.1%의 회비를 내는 회원사로 구성되었다(강형철, 외 2021). 2021년 말부터 시작되어 최근 개정된 IMPRESS의 표준규약과 실천요강^{Standard Code and Guidance}은 언론 종사자 공동체와 독자 공동체가 어떻게 상호이해를 도모할 수 있는지 보여준다. 2022년에 개정된 표준규약과 실천요강은 [표7]의 단계를 거쳐 작성되었다(IMPRESS, 2022b).

2021년 11월부터 2022년 여름까지 진행된 IMPRESS 표준규약 및 실천요강 개정 단계는 달라진 미디어 환경에 따라 일반 공중, 시민사회단체, 언론사 및 학계 등 주요 당사자들^{key stakeholder}의 지적을 경청하는 것으로 시작되었다. 이 단계에서 정확성, 어린이, 차별, 공정성^{fairness}, 괴롭힘^{harassment}, 온라인 저널리즘, 공공안전의 7가지 미디어 이슈가 선정되었다. 2단계는 두 번의 라운드테이블로 진행되었다. 첫 번째 라운드테이블에서는 어린이 관련 보도, 차별, 정확성에 초점을 맞추어 언론사 편집자와 기자들이 이와 관련된 미디어 환경 변화가 논의되었다. 두 번째 라운드테이블에서는 7가지 미디어 이슈를 반영

---

22) IMPRESS는 the Independent Monitor For the Press의 약어이다.

[표7] IMPRESS의 표준규약 개정 절차	
단계	활동
1단계 근거요청 (Call for Evidence)	· 일반 공중, 시민사회단체, 기자, 언론사 및 학계 등 주요 당사자들의 제안과 개정 근거를 청취 · 2021년에는 4개월에 걸쳐 정확성(accuracy), 어린이, 차별, 공정성(fairness), 괴롭힘(harassment), 온라인 저널리즘, 공공안전이라는 7가지 미디어 이슈를 선정
2단계 워크숍과 참여 (Workshop & Engagement)	· 주요 당사자들과 함께 온라인 저널리즘, 어린이, 표현의 자유라는 주제의 언론사 라운드 테이블 개최 · 표준규약 개정에 대한 반응과 회원사 보도에 미칠 영향을 검토. 2022년에는 영국청소년위원회(the British Youth Council)와 협력
3단계 규약초안 작성 (Drafting)	· 규약위원회의 심리를 위한 포괄적인 권고사항 제출 · 규약위원회의 표준규약과 실천요강 개정안 작성

하여 표준규약을 개정했을 때 IMPRESS 회원사의 보도에 미칠 변화를 검토했다. 이 과정에서 집중적인 의견 청취가 필요한 핵심 당사자 단체의 의견을 청취한다. 2022년에는 청소년의 관점을 담기 위해 14세에서 18세에 해당하는 청소년 미디어 자문단을 구성했다. 3단계는 앞의 두 단계에서 도출된 표준규약 개정의 근거들을 정리하여 개정안을 작성하는 규약위원회에게 심리를 위한 포괄적인 권고사항 목록이 만들어졌다. 규약위원회는 이를 토대로 표준규약 및 실천요강의 개정안을 작성했다(IMPRESS, 2022a).

IMPRESS의 표준규약 검토 절차에는 미디어 이슈와 관련된 전문가와 연구자들이 리서치와 인터뷰로 조사한 방대한 분량의 보고서 또한 포함되었다. 이러한 과정의 핵심은 언론 종사자가 취재와 보도 현장에서 수행해야 할 활동과 활동 결과의 구체적인 실천지침을 만드는 데 있다. IMPRESS의 표준규약은 신문윤리위의 윤리강령과 유사하게 규범적인 개념과 문장으로 구성되어 있다. 그러나 표준규약의 실효성을 위한 실천요강은 언론 종사자뿐 아니라 주요 취재원, 그리고 독자들이 충분히 이해할 수 있는 용어와 표현으로 작성된다. 예컨대 정확성^{accuracy}을 다루는 표준규약 1.2항에서는 "언론사는 사실에 대한 진술과 의견에 대한 진술을 명확히 구분해야 한다"고 명시한다. 그러나 이를 구체화한 실천요강은 사실과 의견 구분의 어려움, 독자가 사실과 의견을 구분할 수 있도록 언론사에 내리는 지침, 그리고 명예훼손법$^{law\ of\ libel}$과 관련된 유명 인사 관련 보도의 문제까지 다룬다. 정확성과 관련된 실천요강의 내용은 다음과 같다(IMPRESS, 2022b).

1.19. 미 상원의원 다니엘 패트릭 모이니한$^{Daniel\ Patrick\ Moynihan}$은 이렇게 말했다. "모든 이들은 자신만의 의견을 가질 수 있다. 그러나 자신만의 사실은 가질 수 없다." 이 말은 우리에게 사실을 담은 보도는 반드시 증거에 입각해야 하지만, 의견은 증거에 종속되지 않는다는 것을 일깨워 준다. 그렇다면 사람들은 자신만의 의견을, 말하자면, '구성'할 수 있다. 그러나 자신만의 사실을 구성할 수는 없다.

1.20. 이는 미디어에도 적용된다. 사실, 추론, 평론, 분석 및 사설의 구분을

분명히 하는 것은 책임 있고 품격 있는 저널리즘의 생명과도 같다. 사실은 증거에 의해 뒷받침되어야 하지만 의견은 그렇지 않다. 추론은 사실관계^{factual matters}에 대한 진술이다. 그러나 그 사실관계는 불충분한 정보에 근거를 둔 주장임을 분명히 해야 한다. 사설은 신념, 판단, 평가, 예측, 도덕적 판단, 비판적 평가, 감정 혹은 세계관의 표현이다.

때때로 이런 구분은 명확하지 않다. 예컨대 스트레이트 기사는 대개 사실관계와 관련된 반면, 도서 비평은 해당 책이 읽을 만한 가치가 있는지, 또는 어떤 가치를 담고 있는지에 대한 비판적 의견을 제시한다. 그러나 어떤 보도는 사실과 의견 모두를 포함한다. 이럴 경우, 사실은 반드시 객관적인 증거에 입각해야 한다. 전반적으로 사실과 의견을 어떻게 구분할 것인지 기준은 평범하고 이성적인 독자에게 예상되는 반응에 기반 해야 한다. 이 독자들은 세상에 대한 일반적인 지식과 경험을 가진 이들이다.

독자는 분명히 기사의 어조, 맥락, 그리고 언어로부터 기사에 담긴 정보가 기자 개인의 판단인지, 부인할 수 없는 객관적 진실인지, 아니면 사실과 의견이 혼재된 것인지의 여부를 구분할 수 있다.

1.21. 독자가 사실과 의견을 구분하는데 도움이 되도록 언론사는 다음과 같은 실천 단계를 고려할 수 있다.

(i) 의견에 기반한 콘텐츠에는 분명하게 콘텐츠가 '의견'임을 알리는 배너를 첨부한다.

(ii) 사실에 기반한 부분과 의견에 기반한 부분이 다름을 강조할 수 있는 부가된 설명을 제공한다.

(iii) 기자는 사실과 자신의 의견이 포함된 콘텐츠에서 이 둘을 분명히 구분할 수 있는 언어를 사용하라. 이는 "내 견해로는", "나의 관점에서는", "이는 본사의 의견으로서"와 같은 표현을 사용함으로써 가능하다.

1.22. 정확성에 대한 제안은 주로 의견보다 사실에 관한 주장에 해당되지만, 사실이 뒷받침되지 않는 유명 인사의 명예를 심각하게 훼손한 의견을 발행하는 경우도 (명예훼손법 위반과 함께) 규약 위반에 해당한다. 정치인에 이 요건을 적용할 때는 더 높은 수준의 기준이 적용된다. 정치인은 공적 지위를 부여받은 만큼 자신에 대한 비판에 일반 공중의 구성원보다 더 큰 관용을 보여야만 한다.

위 실천요강에서는 언론보도에 대한 독자의 관점을 반영하고 있다. 예컨대 사실과 의견을 어떻게 구분할지는 "평범하고 이성적인 독자"가 해당 보도에 보일 반응을 예상하는데서 시작된다. 아울러 이러한 독자, 즉 IMPRESS에 불만을 접수할 시민을 "세상에 대해 일반적인 지식과 경험을 가진 독자"로 명시하고 언론 종사자가 마주해야 할 독자의 사실과 의견 구분 역량을 명심할 것을 요청하고 있다. 한국의 언론중재위원회와 한국신문윤리위원회와 비교할 때 두드러진 차이는 언론보도에 의한 명예훼손 관련 조항이다. 실천요강 1.22에서는 정확성 관련 규약이 사실보도에 엄격히 적용되지만 의견이 포함된 콘텐츠에도 적용된다는 점을 분명히 하고 있다. 그러나 그 대상 중 유명 인사 named individuals 를 명시하고 있으며, 무엇보다 언론보도를 정치적 쟁점으로 만들 가능성이 높은 정치인에게는 규약의 엄정한 적용을 주문함과 동시에 정치인의 책임을 언급하고 있다. 이는 정치인이 제기하는 언론보도의 명예훼손 문제는 면밀히 검토해야 한다는 지침이면서도, 정치인에게는 "공적 지위를 부여받은 만큼 자신에 대한 비판에 일반 공중 구성원보다 더 큰 관용tolerance 을 보여야 한다"는 책임성을 또한 적시하고 있다.

2021년 12월 통합형 언론자율규제기구 연구위원회가 발표한 「통합형 언론자율규제기구 설립안」에서는 기구 구성과 관련하여 자율규제위원회가 이사회로부터 독립성을 보장받는 정책결정기구로서의 위상을 명확히 하고 있다. 자율규제위원회는 이사회의 직접 추천이 아닌 전문성, 독립성, 다양성을 고려해 이사회가 지명한 외부추천위원회가 추천한다. 그러나 이 제안에서는 자율규제기구의 규약 및 정책 수립, 가이드라인 제·개정 등 독자와 시민이 언론보도에 불만을 제기할 기준에 어떻게 참여할지는 밝히고 있지 않다. IMPRESS의 사례는 이 글에서 제시하는 자율규제의 패러다임 전환, 즉 언론종사자 공동체와 독자 공동체의 상호 승인과 이해라는 첫 번째 원칙이 결코 이상형이 아님을 보여준다. 새롭게 제안된 통합형 언론자율규제기구뿐 아니라 현재도 운영되고 있는 언론보도 관련 자율규제기구는 언론 종사자 및 직능단체와 시민사회단체가 상호이해 가능한 강령 및 정책을 수립·집행하는 조직이자 공론장이 되어야 한다.

강형철 외(2021), 통합형 언론자율규제기구 설립안, 통합형 언론자율규제기구 연구위원회, 전국언론노동조합

김민정(2021), 제21대 국회 언론개혁법의 쟁점 - 언론중재법 개정안을 중심으로, 〈2021 미디어 관련 법률안의 쟁점 연속토론 긴급토론회〉 발제문, 한국언론진흥재단

김종오 외(2021), 『법철학: 이론과 쟁점』, 제2판, 서울: 박영사

이승선 외(2021), 『언론자율규제 현황 및 개선방안 연구』, 서울: 한국언론진흥재단

이종수 외(2022), 『새 행정학 3.0』, 서울: 대영문화사

조소영(2021), 명예훼손에 기한 피해구제의 법제와 현실: 언론중재법상의 내용을 중심으로, 『미디어와 인격권』 제7권 제2호, 언론진흥재단

IMPRESS(2022b). Code Consultation Paper, Retrieved from
https://www.impress.press/downloads/file/code-consultation-document.pdf

IMPRESS(2022b). 「Code Consultation Paper」

Lippman, W.(1995). *Liberty and the News*, New Brunswich: Transaction Publisher

Manin, B(1995). Principes du gouvernement représentatif, Paris;Calmann-Lévy. 곽준혁 옮김(2004), 『선거는 민주적인가』, 서울: 후마니타스

Sayer. A.,(1992). Method in social science: a realist approach(2nd ed), London: Routledge, 이기홍 옮김(1999), 『사회과학 방법론: 실재론적 접근』, 서울: 한울

Westerstahl, J.(1983). Objecttive news reporting, Communication Research, 10(3), 403-424

김양은 (언론학 박사)

5

디지털 시민과
미디어 리터러시

시민에게 미디어 리터러시는 사회를 이해하고 참여를 연결하는 힘이다. 디지털 시민의 미디어 리터러시는 자신과 타인의 권리를 보호하고, 긍정적인 공동체를 형성하기 위한 노력을 통해 완성된다.

디지털 전환 시대를 살아가기 위해서 우리는 더불어 살아갈 공동체 복원을 위한 미디어 이용자이자 생산자로서의 책임과 의무를 갖춰야 한다.

디지털 시민은 미디어의 주인이며 비판적 감시자임을 잊지 말아야 한다.

1. 디지털, 탈진실 그리고 미디어 리터러시

인간에게 리터러시란 무엇일까? 리터러시는 통상 글을 읽고 이해하는 능력인 '문해력'으로 번역된다. 그렇다면 리터러시는 문자언어에서 시작된 것일까? 교육이라는 관점에서 보면 분명 리터러시는 문자언어교육을 의미한다. 하지만 인간 역사에서 언어는 지속적으로 발전해왔다. 리터러시는 발전하는 언어와 함께 진화한다. 옹(Ong, 1982)은 『구술문화와 문자문화』에서 '구술문화는 쓰기로는 그 정신을 취할 수 없을 만큼의 고도의 예술적이고, 강력하고 아름다운 언어적 행위이지만, 이는 창작물을 생산하지 못했다. 이런 의미에서 구술은 글로 쓰일 운명이었다'라고 말한다. 옹은 구술문화와 문자문화를 통해 언어에 따라 사회문화가 변화하는 것을 설명하고자 했다.

우리는 영상문화를 넘어, 디지털 문화 시대를 살고 있다. 인류 역사에서 문자, 영상, 디지털은 그들만의 새로운 문화를 형성해왔다. 맥루한은 '우리는 텔레비전 스크린이다'라는 말을 통해 인간이 미디어에 의해 지배된 삶을 살아가게 됨을 지적했다. 미디어 공간과 감각은 인간의 시공간적 경험을 지배한다. 어떤 미디어를 경험하느냐가 인간의 삶을 지배한다. 인간의 미디어 경험은 사회를 이해하고 파악하는 토대가 된다.

인간의 삶에서 미디어는 필수불가결한 존재이다. 미디어는 인간에게 정보를 전달해주고, 오락과 문화를 제공한다. 디지털 기술은 인간 삶의 많은 부분을 미디어로 해결 가능하게 했다. 2021년 로리루이스와 올액세스 자료에 의하면, 1분간 유튜브에는 500시간 이상의 콘텐츠가 업로드 되고, 인스타그램에서는 69만 5,000건의 스토리가 공유되고, 140만 건의 페이스북 조회와 28,000명이 넷플릭스를 시청한다(연합뉴스, 2021년 8월 5일자)[1]. 소셜네트워크 서비스로 불리는 페이스북, 인스타그램, 유튜브 등은 지구 반대편의 사람들과 연결하고, 정보를 공유한다. 인터넷이 등장한 이후 일부 전문가들이 만든 대안 미디어가 등장했고, 현재는 전문가가 아니더라도 개인들이 직접 개인 미디어를 만들 수 있다. 이를 통해 개인이 레거시 미디어를 능가하는 영향력을 행사하는 것이 가능해졌다.

디지털 기술이 사회 전반에 광범위하게 전개되면서 디지털 전환의 속도가 빨라지고 있다. 코로나19 팬더믹은 노동, 교육, 여가 등 모든 분야에서 비대면 삶으로 전환 가능하게 했고, 더 나아가 메타버스를 통해 오프라인의 실재감을 충족하게 했다. 현실을 재현한 메타버스 공간에서 사람들은 정보를 공유하고, 게임을 하고, 함께 공연을 즐긴

---

1) https://www.yna.co.kr/view/GYH20210805001600044 (온라인 접근: 2022년 7월 20일)

다. 최근 대세로 등장한 라이브 쇼핑은 직접 생산자들이 대형 쇼핑몰이나 홈쇼핑을 통하지 않고 소비자와 직접 연결한다. 그래서 인간은 시·공간적 한계를 넘어 전 세계와 정보와 관심을 공유한다. K 콘텐츠의 열풍도 소셜네트워크 플랫폼으로 인해 가능한 것이다.

이런 변화 속에서 그간 우리 사회는 온통 디지털 격차 해소에 관심을 집중했다. 미래 사회에서 디지털 접근성은 필수 역량임에는 분명하다. 하지만 디지털 전환이 현실화되면서 디지털 접근성으로 발생하는 경제적, 문화적 불평등 문제에 더 많은 관심이 필요하다. 기술은 사회에 대해 중립적이지 않으며, 사회에 존재하는 권력과 지배구조, 불평등과 차별, 편견과 미몽을 훨씬 더 큰 규모에서 훨씬 더 효율적으로 관철시키는 도구로 전락할 가능성이 있다(Eunamks, 2018/2018, 344쪽). 결과적으로 디지털 기술 사용 역량이 부족할 때, 우리는 경제, 사회, 문화적 혜택에서 배제되거나 소외되는 디지털 불평등을 경험할 수밖에 없다. 〈나, 다니엘 블레이크〉가 말하는 디지털 기술의 편의성 뒤에 숨겨진 소외와 불평등에 대해서 우리는 재조명해야 한다.

우리에게 남겨진 과제는 이뿐만이 아니다. 매초마다 쏟아지는 뉴스와 정보들 중에는 정보생산자의 편향성을 담은 정보, 허위정보들도 포함되어 있다. 어쩌면 우리는 거짓이 진실을 뒤엎을 수 있는 시대를 살고 있다. 소셜 플랫폼은 객관적인 사실에 대한 자신만의 해석과 설명을 공유한다. 그리고 우리는 재해석된 재현을 사실로 인식하고, 자현힝으로시 시실보다는 누군가의 해석을 더 중요하게 수용한다. 소셜미디어를 통해 전달된 표현과 혐오, 차별이 만드는 극단적 사고는 사회 갈등의 원인이다(김수아, 2020). 이런 혐오, 차별이 낳은 극단적 사고가 사회참여라는 가면을 통해 사회를 지배할 때, 사회의 정의와 진실은 흔들릴 수 있다. 사실보다는 감정이 더 중요해지고, 누구나 가지는 인지 편향이 정보의 가치를 결정한다(Lee McIntyre, 2018/2019, 215쪽). 우리는 탈진실Post-truth의 시대를 살고 있다.

인터넷을 통한 사회참여가 다양화되면서 허위 조작정보 및 편향정보로 인한 정치적 양극화도 발생하고 있다. 소셜 플랫폼의 알고리즘을 통한 맞춤형 정보는 편향성 강화로 인한 확증편향의 원인이기도 하다. 인류 역사에서 개인들이 정보의 의도성, 맥락성, 신뢰성 등을 파악해야만 생존할 수 있는 시대가 도래했다. 디지털은 나의 모든 활동을 빅데이터로 축적한다. 이렇게 축적된 빅데이터는 개인과 세상을 정의한다. 빅데이터와 알고리즘이 결합해서 만든 친분, 정보, 취향이 우리에게 삶의 방향을 제안하고 미래를 설계한다.

디지털 전환으로 미디어 리터러시의 중요성은 더 커졌다. 지금 우리에게 필요한 미디어 리터러시는 영상 언어뿐만 아니라 디지털 기술 즉, 디지털 언어를 해석하는 디지털 시민 역량이다. 디지털 기술은 사회 전반에 영향력을 행사하고, 우리는 변화된 삶을 위한 미디어 리터러시를 준비해야 한다. 시민은 사회의 주인이며 삶의 주체이다. 디지털 시민에게 미디어 리터러시는 자신의 삶을 주체적으로 설계하고 실천할 수 있는 역량이다.

[그림1] 미디어 리터러시의 발전과 확장

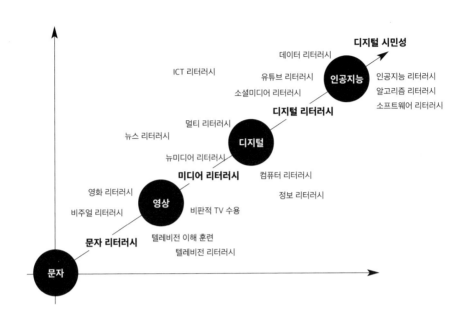

2. 영상 읽기에서 시민 참여로

　미디어 리터러시는 영상미디어 읽기에서 시작해 현재는 디지털 시민 역량으로 확장되었다. 미디어 리터러시는 [그림1]에서도 표현되듯이 '문자 해독률' 즉, 문자 리터러시에서부터 시작된다. 리터러시는 언어 해독과 관련성을 갖는다. 문자 리터러시는 언어가 구성한 정보를 해독하는 것을 의미한다. 그래서 미디어 리터러시는 미디어 언어를 해독하는 것을 출발점으로 삼는다. 비주얼 리터러시, 영상 리터러

[그림2] 기술 변화와 미디어 리터러시 역량 변화

미디어 기술변화	영상	⇒	디지털	⇒	지능정보 (ICBM*)
	읽다		만들다		참여하다
핵심 역량	비판적 이해	+	디지털 접근성 창의적 생산	+	소통 협업 참여
미디어 주체	소수의 전문가		다수의 전문가		개인
시민권	보편적 서비스권	+	퍼블릭 액세스권	+	커뮤니케이션권

시, 텔레비전 리터러시는 영상미디어 발달과 함께 등장했다. [그림1]에서 나열하고 있듯이, 새로운 미디어의 등장에 따라서 매우 다양한 개념의 리터러시가 등장해왔다.

기술 발달에 따른 미디어 리터러시의 핵심 역량은 '읽다', '만들다', '참여하다'의 3가지 키워드로 설명할 수 있다. [그림2]는 기술 변화에 따른 미디어 리터러시 역량의 변화를 설명하고 있다. 시대별로 중심 매체에 따라서 미디어 리터러시 역량은 새로운 역량을 추가하고 확장했다. 이 과정은 미디어 이용자의 권리와 관련 있다. 보편적 서비스권에서 퍼블릭 액세스권으로, 그리고 커뮤니케이션권으로 확장되는 것은 시민의 미디어 리터러시 역량과 함께 설명 가능하다.

미디어를 읽다

국내에서 미디어 리터러시는 1970년대부터 시민단체의 언론수용자 운동과 함께 시작했다. 당시 미디어 리터러시는 미디어 교육이란 용어를 사용했고, 디지털 미디어 등장으로 미디어 리터러시란 용어가 등장했다. 미디어 리터러시의 발전 과정은 국가마다 미디어 및 교육을 둘러싼 환경에 따라 차이가 있다. 예를들어 영국, 핀란드, 프랑스는 국가 주도형, 캐나다는 교사 주도형으로 발전했다. 한국은 언론수용자 운동과 함께 성장한 사례이다.

미디어 리터러시 초기 목표는 어린이와 청소년들을 보호하는 것이었다. 영상미디어의 영향력이 강력해지자 미디어 리터러시는 아동과 청소년뿐만 아니라 미디어 이용자 모두에게 필요한 교육으로 부상했다. 영상은 문자와 다른 정보 전달 방식을 가지며, 이로 인해 사회를 지배하는 언어별로 다른 문화가 형성된다. 그래서 미디어 이용자들은 영상이 구성하는 문화와 세계를 해석하기 위해 새로운 리터러시의 습득을 필요로 했다.

텔레비전 시청에 따른 신체 및 정신적 건강, 콘텐츠에 담긴 폭력성, 선정성은 어린이와 청소년에게 부정적인 요인이다. 따라서 초기 미디어 리터러시는 시청 자세, 시청 시간, 연령별 콘텐츠의 선별 능력을 함양하고자 했다. 이후 텔레비전이 대중화되면서 미디어 리터러시는 영상 콘텐츠에 담긴 메시지의 누적적인 영향력(성역성, 미도성 등)을 파악하는 것을 강조하기 시작했다. 영상 콘텐츠에 담긴 수많은 글, 그림,

기호, 소리 등에는 정보와 메시지가 담겨 있다. 그리고 영상콘텐츠에 담긴 메시지의 반복된 노출은 인간의 인식을 변화시킨다. 즉, 영상에 담긴 정형화된 사람들, 규칙, 가치 등은 미디어 이용자들에게 세상을 보는 관점을 제공한다. 실제로 어린이와 청소년에게 텔레비전은 사회화의 도구이다. 이는 성인도 마찬가지이다. 인간은 드라마, 영화, 다큐멘터리, 뉴스, 광고 등의 표면적 메시지뿐만 아니라 내포된 고정관념, 차별, 소외 등을 함께 수용한다. 이 과정에서 미디어 이용자들은 미디어 현실을 실제 현실로 받아들인다. 이는 디지털 미디어도 동일하다. 소셜네트워크 플랫폼을 통해 전달되는 혐오와 편견이 가득한 콘텐츠로 인해 우리의 인지편향이 강화될 수도 있다.

영상미디어를 읽는다는 것은 곧 세상을 이해하는 것이다. 즉, 이는 독서를 통해 작가의 사상, 철학, 가치, 세상을 보는 관점을 이해하는 것과 같은 원리이다. 결국 영상 언어의 상징, 기호, 문법, 이데올로기 등을 파악하는 것은 사회를 비판적으로 이해하는 것이다.

디지털이 등장하기 전에는 소수의 전문가와 조직들이 영상 콘텐츠를 만들었다. 미디어 이용자는 이들이 생성한 콘텐츠를 일방향적으로 수용할 수밖에 없었다. 그래서 이용자들의 권리는 미디어 정보를 차별없이 균등하게 전달받는 것에서 출발했다. 당시의 미디어 리터러시는 보편적 서비스와 관련을 갖는다. 누구나 차별없이 균등하게 미디어 정보를 전달받고, 이용할 수 있는 권리로서 미디어 리터러시 교육이 제기되었다. 유네스코는 미디어 리터러시 교육을 수학, 과학 등의 과목처럼 독자적인 과목으로 다뤄야 한다고 강조했다(Unesco, 1984).

미디어를 만들다

디지털 미디어는 미디어 리터러시의 개념을 확장하게 했다. PC와 인터넷이 가구마다 보급되면서 미디어 이용자들은 신문, 동영상을 만들기 시작했다. 디지털 기술은 소수의 전문가만이 콘텐츠를 제작하는 시대에서 누구나 콘텐츠를 제작할 수 있는 시대로의 전환을 가져왔다. 이는 미디어 환경의 변화를 일으켰다. 아날로그에서 디지털로의 변화는 미디어 패러다임 전환을 의미했고, 이 과정에서 미디어 이용자는 수동적 수용자에서 적극적인 생산자로 변화했다.

디지털 기술 확산은 미디어 정책에도 변화를 가져왔다. 특히 사회는 디지털 시대를 준비하기 위해서 디지털 접근성을 강조하기 시작했다. 이런 논의 과정에서 디지털 접근 역량과 제작 역량이 미디어 리터러시 역량으로 거론되었다.

먼저, 디지털 접근성이 미디어 리터러시 역량으로 포함됐다. 접근성의 문제는 디지털 격차와 관련 있다. 초기 디지털 접근성은 PC 소유 격차와 기술적 활용을 의미했지만 현재는 정보 활용 격차를 의미한다. 디지털 등장 이후 미디어 리터러시와 관련한 컴퓨터 리터러시, 정보 리터러시, ICT 리터러시, 디지털 리터러시 등 다양한 용어들이 등장했다. 아날로그에서 디지털로의 변화는 사회를 정의하는 방식 즉, 패러다임 전환을 의미했다. 그래서 초기에는 새로운 기술이 요구하는 특정 역량을 강조한 컴퓨터 리터러시, 정보 리터러시가 논의되었다. 점차 디지털 기술의 사회적 영향력이 논의되면서 디지털 리터러시가 부상하게 됐다. 결국, 미디어 리터러시도 영상미디어의 재현 뿐만 아니라 디지털 접근성에 주목하게 되었다. 초기 디지털 접근성은 기기활용에 주목했지만, 점차 온라인 글쓰기와 함께 시민참여를 이끌어내는데 기여했다.

두 번째로, 개인의 미디어 제작이 미디어 리터러시 역량에 포함됐다. 영상미디어 시대는 미디어 콘텐츠의 제작은 전문가만이 가능했다. 디지털 기술은 미디어 콘텐츠의 제작자를 미디어 이용자로 확대 가능하게 했다. 즉, 미디어 조직이 제공하는 콘텐츠를 소비하는 수용자에서 스스로 뉴스를 생산하고 영상을 만들어내는 이용자로의 변화를 가져왔다.

디지털 기술로 인해, 미디어 리터러시 역량은 읽기에서 디지털 접근과 미디어 제작을 포함한 개념으로 확장했다. 리빙스턴(2004)은 미디어 리터러시를 '다양한 형태의 메시지에 접근해서 분석 평가하며, 다양한 형태의 메시지를 만들어낼 수 있는 능력'으로, 오프콤(2004)은 '미디어에 접근하는 능력, 미디어를 이해하고 미디어 콘텐츠를 비판적으로 접근할 수 있는 능력, 창의적인 제작을 할 수 있는 능력'이라고 정의했다. EAVI(2009)는 미디어 리터러시를 개인적 능력으로서 이용, 개인 역량으로서 비판적 이해, 사회적 능력으로서 콘텐츠 생산으로 설명한다. 이들은 공통적으로 '접근성'과 '미디어 제작'을 '비판적 이해'와 함께 주요한 역량으로 제시하고 있다. 미디어 리터러시에서 당시의 접근성은 '미디어 제작 기술'을 위한 접근성에 목표를 두고 있음을 알 수 있다. 현재 국내에서는 비판적 읽기와 함께 디지털 미디어에 대한 접근성, 미디어 제작 등을 포함하여 미래 역량으로서 미디어 리터러시를 강조하고 있고, 이는 UNESCO, OECD, P21, ATC21S 등에서 학교 교육과 평생교육 차원에서 모두 중요한 의제로 강조하고 있다.

이용자의 미디어 제작은 이용자의 미디어 참여를 위한 정책에도 영향을 미쳤다. 2000년대 이후 등장한 퍼블릭액세스 정책은 시민의 미디어 참여의 발판을 마련했고, 레거시 미디어에서 시민참여의 법적 기반으로 작동했다. 퍼블릭액세스는 일반 시민이 방송에 접근할 권리를 의미한다. 퍼블릭액세스는 미디어로부터 지면이나 방송 시간을 할애받는 것은 물론, 시민이 미디어를 운영함으로써 표현의 자유를 누릴 수 있는 것을 목표로 한다(원용진, 2002). 그래서 국내에서는 지상파의 '시간대 액세스 모델'과 방송통신위원회와 문화체육관광부가 설립한 '미디어센터 모델' 등으로 퍼블릭액세스권이 실현된다. 미디어센터는 시민들이 직접 퍼블릭액세스 채널을 운영하거나, 미디어 콘텐츠를 제작하도록 지원한다는 점에서 미디어 리터러시와 관련성을 갖는다. 2002년 5월 미디액트 설립을 시작으로 현재 전국적으로 총 53개의 미디어센터가 있으며, 그 설립 주체는 방송통신위원회, 문화체육관광부, 지자체 등 다양하다. 설립 주체별로 보면, 방송통신위원회 시청자미디어센터는 총 10개소(추후 16개 광역시로 확대), 전미협 회원센터 39개소, 기타 자치단체 5개소이다(전국미디어센터협의회, 2022.05)[2]. 설립 초기에 이들 센터는 미디어 이용자들의 미니어 제작 및 채널 운영을 위한 교육과 촬영 및 편집 장비 등을 지원하는 것을 주요 목적으로 삼

[표1] 설립 주체별 미디어센터 운영 현황

설립 주체	센터명	
문화체육관광부 + 지자체 (21개소)	· 노원마을미디어지원센터 · 순천시영상미디어센터 두드림 · 제주영상/문화산업진흥원 미디어센터 · 고양영상미디어센터 · 김해영상미디어센터 · 동구영상미디어센터(광주) · 부천시민미디어센터 · 성남미디어센터 · 수원미디어센터 · 제천영상미디어센터 봄 · 천안시영상미디어센터 비채	· 화성시미디어센터 · 강릉시영상미디어센터 · 대구영상미디어센터 · 완주미디어센터 · 원주영상미디어센터 모두 · 서산시영상미디어센터 · 익산공공영상미디어센터 재미 · 주안영상미디어센터 · 수성영상미디어센터 · 의정부영상미디어센터
방송통신위원회 (10개소)	· 강원시청자미디어센터 · 경기시청자미디어센터 · 광주시청자미디어센터 · 대전시청자미디어센터 · 부산시청자미디어센터	· 서울시청자미디어센터 · 세종시청자미디어센터 · 울산시청자미디어센터 · 인천시청자미디어센터 · 충북시청자미디어센터
지방자치단체 (16개소)	· 강동마을미디어지원센터 · 강서구영상미디어센터 · 성북마을미디어지원센터 · 아산시영상미디어센터 · 양산영상미디어센터 · 옥천군영상미디어센터 · 중랑미디어센터 · 화천생태영상센터	· 미디어센터 관악 · 불광천미디어센터 · 서울시립청소년미디어센터 스스로넷 · 군포시미디어센터 · 서울마을미디어지원센터 · 서천군미디어센터기벌포영화관 · 은평뉴타운도서관 · 미디어라이브러리센터 · 충무로영상센터 오!재미동
방송문화진흥회	· MBC경남시청자미디어센터	
영화진흥위원회	· 전주시민미디어센터 영시미	
민간(4개소)	· 대구시민미디어센터 미디어랑 · 미디어센터 내일	· 영상미디어센터 미디액트 · 청암미디어센터

출처: 전국미디어센터협의회(http://krmedia.org/)   자료: 재구성 검색일 2022.05.28.

았다. 미디어 이용자의 퍼블릭액세스권을 보장하기 위한 기반 시설로서 미디어센터는 설립된 것이다.

미디어로 참여하다

초기 디지털 사회가 익명성 중심이었다면, 현재 우리를 지배하는 소셜 플랫폼 기반 사회는 실명에 기반하고 있다. 이는 온라인 공간에서의 삶이 더 이상 오프라인 공간과는 구분되지 않음을 의미한다. 온라인 공간에서의 인간의 활동은 오프라인 삶의 확장이다. 실명으로 진행되는 ○○○TV와 같은 유튜브 채널이 대표적인 사례이다. 실명에 기반한 온라인 활동은 오프라인에 기반을 둔다. 기술 자체가 익명성을 제한하지는 않는다. 하지만 국내 이용자들은 실명을 통해 네트워크 관계를 확장한다. 이는 결과적으로 온라인 활동이 오프라인 삶을 변화시키는데 기여했다. 즉, 페이스북, 인스타그램, 트위터 등에 남긴 글은 같은 생각을 가진 사람들을 연결하고 사회변화를 이끌어냈다.

디지털 기술은 미디어 참여 시대를 개막했다. 국내에서는 인터넷을 활용한 대안 미디어의 등장이 미디어를 통한 사회변화의 첫걸음이었다. 오마이뉴스의 댓글 저널리즘, 딴지일보, 팟캐스트 등은 대안 미디

---

2) http://krmedia.org/pages/download.php?fname=board/m236/2206/10/20220610_6245b29107ab 3d3ccb50fe8c3d6826e1&sn=1033 (온라인접근: 2022년 6월30일)

어를 통한 시민참여의 시작이었다. 특히 오마이뉴스의 시민기자와 댓글 저널리즘은 대표적인 시민참여 미디어다. 인터넷 글쓰기는 레거시 미디어에서 볼 수 없는 시민들의 이야기를 담아낸다. 손쉽게 홈페이지를 만들고, 누구나 자유롭게 영상과 글쓰기가 가능한 디지털 환경에서 시민은 인터넷 글쓰기, 미디어 제작을 통해 사회참여의 첫걸음을 시작했다.

대안언론의 형성과 미디어센터를 통한 지역 기반 시설의 확충은 미디어 이용자의 보다 적극적인 참여를 가져왔다. 미디어 제작을 통해 시민은 다양한 사회문제를 발굴하고 해결하는데 보다 적극적으로 참여할 수 있었고, 이는 공동체미디어 설립으로 이어졌다. 미디어 이용자가 자신의 목소리를 표현하기 위해 미디어를 만들고, 독립적인 채널을 운영하는 것은 대안 미디어의 가장 기본적인 모습이었다. 최근 공동체미디어는 미디어로부터 소외된 소수자뿐만 아니라 생활 공동체로도 확대해나가고 있다. 이는 보다 적극적인 시민참여로의 변화를 의미하며, 시민의 일상속에서 미디어가 참여의 도구가 되고 있음을 말해주고 있다. 미디어 이용자들은 자신의 미디어 주권을 퍼블릭 액세스권에서 커뮤니케이션권으로 확장했다.

커뮤니케이션권은 공동체 유지와 문화 향유를 위한 적극적인 권리를 의미하며, 결국 커뮤니케이션권 보장을 통해 이용자 스스로가 미디어를 보유하고 공유함으로써 공동체를 공고히 할 수 있다. 앞서 [표 1]에서 제시한 퍼블릭액세스권 보장을 위해 설립된 미디어센터는 미디어 이용자들 스스로 자신의 목소리를 발현할 수 있는 기반이다. 이

[그림3] 서울 마을미디어 지도(2022)

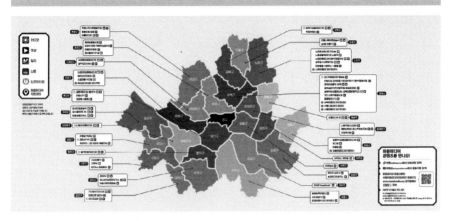

자료 : 마을미디어 지원센터(2022), 2022 서울 마을미디어 지도,
https://www.maeulmedia.org/files/editor/2022/06//5a9da79d42adc26b054a6b6db4948c91.pdf
(온라인 접근: 2022년 6월 6일)

를 통해 현재 국내에서는 다양한 마을공동체 미디어들이 공동체를 위한 사회참여를 실행하고 있다. 마을공동체미디어는 지역의 문제를 발굴하고 협업하고, 해결하는데 기여하고 있다. 마을공동체 미디어센터는 2019년 기준 총 348개이며, 서울 96개소, 광주/전북/전남 52개소, 대전/충북/충남 31개소, 부산/울산/경남 26개소, 대구/경북 17개소, 강원 11개소, 제주 5개소로 파악되었다(김양은 외, 2019, 138쪽). 현재 미디어센터 조례와 마을미디어 조례는 25개 시,구 단위별로 설치되어 있다. 미디어센터들은 지역 내 조례를 기반으로 미디어 리터러시 교육 및 공동체 활동과 참여를 지원하고 있다. 그래서 마을공동체 미디어의 활성화를 위한 기반 역할을 미디어센터가 담당하고 있다.

디지털 환경에서 참여는 온라인 청원, 온라인 투표, 소셜네트워크 플랫폼의 게시글, 댓글, 개인 미디어에 이르기까지 매우 다양하다. 미디어센터와 공동체미디어와 같은 영상미디어 기반의 참여도 있지만, 최근에는 디지털 활동을 통한 다양한 참여가 발생하고 있다. 예를 들어, 아이스버킷 챌린지, 아이 보트 챌린지, 그리고 BTS 아이돌 챌린지 등 정치뿐만 아니라, 사회, 문화 등 다양한 이슈에 소셜 플랫폼을 통해 해시태그, 게시글 등 다양한 형태로 실행되고 있다. 디지털 기술이 점차 발전하면서 오픈 소스를 통한 시민참여의 사례도 발견할 수 있다. 사회의 다양한 문제를 디지털 기술을 통해 바꿔나가는 디지털 혁신도 사회참여의 한 형태로 볼 수 있다. 시빅테크와 오픈소스를 통해 사회 문제를 해결하고자 한 사례들은 매우 다양하다. 시빅 테크^{Civic Tech}란 시민과 기업가 등이 디지털 기술을 활용해 행정이나 지역사회가 안고 있는 과제를 해결하고자 하는 움직임이나 생각을 의미한다. 구체적인 사례로 2011년 폭설로 마비된 거리의 소화전 위치를 구글 지도에 표시하고, 인근 주민이 소화전을 관리하도록 했던 미국의 '소화전 입양하기', 수퍼마켓, 빵집 등 푸드 클라우드 회원들이 영업 종료 후 기부할 음식의 세부 정보를 자선단체에 알려주는 앱을 통해 기아 문제를 해결하고자 했던 아일랜드의 '푸드 클라우드', 국내의 코로나19 당시 마스크 구입처를 알려준 '마스크 앱' 등 매우 다양하다. 이처럼 디지털 기술은 시민의 사회참여의 방식과 내용을 변화하게 했다. Hobbs(2010)는 개인의 미디어 리터러시 역량의 목표를 시민성 함양이어야함을 주장한다. 개인의 미디어 리터러시는 자신에게 놓인 다양한 상황을 해결하기 위한 정보 검색 및 공유, 사람들과의 연결을 통한 협업, 이를 위한 미디어 생산과 운영을 가능하게 하고, 궁극적으로 공동체를 위한 사회로의 의미 있는 참여를 할 수 있게 한다.

'읽다'–'만들다'–'참여하다'의 의미

미디어 리터러시는 지극히 단순한 원리에서 출발했다. 사회의 규칙을 정하고 실천하기 위해서는 문자가 필요했고, 문자는 학교교육을 통해 습득가능했다. 영상이 사회를 재현하면서 영상을 읽기위한 미디어 리터시는 등장했다. 디지털 전환의 핵심인 디지털 기술 즉, 디지털 언어도 마찬가지일 수밖에 없다. 새로운 미디어 기술이 등장할 때마다 미디어 리터러시는 새로운 미디어를 위해 필요한 역량을 더해서 확장해왔다. '읽다 – 만들다 – 참여하다'로의 미디어 리터러시 역량 변화는 4가지 의미를 가지고 있다.

먼저, 미디어 리터러시는 미디어의 메시지 자체만을 읽는 것이 아니라, 미디어에 담긴 사회를 읽는 것이다. 그래서 미디어 리터러시는 문자 해독률과 마찬가지로 단지 언어적 문법뿐만 아니라, 메시지에 담긴 사회에 대한 표상representation을 성찰하는 것을 목표로 한다. 미디어 리터러시는 정보 생성에 영향을 미치는 구조적 요인과 맥락을 함께 읽어낸다. 인쇄미디어, 영상미디어, 디지털미디어는 각기 그들만의 속성을 갖고 있다. 이들이 사회를 정의하는 방법과 영향력을 파악할 필요가 있다. 이런 관점에서 빅데이터, 알고리즘, 인공지능 등이

정의한 디지털 사회를 제대로 읽어내는 역량은 중요해질 수밖에 없다. 디지털 전환이 가속화되면서 미디어 리터러시는 디지털 사회를 파악하고 대처하는 역량으로서 의미를 갖는다.

두 번째로 미디어 리터러시는 미래 사회를 대처하는 역량이다. 미디어 기술 발달은 미디어 리터러시 역량에 변화를 낳는다. 미디어 리터러시는 고정된 것이 아니라 미디어와 함께 그리고 이용자의 필요에 따라 성장 발전한다. 향후 새로운 미디어 기술과 사회변화가 발생한다면, 미디어 리터러시는 이에 대응하여 수정되어야 한다.

세 번째로, 미디어 리터러시는 미디어와 사회, 그리고 이용자의 상호역할을 규정하는 것이다. 따라서 역할변화에 따른 미디어 리터러시 역량이 제안될 수밖에 없다. 미디어 발달에 따라, 미디어 이용자의 역할은 시청자(수용자) → 생산자(창작자) → 참여자로 변화했다. 이는 곧 미디어 리터러시 교육의 목표이기도 하다. 미디어 이용자는 전문가 생산 메시지를 해석하는 역할에서, 스스로 유튜브 채널을 개설하고 방송을 하는 창작자로서의 역할을 담당하게 했다. 그래서 미디어 리터러시 역량에 미디어 창작자가 갖추어야 할 책임과 의무가 포함되었다. 최근에는 시민의 다양한 미디어 참여가 미디어 리터러시 역량에서 다루고 있다.

네 번째로, 미디어 리터러시의 목표는 공동체 삶을 지향하는 시민이다. 시민의 대표적인 역량은 비판적 분석과 성찰, 그리과 사회적 실천이다. 미디어를 비판적으로 읽는다는 것은 곧 사회를 이해하고 파악하는 것으로 이어진다. 미디어가 제공하는 다양한 양식 즉, 뉴스, 드라마, 영화, 다큐멘터리 등을 통해서 세상과 만나고, 이들이 제공한 세상의 모습, 가치, 이데올로기 등을 비판적으로 분석하는 것은 곧 사회를 이해하는 과정이다. 현재 사회는 알고리즘으로 인한 필터버블^{Filter} ^{Bubble}뿐만 아니라, 특정한 의견만 강화되는 반향실$^{Echo\ chamber\ effect}$로 뒤덮여 있다. 또한 개인의 디지털 활동이 빅데이터가 되고, 이 데이터가 디지털 사회뿐만 아니라 오프라인까지 영향을 미친다. 디지털 시민으로 살아가기 위해서는 디지털 기술의 속성과 영향력에 대한 깊은 고민이 필요하다. 디지털 사회에서 온-오프라인 삶을 연결하는 비판적인 리터러시와 성찰적인 실천을 통한 디지털 시민성 함양이 미디어 리터러시 역량의 목표여야 한다.

3. 시민의 비판적 리터러시

비판적 읽기의 대상

시민은 무엇을 읽어야 하나? 누구나 미디어를 가질 수 있는 시대, 버튼 하나로 라이브 방송이 가능한 시대를 우리는 살고 있지만 신뢰하고 필요한 정보 찾기는 어렵다. 이용자가 선택할 수 있는 미디어는 양적으로 성장하고 있으나, 질적인 측면에서는 퇴보하고 있다. 과거에는 미디어가 정보를 판별해주었지만, 이제는 이용자가 스스로 정보를 판단하고 선별해야 한다. 이용자들은 넘쳐나는 정보 속에서 중심을 잃지 않고, 삶의 주체가 되기 위해서 신뢰할 수 있는 미디어를 판단할 수 있는 기준을 가져야 한다..

미디어 읽기는 영상 언어, 디지털 언어의 문법뿐만 아니라 이들에 영향을 미치는 정치적, 산업적 구조와 영향력을 이해하는 것을 포함한다. 이는 해외의 미디어 리터러시 교육 주제들에서도 발견된다. 호주는 미디어 형식, 미디어 기능, 미디어 제작에 있어서의 역할들, 기술과 미디어, 상업적/비상업적 미디어, 선택, 구성, 재현, 서사구조, 미디어 언어, 수용자, 미디어 영향력, 의미와 해독을 제안하고 있고(Vic Ministry of Education, 1989), 영국영화협회[BFI]는 미디어제작자[media agencies], 미디어범주[media categories], 미디어기술[media technologies], 미디어언어[media languages], 미디어수용자[media audiences]를 교육 주제로 제안하고 있다(Buckingham, 2003). 캐나다는 미디어 내용 이해(목적, 가치, 표현, 코드, 특징, 생산 등), 수용자의 해석(미디어의 문화지배 등), 미디어와 사회에 대한 이해(미디어 생산의 영향을 미치는 정치, 경제, 사회적 제도 등)를 담고 있다(김양은, 2009, 247쪽). 이처럼 미디어 읽기는 미디어 콘텐츠를 제작하는 문법뿐만 아니라, 미디어 제작에 영향을 주는 미디어의 상업성에 대한 이해, 그리고 수용자에게 미치는 영향력 등을 포함하고 있다.

일반적으로 미디어 읽기는 미디어 이용자 – 미디어 조직(환경) – 미디어(콘텐츠)의 3가지 영역에서 논의할 수 있다([그림3] 참조).

예를 들어 현재 유튜브 채널과 관련한 미디어 읽기 사례를 살펴보자. 각 채널에서 제공하는 미디어 콘텐츠를 분석하기 위해서는 '재현 방식', '허위 조작정보 분별', '디지털 기술과 사회적 영향력에 대한 분

[그림3] 미디어 비판적으로 읽기: 미디어조직-미디어콘텐츠-이용자

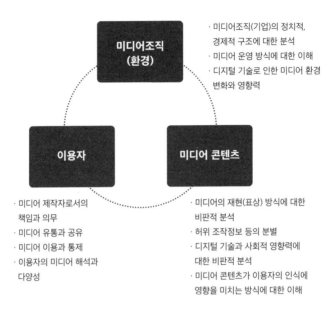

석', '미디어콘텐츠가 이용자 인식에 영향을 주는 방식'에 대한 비판적 리터러시 역량이 필요하다. 또한 콘텐츠 자체 분석뿐만 아니라, 유튜브라는 OTT 플랫폼이 갖는 산업적 요인들도 분석해야 한다. 레거시 미디어도 제작 과정에 광고뿐만 아니라, BPL[brand placement], PPL[product placement] 등 이윤 창출을 위한 다양한 장치들이 깔려 있다. 유튜브의 경우에 뷰, 구독, 좋아요 등을 통한 수익 창출이 이뤄진다. 이를 위해 유튜버들은 시간, 횟수, 광고 등의 노출 양식과 알고리즘을 통한 누출 전략을 고려한 콘텐츠를 제작한다. 구독자를 확보하기 위해 댓글 창을

통해 이용자의 반응을 파악하고, 이들이 원하는 콘텐츠를 제작하는 경향이 강화된다. 유튜브 콘텐츠가 특정 관점, 성향 등을 강화하는 것도 상업성과 연관성이 있다. 레거시 미디어도 마찬가지이다. 거대한 미디어 조직을 운영하기 위해서는 이윤 창출이 필수적이다. 넷플릭스, 유튜브 등과의 경쟁은 레거시 미디어들의 상업성을 더욱 강화하는 요인이다. 이런 경쟁적 환경에서 레거시 미디어는 공공성이라는 사회적 책무보다 조직의 생존을 우선 목표로 채택할 수 밖에 없다. 코로나19의 특수한 상황으로 지상파방송의 광고수익이 잠시 증가하였지만, 이는 일시적인 현상일 가능성이 높다. 심화된 경쟁에 놓인 미디어는 결국 어뷰징 저널리즘, 낚시성 헤드라인, 속보, 단독, 선정성, 폭력성 강화로 클릭을 유도하는 황색 저널리즘 전략을 강화하고 있다. 또한 미디어 이용자가 미디어 생산을 히게 되면서 비판적 읽기에서 고려했던 생산자의 책임과 의무를 갖춰야 한다. 이처럼 미디어를 읽는다는 것은 앞서 제시한 이용자 – 미디어 조직 – 미디어 콘텐츠의 3가지 요소를 고려해야 한다.

비판적 읽기를 위한 질문

미디어의 비판적 읽기는 미디어 메시지에 담긴 가치, 철학, 개념, 이데올로기 등을 파악하는 것이다. 영상미디어는 영상의 재현적 특성을 통해 이용자들이 실제 현실로 수용하게 한다. 하지만 미디어는 제한된 시공간, 상업성, 제작자의 의도 등을 통해 현실을 강조, 축소, 왜곡하고, 재구성한다. 그래서 미디어가 전달하는 현실은 실제 현실과 동일하지 않다. 미디어 조직에 영향을 미치는 정치적, 경제적 요인과 제작자의 경험과 해석이 투영될 수밖에 없다. 콘텐츠 생산자의 관점과 조직의 이해관계에 따라 재구성된 중재된 현실을 전달한다. 미디어에서 제공한 정보와 메시지는 소수 특정 집단의 관점을 반영하고 있다. 이들 메시지에 반복 노출된 미디어 이용자들은 미디어에서 제공한 특정 집단의 관점을 현실로 수용할 수밖에 없다. 미디어는 우리에게 세상을 보는 프레임을 제공한다.

미디어를 비판적으로 읽기 위해서 미디어 이용자들은 미디어 프레임에 영향을 주는 요인을 파악해야 한다. 미디어가 특정 관점을 제공하는 이유와 이를 구성하는 의도성 등에 대해서 미디어 이용자는 질문해야 한다. 미디어 리터러시의 비판적 읽기는 미디어에 비판적 질문을 던지는 것에서 시작된다. 미디어의 비판적 읽기 교육은 뉴스, 드라마, 영화, 광고, 다큐멘터리 등을 대표적으로 활용한다. 이들은 각각의 장르적 특성을 가지고 있어, 이들은 차별화된 장르적 특성을 갖고 있어서, 비판적 읽기에서는 각 장르별로 사실, 편집, 고정관념 등의 키워드를 활용한다. 예를들어 뉴스 읽기는 사실과 진실의 구분, 게이트키핑과 편집 등에 관한 질문을 한다. 드라마 읽기는 고정관념, 이데올로기 등과 관련한 질문을, 광고 읽기는 미디어의 상업성, 설득 기법 등과 관련하여 질문을 구성한다. 다큐멘터리 읽기는 픽션과 논픽션의 차이, 편집을 통한 실제와 허구 등을 분석한다. [표2]에서 제안한 미디어 재현을 위한 질문은 미디어 콘텐츠를 비판적으로 분석하기 위한

[표2] 미디어를 읽기 위한 질문

미디어 재현을 비판적으로 읽기 위한 질문들

— 미디어가 말하는 메시지(현실)는 사실인가?

— 미디어가 세상의 진실을 말하고 있는가?

— 미디어가 사실 혹은 진실로 보여지기 위해 어떤 문법과 장치들을 사용하는가?

— 이용자들은 미디어가 전달하는 메시지를 왜 사실 혹은 진실이라고 생각하는가?

— 미디어는 우리에게 특정 집단(소수자 등)에 대한 고정관념을 재현하는가?

— 미디어가 구성한 고정관념이 미디어 이용자와 사회에 어떤 영향을 미치는가?

— 미디어의 정치적, 상업적 목적은 무엇인가?

— 미디어의 상업성은 미디어 콘텐츠에 어느 정도 영향을 미치는가?

— 어떤 사람이나 사물이 긍정적으로 보여지거나, 부정적으로 보여지는가?

— 누가 어떤 의도로 미디어 메시지를 제작하는가?

— 미디어 제도는 누가 만드는 것인가?

— 미디어가 묘사한 현실을 사람들은 실제 현실과 유사하게 혹은 다르게 느끼는가?

— 미디어 세계에서 다루어지지 않는 집단, 대상은 없는가?

— 미디어 세계에서 다루어지지 않는 관점, 가치관 등은 없는가?

— 미디어에서 주로 어떤 대상, 관점이 부각되는가?

— 미디어는 특정한 사회집단을 표상하고 있는가?

— 미디어가 사회 내 차별, 갈등을 발생시키거나 부추기지는 않는가?

출발점이다. 이들 질문에는 미디어 메시지에 담긴 존재와 부재, 차별, 이데올로기, 편견과 객관성, 리얼리즘, 사실과 진실 등을 포함한다.

우리가 접하는 미디어에는 사람들의 다양한 삶이 담겨 있다. 하지만 미디어라는 필터를 거쳐 생성된 메시지에는 소수의 특정 계층과 집단의 목소리만이 남게 된다. 미디어 제작 과정에서 기술적 제한, 경제적, 정치적 요인, 제작자의 의도 등이 포함되면서 편집 과정을 통해 확대, 축소, 생략된다. 이 과정에서 미디어 다양성은 사라질 수밖에 없다. 예를들어 유아동기에 그림책과 애니메이션에 담긴 공주, 왕자의 고정관념은 성인이 되어서도 드라마, 영화를 통해 재각인된다. 동화책, 애니메이션, 만화, 그리고 드라마, 영화로 다양한 장르적 변형을 통해 콘텐츠는 새롭게 구성되지만, 여전히 이들 세계에 담긴 메시지에는 서구 중심의 영웅과 그들의 가치관을 포함하고 있다. 미디어 콘텐츠에 담긴 타국의 이미지가 세상을 보는 눈을 만들고, 이들 국가에 대한 우호와 차별을 결정하게 한다. 미디어를 통해 전달된 폭력이 서사를 통해 놀이로 묘사되는 예능 프로그램은 이를 소비하는 이용자들의 폭력에 대한 감각을 둔감하게 한다. 미디어에서 정당화되거나 희석화된 폭력은 현실에서 그대로 재현된다. 예능 프로그램에서 희화화된 외모 비하, 막말 등은 일상에서 새로운 혐오와 차별로 이어진다. 미디어 메시지의 편재성, 누적성, 반복성을 통해 미디어 현실이 실제 현실을 대체하게 된다. 미디어에 담긴 현실은 결코 다양하지도, 모두의 인권을 보장하지도 않는다. 미디어 속 소수자를 발견하기는 매우 어렵고, 설사 발견하더라도 이들은 특별한 누군가로 변형되거나 문제의 원인으로 그려진다. 최근 액티브 시니어 등 디지털 에이징에 대한 논의들이 증가하면서 유튜브 채널뿐만 아니라 레거시 미디어에도 과거에 비해서 노인을 주목하고 있다. 하지만 초고령화 사회를 살아갈 노인들의 일상적 삶의 고민보다는 특별한 노년 연예인을 노출할 뿐이다, 이는 노년의 삶을 낭만적인 존재로만 그린다는 비판을 받기도 한다(정병욱, 2019). 여전히 다수의 미디어에서는 노년의 삶은 육체적 쇠약과 노화의 상징, 돌봄이 필요한 무능력한 대상, 아집과 독선으로 똘 똘 뭉친 존재와 같이 부정적으로 나타난다(이행미, 2022, 41쪽). 유아, 어린이, 다문화, 장애인 등은 미디어에서 주체로서 묘사되지 않는다. 이는 소셜 플랫폼에서 생성되는 콘텐츠도 마찬가지이다. 온라인 공간에서도 여전히 이들은 소수자이다. 포털 제공 서비스와 정보에서도 소수자를 위한 고려를 찾아보긴 어렵다. 다양성에 기반한 다양한 주체들이 살아갈 공동체에 대한 삶과 고민은 점차 소멸하고, 온통 특별한, 자극적인, 선정적인 누군가와 이슈들만이 넘쳐날 뿐이다.

미디어를 통해 재현된 현실을 읽는다는 것은 사회의 본 모습을 찾아가는 과정이다. 미디어가 보여주지 않는 사회를 찾아낼 수 있을 때, 이는 사회 변화를 이끌어내는 출발점이 된다. 그래서 비판적 이용자는 사회변화의 실천가로 성장하게 된다. 미디어 리터러시의 출발점은 책읽기의 저자와의 대화에서 시작된다. 개인이 미디어 콘텐츠를 제작할 수 없었다면, 여전히 우리는 제작자의 생각을 읽어내는데 모든 노력을 쏟아 부었을 것이다. 그래서 미디어 리터러시 능력을 갖춰야 할 대상은 미디어 수용자로 한정되었을 것이다. 지금은 개인이 스스로 미디어 콘텐츠를 제작하고 공유할 수 있다. 미디어 이용자는 디지털 기술과 함께 제작자로 성장했다. 미디어 리터러시의 비판적 읽기는 미디어 제작자에게도 필요한 역량이 됐다.

4. 디지털 기술의 비판적 읽기와 성찰적 참여

통상적으로 미디어 읽기는 콘텐츠 읽기를 말한다. 그래서 디지털 기술과 사회적 영향력에 관한 읽기는 미디어 리터러시와는 다른 것으로 다뤄지기도 한다. 실제로 디지털 기술로 인한 소셜 플랫폼 운영 방식은 기존의 레거시 미디어와 차이를 보인다. 하지만 우리 삶에서 소통의 대부분은 디지털 기술로 작동하고, 소셜플랫폼을 통해 미디어 콘텐츠를 공유한다. 세대와 상관없이 OTT 서비스 이용률은 2019년 41%에서 2021년 81.7%로 급증하였다(김윤화, 2022). 2022년 대선 과정에서도 유튜브 채널 이용량과 콘텐츠 이용량은 급증했다. 이는 정보 검색의 도구로서 소셜미디어가 중요한 역할을 함을 의미하는 것이다. 실제로 2022년 오픈서베이 발표에 따르면(2022) 국내의 정보검색 플랫폼은 네이버(93.9%), 유튜브(86.0%), 카카오톡(83.0%), 구글(76.4%), 인스타그램(59.4%), 페이스북(35.7%) 순으로 집계되었다. 또한 소셜네트워크 플랫폼은 동영상뿐만 아니라 다른 사람들과의 소통, 업무, 게임, 쇼핑 등 다양한 일상들과 결합된다. 디지털 사회를 이해하기 위해서는 디지털 기술이 작동하는 방식 그리고 이들의 영향력에 대한 이해가 우선되어야 한다. 그래서 미디어 리터러시에서 디지털에 대한 비판적 이해도 하나의 역량으로 다뤄지기 시작했다. 디지털 기술을 비판적으로 읽는다는 것은 결국 개인이 스스로 자신의 디지털 공간에서의 개인 활동을 이해하고, 이런 활동이 온라인 공간과 오프라인 공간에 미치는 영향을 파악할 수 있음을 의미한다.

그래서 최근 미디어 리터러시와 관련한 논의들에는 디지털 기술의 속성과 사회적 영향력에 대한 이해를 강조한다. 라인골드(Rheingold, 2014)는 소셜 미디어 리터러시에서 디지털 기술의 속성에 관한 이해 즉, 네트워크 지성을 강조하고, 링크셔와 노블(Lankshear & Knobel, 2003)은 새로운 미디어의 협동, 참여, 분산, 전문영역의 분배 등을 언급하고 있다. 또한 젠킨스(Jenkins, 2009)는 멀티태스킹, 범미디어 네비게이션, 네트워킹, 협상력 등을 미디어 리터러시 역량으로 제안한 바 있다. 이런 흐름은 국가 정책에서도 발견된다. 캐나다는 '접근에서 참여로: 디지털 미디어 리터러시 전략From Access To Engagement ; Building a Digital Media Literacy Strategy For Canada'는 기존 미디어 리터러시 역량에 디지털 기술의 속성으로 (1) 디지털 미디어의 공유, (2) 디지털 미디어의 예측할 수 없는 파급력, (3) 디지털 미니어의 상호 작용성, (4) 기술에 의한 디지털 경험 형성을 포함시켰다. 영국(2021)의 '온라인 미디어 리터러시 전략Online Media Literacy Strategy'은 (1) 온라인 환경, (2) 온라인 행동의 결과/여파, (3) 온라인 참여, (4) 정보 소비, (5) 데이터와 프라이버시를 미디어 리터러시에서 다뤄야 함을 강조했다. 핀란드도 미디어 리터러시에 디지털 사회의 온라인 보안 및 프라이버시와 그루밍 등을 다루도록 제안하고 있다(정현선 외, 2020; 배상률 · 심우민 · 최현정, 2021, 53쪽 재인용).

디지털 시민성과 관련해서 가장 많이 언급되는 영역 중의 하나가 정체성이다. 비대면 삶이 강화되면서 오프라인보다 온라인 삶이 주류가 되기 시작했다. 특히 코로나19로 인해 시작된 온라인 클래스, 온라인 회의 등은 코로나 세대의 등장을 가능하게 했다. '모여봐요 동물의 숲', '로블록스', '제페토' 등은 메타버스의 대표적 사례로 언급된다. 메타버스에는 현실을 그대로 옮겨놓는 것도, 멀티버스^{Multiverse}(다중우주)를 구현하는 것도 가능하다. 그래서 이용자들은 원하는대로 새로운 세상을 설계하고 창조한다. 이런 변화는 로봇, 가상인간 등을 포함한 디지털 정체성에 대한 고민을 시작하게 했다. 디지털 공간은 다양한 정체성을 기획하고 실험하는 과정에서 또 다른 삶과 기회를 제공한다. 이 과정에서 온·오프라인의 정체성을 균형감 있게 유지한다는 것은 어려운 일이다. 디지털 시민은 디지털 공간에서의 정체성의 구현과 오프라인 삶과 연결하고 균형을 유지하려는 태도를 갖춰야 한다. 이런 관점에서 미디어 리터러시는 디지털 공간에서의 디지털 정체성과 디지털 활동에 대한 파악과 분석을 함께 이뤄져야 한다.

디지털 시민으로 살아가기 위해서는 빅데이터와 관련한 프라이버시 침해와 데이터 주권, 알고리즘과 맞춤형 정보, 확증편향 그리고 인공지능의 편향성에 대한 비판적 이해가 필요하다. 빅데이터는 개인의 삶을 해석하는 것을 넘어 사회의 미래를 예측하는데 활용된다. 특히 빅데이터와 인공지능의 결합은 의료, 법, 기후, 경제 등 다양한 영역에서 미래 예측의 수단으로 작동한다. 이뿐만이 아니다. 개인의 디지털 활동은 알고리즘과 결합해서 맞춤형 정보, 큐레이션 등으로 일상생활을 지배한다. 포털은 '에어스', '루빅스'라는 이름의 알고리즘으로 뉴스를 배열한다. 유튜브와 페이스북도 이용자 정보와 각종 디지털 활동 정보를 결합해서 친구와 정보를 게시한다. 디지털을 지배하는 알고리즘의 작동방식과 편향성을 이해하기 위한 알고리즘 리터러시의 중요성이 강조되고 있다. 인터넷 정보 제공자들이 취향 정보 기반의 맞춤형 정보를 제공하게 되면서 이용자들은 '필터버블^{Filter Bubble}'에 갇힌다. 이는 이용자들의 다양성을 훼손하고 세상을 편향적으로 인지하게 됨을 의미한다.

인공지능의 편향성은 사회적 문제로 대두되고 있다. 인공지능에 투입된 빅데이터의 투명성이 보장되지 않는다면 기존 사회의 편견이 미래에 더욱 강화될 것으로 예측된다. 빅데이터는 개인의 일상적 디지털 활동 데이터를 통해 구성된다. 개인이 인터넷에 올리는 의견, 생각, 위치정보, 그림, 사진, 영상 등이 모두 빅데이터의 자원이다. 이들 정보에는 긍정적인 정보뿐만 아니라 차별, 혐오, 배제 등을 담은 부정적인 정보도 존재한다. 인공지능이 우리가 만들어낸 부정적인 정보를 습득할 경우에, 다양한 영역에서 활용되는 인공지능의 결과물이 기존 사회의 차별, 혐오, 배제를 그대로 모사할 수밖에 없다. 대표적인 사례로는 욕설과 차별을 학습한 챗봇 '테이'와 '이루'다, 그리고 여성 차별을 낳은 아마존 채용 인공지능, 재범률 진단에서 인종차별을 낳은 '콤파스' 등이 있다.

빅데이터로 축적되는 정보들에는 사람들의 대화, 정보, 미디어콘텐츠 등도 포함된다. 미디어콘텐츠와 마찬가지로 디지털 정보에도 여전히 개인과 사회가 가진 고정관념과 편견이 자리잡고 있다. 미디어 리터러시에서 미디어 재현을 위해 제안된 질문들은 결국 디지털 기술과 이들의 영향력을 이해하는 과정에서도 동일하게 적용되어야 한다. 즉,

사례	설명
마이크로소프트 테이	· 마이크로소프트사의 채팅 AI로, 2016년 3월 서비스 시작한 16시간 뒤 서비스 중단 · 익명게시판에 '테이에 차별적 발언을 학습시키자'는 글이 올라옴 · 실제로 테이가 특정 계층, 인종에 대한 차별적 언어와 대화를 사용하게 됨
이루다	· 국내 개발 챗봇 · 성적 소수자와 사회적 약자에 대한 혐오 발언으로 서비스 중단 · 학습에 사용된 빅데이터에 담긴 주소, 연락처, 계좌번호 등 개인정보 유출
아마존 채용	· 아마존 채용을 AI로 시행했으나, 2018년 폐기 결정 · 인공지능이 이력서 등에 '여성'이라는 단어가 포함돼 있으면 감점 처리하며, 추천 지원자의 대부분이 남성
콤파스	· 범죄자의 재범률을 산출하여 범죄자의 형량을 정하는 시스템 · 백인 범죄자보다 흑인 범죄자에게 2배 가까이 높은 범죄율 부여
의료 시스템	· 과거병력 및 건강진단 결과 등 잠재적인 건강위험을 예측해 질병 가능성이 높은 사람에게 우선적으로 의료서비스를 제공하는 시스템으로 흑인환자를 치료에서 차별

[표3] 인공지능으로 인한 편향성 사례

디지털 기술과 관련한 비판적 분석을 위해서는 (1) 개인의 영상, 글쓰기 등 디지털 활동에 차별, 배제, 혐오를 포함하고 있는가? (2) 개인의 활동이 온라인 공간과 오프라인 공간을 변화시키는가? (3) 개인의 디지털 활동 정보는 누가 무슨 이유로 수집하고, 어떤 용도로 활용하는가?와 같은 근본적인 질문을 할 수 있어야 한다.

디지털 기술과 영향력에 대한 비판적 리터러시는 디지털 사회를 살아가는 참여적 시민으로 성장하기 위한 발판이다. 디지털 기술의 속성과 사회적 영향력에 대한 이해는 디지털 공간에서의 공동체와 시민 참여와 맞닿아 있다. 공동체 참여community engagement는 시민 및 소비자로서의 권리와 온라인 공간에서 긍정적인 사회적 규범에 영향을 미치고 능동적이고 참여적인 시민으로서 목소리를 낼 수 있는 방법이다.

디지털 시민의 기술과 사회적 영향력에 관한 질문은 시민의 사회 참여를 가능하게 한다. 디지털 사회를 구성하고 열어가는 주체는 시민이다. 디지털 정보의 주체는 미디어 이용자이다. 그래서 정보를 생성하는 모든 사람은 자신의 정보를 누가 수집하고, 어떻게 활용하는가를 알고 관리할 수 있어야 한다. 디지털 활동은 모두 개인의 일상이자 기록이다. 미디어 이용자가 느끼는 감정과 활동이 기록되고, 이들이 모인 빅데이터는 사회를 정의하고 예측한다. 온라인에 올린 배달 음식의 평점, 댓글, 리뷰 등은 오프라인의 맛집 지도를 그린다. 개인의 위치 정보는 실시간 교통 정보로 활용된다. 이처럼 디지털 활동은 현실 생활의 삶을 변화시킨다.

디지털 기술의 사회적 영향력을 이해한다는 것은 디지털 공동체 삶의 규칙을 인식하고 실천하는 것으로 이어진다. 디지털 시민은 디지털 사회를 살아가는 시민이자, 디지털 공간을 비판적으로 이해하고, 공동체로서 더불어 살아가는 삶을 이해하고, 실천할 수 있는 역량을 갖춘 사람이다. 디지털이 삶의 일부가 되고, 온-오프라인 삶의 연결이 가속화되는 시대에서, 디지털 시민은 정보를 생산하는 주체이자 사회 변화를 이끄는 참여자다. 그래서 디지털 시민은 온라인과 오프라인을 연결하고, 스스로의 디지털 삶과 활동이 사회에 미치는 영향을 파악해야만 한다. 더불어 자신이 생산한 콘텐츠와 정보 공유가 야기할 사회적 영향력을 인식해야만 한다. 디지털 시민은 스스로의 미디어 활동과 사회적 영향력을 파악할 뿐만 아니라, 삶을 긍정적인 경험으로 채워나갈 수 있는 균형감과 통제력을 갖춰야한다.

5. 국내 미디어 리터러시 교육을 둘러싼 쟁점

국내 미디어 리터러시 교육은 1970년대 언론감시에서 시작했다. 당시의 시청자단체 활동은 방송 프로그램의 질적 제고, 선택의 다양성 그리고 시청자 중심의 방송 등을 목표로 하는 시민사회운동의 성격을 갖고 있었다. 언론수용자운동 단체들을 중심으로 미디어모니터를 위한 교육을 시행했는데, 이것이 미디어 리터러시 교육의 시발점이었다. 당시의 미디어 리터러시 교육의 목표는 미디어에 대한 비판적 인식과 시청자 주권을 강화하는데 있었다. 1986년 KBS 시청료 거부운동과 함께 미디어 리터러시 교육은 언론수용자 단체들을 중심으로 확산되었다.

2000년 통합방송법에서 '시청자권익'의 기본이념이 총칙에 포함되고, 이를 기반으로 미디어 리터러시 교육 및 시청자단체 활동 지원 사업을 위한 법적 근거가 마련되었다. 방송위원회는 방송발전기금을 통해 미디어 감시 활동과 미디어 리터러시 교육에 대한 인식 개선과

[표4] 한국 미디어 리터러시 교육 정책의 전개과정

구분	미디어교육 정책 여명기		미디어교육 정책 태동기		미디어교육 정책 도약기		미디어교육 정책 확장기		
연도	1973~1989		1990~1999		2000~2007		2008~2022		
정부	박정희 정부	전두환 정부	노태우 정부	김영삼 정부	김대중 정부	노무현 정부	이명박 정부	박근혜 정부	문재인 정부
미디어 교육 특징	·미디어 감시 ·미디어에 대한 비판적 이해		·수용자 보호 ·수용자 권리 증진		·미디어 참여 ·미디어제작		·이용자 윤리 ·이용자 역량 강화		
미디어 교육 정책 방향	·미디어교육 개념도입 ·방송의 공적 책임 강화		·미디어교육 기반 마련		·미디어교육 정책 제도화 ·시청자권익보호 및 참여 실현		·미디어교육 확산 ·미디어교육 저변 확대		

자료 : 안정임·김양은·전경란·최진호(2018), 14쪽 도표 <2-4> 인용

참여를 유도하였다(이수영 외, 2010). 그래서 2000년대 이후, 시민사회 영역에서 실행되던 미디어 리터러시 교육이 국가 정책 영역에 포함되었다. [표4]에서 제시하듯이, 2000~2007년은 미디어 리터러시 교육이 시청자 권익보호와 참여 실현이라는 정책 기조에 의해 시민참여의 기반을 마련한 시기이다. 미디어 리터러시 교육의 제도적 지원을 위해 2002년 미디액트를 시작으로 지역단위 미디어센터들이 건립되고, 이들을 중심으로 미디어 이용자의 미디어 참여를 위한 미디어 제작 교육을 시작했다. 미디어센터는 공공문화 기반시설의 역할로써 지역 공동체 형성에 기여했다. 2008년 이후 국내 미디어 리터러시 교육은 인터넷을 주제로 한 미디어 리터러시 교육이 대두되었고, 그간 시청

자로 명명된 미디어 수용자를 국가 정책 단위에서도 미디어 이용자로 규정하기 시작했다. 미디어 리터러시 정책에서도 이용자 역량 강화 정책과 인터넷 윤리 교육이 시행됐다. 이를 계기로 인터넷, 디지털과 관련한 미디어 리터러시 교육이 본격화되었다.

현재 한국 미디어 리터러시 교육은 몇 가지 쟁점을 갖고 있다. 먼저, 미디어 리터러시 교육의 정책 및 실행 주체가 매체별로 나뉘어 있다. 국내의 미디어 리터러시 교육과 정책 실행 현황은 [표5]와 같다. 국내 미디어 리터러시 교육의 쟁점과 관련한 많은 연구들이 지적한 바와 같이, 국내 미디어 리터러시 교육의 정책은 영상, 신문, 디지털 등을 관리하는 정부 부처와 공공기관들에 의해 일관성을 갖지 못한 채 분산된 정책구조를 갖고 있다(김양은, 2017, 안정임·김양은·전경란·최진호, 2018, 배상률 외, 2021). 국내 미디어 리터러시 교육이 시민사회 중심에서 국가 정책 중심으로 그 실행방식이 변화했다. 그리고 국가예산으로 집행되는 미디어 리터러시 교육은 각 부처별 정책 사업의 목표하에 실행될 수밖에 없다. 실제로 부처별 공공기관들은 특정 매체를 강조한 사업을 담당하고 있는데, 한국지능정보사회진흥원의 '디지털 역량', 시청자미디어센터의 '미디어제작 및 이용자 참여', 한국언론진흥재단의 '뉴스 리터러시', 그리고 한국콘텐츠진흥원의 '게임 리터러시'가 그 사례이다.

두 번째로, 국가 단위의 미디어 리터러시 역량 및 교육 목표의 부재이다. 국내 미디어 리터러시 교육은 각 정부부처의 다양한 정책사업으로 시행되면서 현재 53개소에 달하는 미디어센터를 통해 미디어 리

[표5] 국내 미디어 리터러시 교육 정책 구조 및 실행 체계

기관명	중심교육	주무부처	담당부서
시청자미디어재단	시청자미디어센터 설립 및 운영지원을 통한 미디어교육 지원	방송통신위원회	지역미디어 정책과
학교 미디어교육 센터	교육부 공모->교육청 설립 대구(2022), 충북(2023), 경기(2023) 예정	지역교육청 교육부	학교혁신지원실 민주시민교육과
한국지능정보사회 진흥원 ((구)한국정보화 진흥원)	디지털 격차 해소, 스마트 과몰입, 디지털 역량, 디지털 배움터	과학기술정보 통신부	정보통신정책실
	사이버 윤리, 디지털 시민성	방송통신위원회[a]	이용자정책국 인터넷이용자정책과
한국인터넷진흥원	인터넷 리터러시(~2014년)	정보통신부 방송통신위원회[a]	NIA로 사업이관
한국언론진흥재단	뉴스 리터러시, NIE 미디어교육원(2020년 설립)[b]	문화체육관광부	미디어정책과
영화진흥위원회	지역미디어센터 설립 및 운영지원을 통한 미디어교육 지원	문화체육관광부	영상콘텐츠산업과
한국콘텐츠진흥원	게임 리터러시, 게임 과몰입 예방교육	문화체육관광부	게임콘텐츠산업과
지역 미디어센터	영상미디어 교육, 공동체미디어, 생활미디어	문화체육관광부	영상콘텐츠산업과
시도교육청	창의적 체험활동, 자유학기제, 동아리활동 미디어 리터러시 시범교실	교육부 / 시도지역교육청	* 교육청별로 상이

주) 주무부처와 담당부서는 기관통폐합 및 조직개편 등으로 명칭 등이 변경되어 2021년 10월 현재를 기준으로 정리

a) 한국인터넷진흥원, 한국정보화진흥원의 현재 주무부처는 과학기술정보통신부이며, 한국인터넷진흥원에서 한국정보화진흥원으로 이관돼 방송통신위원회로부터 예산을 위탁받는 구조임

b) 한국언론진흥재단이 미디어교육원을 설립하고, 학교교육 지원을 논의. 이 교육원은 언론인 교육센터와 함께 운용 (* 2021년 종합연수원 자격 획득)

터러시 교육을 위한 제도적 지원 장치들은 구축되어 있다. 하지만 한
국이 추구하는 미디어 리터러시 교육의 목표와 미디어 리터러시 역량

이 정책 부처별 사업 목표가 아닌 국가 단위의 목표로 다뤄지지 않고 있다. 현재의 미디어 리터러시 교육은 새로운 미디어 등장과 함께 인터넷, 게임, 디지털 등 새로운 영역을 확장해왔지만, 미디어 리터러시 교육의 목표를 담은 일관된 정책을 기대하기 어려운 실정이다. 캐나다, 영국, 핀란드 등의 국가들에서 기존의 미디어 리터러시와 디지털 기술과 영향력을 포함하는 경향을 보이고 있지만, 국내의 경우에는 특정 매체의 특정 역량만을 강조한 미디어 리터러시 교육이 시행되고 있다.

국내에서 사용하는 미디어 리터러시와 관련된 정책 용어를 통해서도 발견된다. 현재 국내에서는 미디어 리터러시 교육의 용어로 디지털 리터러시, 디지털 미디어 소통 역량, 디지털 미디어 문해 교육, 매체 이해력, 디지털 역량, 미디어 교육, 미디어 리터러시, 미디어 문해력, 미디어 소양, 미디어 역량, 디지털 시민성 등의 다양한 정책용어가 사용되고 있다(정현선·장은주, 2022. 29쪽). 이는 정책 담당자들의 혼란뿐만 아니라, 미디어 리터러시 교육을 실행하는 학교 및 미디어센터 등의 실행자들에게 혼란을 가져온다.

세 번째로, 미디어 리터러시 교육의 체계성과 지속성 확보를 위한 법이 마련되어 있지 않다. 미디어 리터러시의 비판적 리터러시는 디지털 시민의 성찰적 실천을 위한 기반임을 이미 살펴보았다. 디지털 미디어 등장은 미디어 수용자를 시민으로 성장하게 했다. 또한 미디어 리터러시 역량의 목표 또한 미디어 이용자의 역할을 '읽는 수용자'에서 '참여하는 이용자(시민)'로 확대되었다. 디지털 시대를 살아갈 미

[표6] 미디어 리터러시 교육 법안 발의 연혁

법안명	미디어교육 진흥법안	미디어교육 지원법안	미디어교육 지원법안	미디어교육 활성화에 관한 법률안	미디어교육 지원법안	미디어교육 활성화 및 지원에 관한 법률안	미디어교육 활성화에 관한 법률안
발의 시기	2007년 4월	2012년 8월	2013년 9월	2018년 5월	2018년 5월	2020년 8월	2021년 7월
발의자	이경숙 (열린우리당)	최민희 (새정치민주연합)	김희정 (새누리당)	유은혜 (더불어민주당)	신경민 (더불어민주당)	정필모 (더불어민주당)	권인숙 (더불어민주당)

[표7] 미디어리터러시 교육관련 법안 내용

관련법안	주요내용
디지털 기반의 원격교육 활성화 기본법(제정안) (2021.08.31)	제10조(디지털 미디어 문해 교육 등) ① 학교등 의장은 학생이 원격교육에 자기수도적으로 참여할 수 있도록 다음 각 호의 사항을 포함하는 디지털 미디어 문해 교육 등을 실시하여야 한다. 1. 디지털 미디어에 대한 접근 및 활용 능력 향상 2. 디지털 미디어에 대한 이해 및 비판 능력 향상 3. 디지털 미디어를 통한 사회참여 능력 향상 4. 디지털 미디어를 통한 민주적 소통 능력 향상 ② 국가와 지방자치단체는 학생이 정보통신매체 또는 정보통신기기에 신체적·정신적으로 과도하게 의존하지 아니하도록 「지능정보화기본법」 제4조에 따른 예방교육을 실시할 수 있다
학교도서관 진흥법 일부 개정법률안 (발의) (2021.06.18)	제15조(독서교육 등) ① 교육부장관·교육감과 학교의 장은 대통령령으로 정하는 바에 따라 학교의 독서교육, 미디어교육 및 정보이용교육을 지원하기 위한 세부계획을 수립·시행하여야 한다. ② 제1항에 따른 독서교육, 미디어교육 및 정보이용교육은 「초·중등교육법」 제23조에 따른 학교의 교육과정 운영계획에 포함시켜야 한다.

래 역량으로서 미디어 리터러시 교육을 시행하기 위해서는 미디어 리터러시 교육의 체계성과 지속성을 확보하는 것이 중요하다. 이를 위해서는 정책의 방향, 종합계획의 수립, 그리고 안정적인 예산, 물적·인적 자원의 양성 및 지원을 위한 법안이 마련돼야 한다.

그간 미디어 리터러시 관련 법안이 발의되었지만, 미디어 리터러시 정책을 담당할 주무부처 결정과정에서 무산된 바 있다. 2007년 〈미디어교육 진흥법안〉을 시작으로 총 7회 미디어 리터러시 관련 법안이 발의되었으나 지금까지 제정되지 못했다. 현재 21대 국회 회기에 〈미디어교육 활성화 및 지원에 관한 법률안〉(2020년 8월), 〈미디어교육 활성화에 관한 법률안〉(2021년 7월)이 계류된 상태이다([표 6] 참조).

하지만 코로나19 팬데믹으로 온라인 클래스 등 원격 수업이 시행되면서 미디어 리터러시의 중요성이 강조되었다. 이같은 관심은 학교교육에서 미디어 리터러시 교육을 위한 법체계를 마련하는 움직임으로 이어졌다. 2021년 8월 제정된 〈디지털 원격교육에 대한 기본법〉의 제10조에 디지털 미디어 문해교육을 담고 있다. 이와 함께 〈학교도서관 진흥법 일부 개정법률안〉에서는 도서관에서 미디어교육을 실행할 수 있는 근거를 제시했다.

또한 2019년 교육부는 〈학교 미디어교육 내실화 지원계획〉(교육부, 2019)을 통해 학교 미디어교육 센터 설립 및 학교 미디어교육 지원 방안을 마련했다. 현재 학교 미디어 센터는 대구(2022), 충북(2023), 경기(2023)의 3개 지역에서 설립 중이다. 또한 조례명과 목표 등에서 다소 차이가 있지만, 13개 지역 교육청은 학교 미디어 리터러시 교육을 위한 조례를 제정했다.[3] 2022 개정 교육과정 총론(교육부, 2021)에서는 '디지털 소양'을 명시함으로써 미디어 리터러시 교육이 선택융합 교과 등의 형태로 학교 교육에서 실행 가능하도록 규정하고 있다.

6. 디지털 시민의 건강한 참여를 위한 조건

미디어 이용자들의 자유로운 미디어 제작과 공유는 보다 적극적인 시민을 탄생시켰다. 소셜 플랫폼을 통해 이용자들은 미디어 플랫폼으로 성장했다. 다양한 개인의 관심사와 이야기들이 넘쳐나고, 이는 미디어 다양성의 또 다른 실현이기도 하다. 뉴스와 정보 전달 매체가 종이신문과 텔레비전에서 네이버, 페이스북, 유튜브로 옮겨가고, 레거시 미디어가 중심이었던 삶이 OTT를 둘러싼 새로운 소셜 플랫폼으로 이동했다. 2017년 칸느 영화제에서 넷플릭스 스트리밍 영화 '옥자'는 프랑스 극장 배급업자들로부터 기존 영화 배급 질서를 어지럽힌다는 이유로 반발을 사기도 했다. 하지만 2022년 칸느 영화제를 포함한 전 세계가 '오징어 게임'에 환호했다. 넷플릭스 시리즈 킹덤은 전 세계

---

3) 학교 미디어리터러시 교육에 관한 조례를 설립한 교육청은 경기도(2020.07.15), 부산 (2021.01.06), 전라남도(2021.02.18), 광주광역시(2021.02.26), 서울특별시(2021.03.05), 제주특별시(2021.04.30), 대전광역시(2021.06.07), 충청남도(2021.06.18), 전라북도 (2021.07.09), 인천광역시(2021.09.02), 충청북도(2021.11.30), 세종특별자치시(2022.01.19), 경상남도(2022.03.25)이다.

에 한국의 '갓' 열풍을 가져오기도 했다. 레거시 미디어 속 유명인이 유튜브로 옮겨가던 시대에서 유튜브 크리에이터가 레거시 미디어를 접수하고 있다.

진입 장벽을 없앤 유튜브의 성장은 ASMR[autonomous sensory meridian response], 브이로그, 사용기(언박싱 등), 하울[Haul], 사용법[How-to Video] 등 개인 취향 중심의 다양한 콘텐츠를 만들어내고 있다. 이는 매스 미디어 시대에서 개인 미디어 시대로 변화하게 했다. 사회는 유튜브를 통해 자유로운 의견 표현과 공유가 가능한 공론장의 혁신을 밀했다. 하지만 디지털 공간에서 사람들은 상호작용적 소통보다는 자신이 하고 싶은 이야기만을 쏟아내고 있다. 소셜 미디어 세대들은 불특정 다수에 맞춰진 레거시 미디어 콘텐츠 대신에 개인적 취향에 기반한 짧고 핵심만을 담은 맞춤형 정보와 콘텐츠를 선호한다. 이들은 자신의 의견과 성향에 맞는 콘텐츠만을 선별해서 이용한다. 소셜 플랫폼 알고리즘은 맞춤형 정보 추천을 통해 이들의 성향을 더욱 강화한다.

정제되지 않은 콘텐츠에 담긴 거짓, 허위, 혐오, 차별, 배제는 사회 내 갈등을 유발한다. 현재 한국 사회 갈등의 원인은 디지털 공간에서 그간 지속된 편견과 차별을 분별하지 못한데 있다. 본래 디지털 공간은 의견과 표현의 자유가 보장된 곳이다. 누구나 이야기를 자유롭게 자신의 의견을 개진하고 토론할 수 있다. 하지만 이는 어디까지나 상호간의 소통이 전제되었을 때 가능한 것이다. 자유에는 책임이 따르듯이, 소통에는 다른 사람의 의견을 경청하는 것이 진제이다. 2022년 한국의 디지털 공간은 공동체는 사라지고 개인만이 남겨져있다. 디지털과 함께 성장한 세대들은 디지털 공간에서 사람과 소통하는 방법을 배우고, 성장한다. 디지털 공간의 편견과 차별 그리고 배제는 오프라인 현실에도 영향을 미칠 수밖에 없다.

디지털 기술의 속성과 사회적 영향력, 그리고 미디어 기업에 대한 비판적 이해는 현재 우리가 직면한 미디어 상황을 해결하기 위한 출발점이다. 또한 미디어 이용자뿐만 아니라, 미디어 조직, 미디어 제작자, 그리고 사회 구성원 모두가 함께 노력해서 변화시켜 나가야 한다. 현재 미디어 환경은 미디어 이용자와 생산자를 구분하지 않는다. 미디어 이용자뿐만 아니라, 미디어 기업(조직), 직업으로서 기자, PD, 작가 등 미디어 제작자들도 미디어 리터러시 역량을 갖춰야 하고, 스스로가 만든 콘텐츠를 비판적으로 뒤돌아볼 수 있어야 한다. 한국 사회에서 미디어는 항상 시민 참여와 함께 했다. 디지털 미디어의 발전 과정 또한 대안 미디어를 통한 사회 변화의 발걸음이었다. 디지털의 공개성과 투명성은 그간 국가, 기업에 독점된 정보 권력을 시민에게 재분배했고, 시민은 공유와 협업을 통해 사회를 변화시켰다. 디지털 공동체는 스스로의 자율적 규칙과 체계를 갖춰 성장했고, 집단 지성과 협업을 통해 생활 문제를 해결해왔다.

디지털 시민의 조건 : 미디어 리터러시

미디어 리터러시 역량의 확장과 함께 디지털 시민성이 가장 많이 거론되고 있다. 디지털 전환 시대를 위한 미래 역량으로서 미디어 리터러시는 정보 리터러시, ICT 리터러시, 디지털 리터러시 등 다양한 용어로 4차 산업혁명과 함께 다뤄진다. 각 국가들은 미디어 정보 리터러시, 미디어 리터러시, 디지털 리터러시 등의 용어를 사용하고 있지만, 미디어 리터러시 역량 함양을 통한 목표는 디지털 시대를 살아갈 시민 역량을 갖추는 것이다.

시민의 개념은 시대별로, 학자별로 차이가 있지만, 개인이 아닌 나와 다른 사람, 지역, 사회, 인류 공동체의 구성원을 의미한다. 시민의 어원은 그리스에서 시작되었다. 시민은 '참정권을 가진 남자'를 의미했고, 결국은 권리의 유무를 구분하는 용어였다. 세계인권선언 이후 시민은 사회구성원을 의미하기 시작했다. 미국의 기술교육국제모임 International Society of Technology in Education, ISTE은 학생들을 위한 기준으로 강한empowered 학습자, 디지털 시민, 지식 구성자, 혁신적 디자이너, 계산적 사고자computational thinker, 창의적 소통가, 세계적 협력자를 제시하고 있다(ISTE, 2016). 특히 디지털 시민을 상호 연결된 디지털 세계에서 살고 배우고 일하는 것에 있어서 권리, 책임, 기회를 인지하고 안전하고 합법적이며 윤리적인 방식으로 행동한다고 정의한다. 결국, 디지털 시민은 디지털 사회에서 사회구성원이며, 디지털 사회를 살아가기 위해 필요한 디지털 시민성과 함께 논의된다.

디지털 시민은 디지털 시민성Digital Citizenship과 함께 설명된다. 디지털 시민성 개념은 국가, 학자별로 매우 다양하다. 유네스코(2017)는 디지털 시민성을 '효과적으로 정보를 찾고, 접근하고, 사용하고 생성할 수 있는 역량, 비판적이고 민감하고 윤리적인 방식으로 타인 및 콘텐츠에 참여하는 역량, 온라인 및 ICT 환경을 안전하고 책임감 있게 탐색하는 역량, 자신의 권리를 인식하는 역량'으로 설명한다. 이 정의에는 미디어 리터러시의 다양한 역량들이 포함되어 있다. 해외 디지털 시민성 교육 사례에서도 미디어 리터러시 역량이 함께 논의됨을 알 수 있다. 그래서 디지털 시민성은 미래 사회에서 개인의 삶과 일, 관계에서 반드시 갖추어야 할 필수적인 것으로 디지털 미디어를 이용하는 사람들이 갖추어야 할 역량 전반을 지칭한다. 디지털 시민이 갖춰야 할 시민성은 디지털 미디어에 대한 도구적 리터러시 역량뿐만 아니라 디지털 공간과 현실 공간을 연결하여, 디지털 시민으로서 필요한 자세, 태도, 가치 등을 포함한 개념이다.

전통적으로 시민의 정의에는 참여를 포함하고 있다. 또한 그간 시민의 미디어 리터러시 역량은 미디어에 대한 비판적 리터러시, 콘텐츠 제작을 통한 대안언론의 형성 그리고 사회변화를 위한 참여로 참여로 설명된다. 소셜 미디어 환경은 인간의 사회적 참여를 확장했다. 그리고 참여의 확장은 자유로운 참여와 소통을 전제로 한다. 미디어는 시민참여를 위한 공론장으로 역할해야 한다. 시민의 참여는 통상 전자투표, 온라인 청원 등의 정치적 참여를 의미했다. 디지털 전환은 정치적 참여를 생활 참여로 확대했다. 디지털 시민은 주변의 소소한 생활 이슈와 문제를 해결하기 위한 참여를 실천한다. 디지털 기술은 연결을 통해 참여를 확산하고, 개인 미디어는 이를 응집시킨다. 디지털 사회에서의 사회참여는 온라인에서의 정치적 참여를 넘어 개인과 공동체의 삶 속에서의 참여로 변화했다.

시민에게 미디어 리터러시는 사회를 이해하고 참여를 연결하는 힘이다. 사회의 다양한 이슈들을 제안하기 위한 소셜네트워크 플랫폼의 활용, 미디어 콘텐츠의 제작 및 송출에서부터 소셜 플랫폼을 통한 사람들과의 연결과 역량강화에 이르기까지 디지털 시대의 참여는 미디어를 통해 시작된다. 개인의 한 걸음이 소셜 플랫폼을 통해 모여지고 확장된다. 매초 쏟아지는 정보 홍수 속에서 필요한 정보를 찾아내고, 정보에 담긴 사회를 파악해야만 하는 시대를 우리는 살고 있다. 검증되지 않은 정보의 공유는 때로는 타인의 권리침해로 이어지기도 하고, 사회의 갈등을 초래하기도 한다. 디지털 시민의 미디어 리터러시는 자신과 타인의 권리를 보호하고, 긍정적인 공동체를 형성하기 위한 노력을 통해 완성된다. 디지털 전환 시대를 살아가기 위해서 우리는 함께 더불어 살아갈 공동체 복원을 위한 미디어 이용자이자 생산자로서의 책임과 의무를 갖춰야만 한다. 디지털 시민은 미디어의 주인이며 비판적 감시자임을 잊지 말아야 한다.

신뢰, 책임, 그리고 균형을 갖춘 미디어 역할

미디어 리터러시 교육의 중요성은 미디어 이용자에게만 해당되지 않는다. 미디어 기업 그리고 기자, PD 등의 언론인들에게도 사회를 보는 비판적인 리터러시와 사회 변화를 향한 미디어 리터러시 역량은 필요하다. 우리 사회에서 레거시 미디어의 가치와 역할은 매우 중요하다. 소셜네트워크 플랫폼을 통해 정제되지 않은 무수히 많은 뉴스와 콘텐츠들이 넘쳐나는 상황에서 미디어 이용자들은 신뢰할 수 있는 미디어를 요구한다. 정보가 넘쳐날수록 인간은 정확하고 신뢰할 수 있는 정보를 제공받길 원한다. 그래서 정보가 만들어내는 혼돈 속에 레거시 미디어가 균형을 맞춰줘야 한다. 개인 미디어가 증가할수록 레거시 미디어의 역할은 더욱 중요해질 수밖에 없다.

하지만 우리의 현실은 그렇지 않다. 로이터 저널리즘연구소의 〈디지털 뉴스 리포트 2022〉에 따르면(Reuters Institute, 2022), 한국의 뉴스에 대한 신뢰도는 46개국 중 40위에 그쳤는데, 2016년 최초로 참가한 이후 최하위권을 벗어나지 못하고 있다. 이 결과는 지난 해보다도 두 계단 떨어진 결과이다. 특히 신뢰도가 낮은 이유로는 '신뢰할 수 없거나 편향적'이라는 응답(42%)이 가장 많았다. 뉴스를 신뢰할 수 없다는 응답은 현재 한국 언론의 민낯을 보여주는 것이다. 단독, 속보가 클릭을 유도하는 도구로 변모하고 있고, 기사 내용과 논조를 압축해서 보여주던 헤드라인은 기사의 내용과 일치하지 않는 선정성으로 가득하다. 이런 신뢰도 하락은 뉴스에만 해당되지 않는다. 매년 넘쳐나는 오디션 프로그램은 끊임없이 악마의 편집과 공정성 논란 속에 있다. 결과 조작으로 법정에 서기까지 했지만, 여전히 비슷한 또 다른 형태의 오디션 프로그램은 만들어지고 있다. 타인의 사생활을 들여다보는 관찰예능은 한국 방송의 대표적 장르이며, 채널 종류와 상관없는 여행, 음식 프로그램은 넘쳐난다. 심지어 레거시 미디어가 유튜브 크리에이터의 콘텐츠를 재생산하기도 한다. 세상에는 다양한 삶이 존재하지만 미디어 속 삶은 여행, 음식, 오디션, 관찰예능으로 가득하다. 그래서 미디어 콘텐츠에는 노인, 유아, 장애인, 다문화, 소수자를 찾아보기 어렵다.

레거시 미디어의 역할은 시민들이 신뢰할 수 있는 콘텐츠를 제공하는 것이고, 이를 통해 시민들이 사회를 바라보는 균형감을 갖게 하는 것이다. 가짜뉴스로 불리는 허위조작정보의 비판적 분석과 판단은 주류 언론들이 해야 할 역할이다. 미디어가 본연의 역할과 기능을 수행하기 위해서는 기자, PD, 촬영감독, 구성작가 등 제작과정에 참여하는 구성원들 모두의 미디어 리터러시 역량을 함양해야 한다. 미디어 이용자들이 구독할 수 있는 좋은 콘텐츠를 만들기 위해서 미디어 기업들은 뉴스, 드라마, 다큐멘터리 등을 생산할 수 있는 인력의 미디어 리터러시 역량을 강화시켜야한다. 이를 통해 이용자가 만족할 콘텐츠를 생산하는 것이 미디어의 책임과 의무이며, 또한 현재의 진흙탕 경쟁 속에서 생존하는 전략이기도 하다.

에디오피아 시골 마을의 열악한 식수환경을 알리기 위해 연출된 사진은 〈아동권리 보호를 위한 미디어 가이드라인〉을 만들게 된 계기가 되었다. 이 사례는 보다 효과적으로 메시지를 전달하기 위해서 미디어 콘텐츠가 가공되거나 연출되어서는 안 된다는 점을 말하고 있다. 또한 미디어 콘텐츠의 제작 과정에서 아동뿐만 아니라 누군가의 권리가 침해되지 않아야 함을 말하고 있다. 이 사례는 미디어를 제작하는 언론 종사자들에게도 미디어 리터러시 역량이 중요함을 말해주고 있다. 언론인의 미디어 리터러시 역량은 뉴스, 드라마, 다큐멘터리 등을 통해 미디어 이용자의 세상을 보는 프레임에 영향을 미친다. 미디어 제작자가 바라보는 세상은 미디어 콘텐츠투영되고, 미디어 이용자들은 이를 실제 현실로 받아들인다. 미디어 제작자들은 자신이 제작한 뉴스, 정보, 콘텐츠 등이 이용자들의 사회 인식에 미치는 영향력에 대해 이해할 수 있어야 한다. 미디어는 어린이와 청소년에게 세상을 바라보는 눈을, 성인들에게는 세상을 판단할 수 있는 기준을 제안할 수 있어야 한다. 이를 위해서 미디어 제작자들도 이용자들에게 요구된 비판적 미디어 읽기 역량을 갖춰야 한다. 미디어 재현을 비판적으로 읽기 위해서 제안된 질문에 미디어 제작자들도 스스로 답변할 수 있어야 한다.

콘텐츠를 제작하면서 놓치는 '다양성'과 관련한 질문은 미디어 제작자들이 항상 염두에 둬야만 한다. 미국의 어린이프로그램 〈세서미 스트리트〉에는 청각장애, 다운증후군, 시각장애, 신체장애 등 다양한 유형의 캐릭터들이 등장한다. 또한 이민, 따돌림, 죽음, 입양, 다문화 등의 무거운 주제도 다룬다. 이 프로그램에서는 자폐를 차별과 편견의 대상이 아니라 다름일 뿐이라고 말하고 있다. 어린이들에게 어떤 세상을 보여줄 것인가의 해답을 '미디어 다양성'을 통해 〈세서미스트리트〉는 말해준다. 이처럼 미디어는 이용자에게 세상을 보는 관점을 제안한다. 이는 공영방송의 문제만이 아니다. 모든 미디어는 다른 사람들과 더불어 살아가는 '공동체', '협업', 그리고 차이를 인정하고 배려하는 '다양성'의 균형을 갖출 수 있도록 하는 중재자로서 역할을 수행해야 한다. 이를 위해서는 미디어 조직은 뉴스와 콘텐츠를 생산자로서의 기자, PD 등 종사자들이 미디어의 책임과 의무를 실천할 수 있도록 미디어 리터러시 교육을 지원할 수 있는 교육 시스템을 갖춰야 한다. 또한 미디어 조직은 미디어 리터러시 교육을 위한 다양한 지원을 고민해야 한다. 미디어 조직은 이용자와 함께 성장하고 발전할 수밖에 없다. 미디어 조직이 이용자들에게 신뢰를 받기 위해 일차적으로 미디어 종사자의 역량을 강화하는 것이 중요할 것이다. 더불어 이용자들의 미디어 리터러시를 위한 다양한 지원 전략도 함께 고민해야 한다.

미디어 조직은 (1) 미디어 리터러시 인식 제고를 위한 캠페인, (2) 미디어 인력의 미디어 리터러시 함양을 위한 교육 지원, (3) 미디어 리터러시 교육을 위한 콘텐츠 지원, (4) 이용자 미디어 경험을 위한 제작 및 송출 지원 등을 고민해야 한다. 우선적으로 미디어 조직은 조직 내 미디어 인력에 대한 미디어 리터러시 교육을 지원해야 한다. 이와 함께 우리 사회의 미디어 리터러시 역량을 함양하기 위한 물적, 인적 인프라를 제공해야 한다. 미디어 조직의 플랫폼을 통해 어린이 및 청소년들에게 긍정적인 미디어 경험을 제공하기 위한 다양한 방안이 필요하다. 예를들어 유튜브를 통해 학교 등에서 수행된 교육 결과물을 유튜브 등 다양한 형태로 송출하는 방안이다. 미디어 리터러시 교육을 위한 콘텐츠에 대한 지원을 아끼지 말아야 한다. 미디어 리터러시 교육은 미디어콘텐츠를 교육 소재로 삼는다. 따라서 교육 현장에서 활용 가능한 다양한 콘텐츠의 제공이 요구된다. 또한 이용자들 대상의 미디어 리터러시 교육 프로그램을 석극식으로 게획해야 한다 특히 어린이와 청소년 대상 프로그램은 적극적으로 고려해 볼 수 있다.

이외에도 전 국민 대상 미디어 리터러시 함양을 위한 홍보물을 제공하는 것도 가능하다.

디지털 시민 성장을 위한 환경 조성
: 네트워크와 협력을 위한 지원과 정책

국내 미디어 리터러시는 1970년대 독점된 미디어 권력에 대한 비판과 사회적 감시로부터 출발했다. 시민의 미디어 리터러시는 건강한 미디어의 성장과 발전의 초석이었다. 디지털 미디어로 인해 개인 미디어가 등장하고, 이는 나아가 마을공동체 미디어를 통한 사회 참여를 가능하게 했다. 미디어 비평, 미디어 제작 그리고 공동체미디어에 이르기까지 시민의 미디어 리터러시 역량은 한국 사회를 변화시키고 미디어 발전을 가져왔다.

시민 영역에서의 미디어 리터러시 교육의 발전과 비교하면, 국내 미디어 리터러시 정책은 체계성을 갖추지 못하고 있다는 평가를 받는다. 국내의 경우 방송, 신문, 인터넷 등 매체별로 관련된 법안과 정책 담당부처가 분산되어 있다. 이로 인해 국내 미디어 리터러시 교육의 소관부처도 방송통신위원회, 문화체육관광부, 과학기술정보통신부, 교육부 등으로 나눠져 있다. 코로나19 팬더믹으로 미디어 리터러시 중요성이 부각되면서 2020년에는 〈디지털 미디어 소통역량 강화 종합계획〉(관계부처연합, 2020)이 발표되었다. 이를 통해 그간 부처별로 수행해 온 미디어 리터러시 교육을 정리하고, 향후 미디어 리터러시 교육에 대한 종합적이고 체계적인 지원을 위한 정책을 제안했다. 하지만 현재까지 눈에 띄는 성과를 찾아보기 어렵다. 현재까지도 미디어 리터러시 교육의 체계적인 지원을 위한 주무부처 등이 지정되지 않았다. 미디어 리터러시 교육 법안의 경우에도 그간 총 7회 발의되었지만, 여전히 21대 국회에서도 계류 중에 있다. 하지만 학교 현장에서의 미디어 리터러시 교육은 〈디지털 기반의 원격교육 활성화 기본법 (2021년 8월)〉에 디지털 문해력 교육을 제10조에 포함하는 등 그 토대를 마련해가고 있다. 학교 교육 부문에서 법안 마련 등은 긍정적인 대목이다. 하지만 미디어 리터러시 역량을 함양하는 것이 미래 사회로의 전환과정에서 필요하다면, 어린이와 청소년뿐만 아니라, 평생교육 차원에서 전 연령을 아우르는 생애단계별 미디어 리터러시 교육을 위한 국가정책이 마련되어야한다.

유럽평의회(2018)는 EU 회원국들에게 〈미디어 다원주의와 소유의 투명성 증진을 위한 가이드라인〉을 발표했는데, 이 내용에는 적극적인 미디어 리터러시 입법과 정책을 제안하고 있다. 가이드라인에 포함된 미디어 리터러시와 관련한 주요 내용은 (1) 입법을 포함한 적극적인 미디어 리터러시 정책의 도입, (2) 1년 단위 혹은 다년 단위의 액션 플랜 수립, (3) 미디어 리터러시 촉진을 위한 기회와 자원 확보, (4) 미디어 리터러시를 위한 지원 시스템의 촉진 등이다. 영국은 2021년 발표된 〈온라인 미디어 리터러시 전략〉을 통해 정부 차원에서의 미디어 리터러시 계획 수립을 제안하고 있다. 또한 유럽연합(2021)은 〈디지털 교육 실행 계획 Digital Education Action Plan〉(2021~2027)에서 디지털 역량 및 교육 관련 정보 및 우수사례 공유를 위한 '디지털 교육 허브' 구축의 중요성을 강조하고 있다. 즉, 미디어 리터러시 교육을 위한 인적 물적 자원의 연결을 제안하고 있다.

앞서 제시한 미디어 리터러시 교육을 위한 해외 정책들은 미디어 리터러시 교육의 자생적 환경과 정책 방향성의 마련과 종합적 지원 전략을 담고 있다. 특히 미디어 리터러시와 디지털 리터러시의 결합과 연계를 강조하고, 그간 수행해온 다양한 국가 차원의 미디어 리터러시 교육을 연결하기 위한 전략을 제안하고 있다. 이같은 미디어 리터러시 교육을 위한 정책적 제안이 국내에서도 요구된다.

국내의 미디어 리터러시 정책과 교육이 체계성과 지속성을 갖추기 위해서는 (1) 미디어 리터러시 교육의 기본 방향 정립, (2) 부처별 분산된 정책의 조율과 협력, (3) 미디어 리터러시 교육의 지속성 확보를 위한 기반 마련, (4) 시민단체, 미디어 기업들의 미디어 리터러시 교육 활동의 다양화와 생태계 구축, (5) 미디어 조직을 포함한 인적 물적 인프라 등 사회적 자원의 공유 정책을 고려해야한다(〈그림 6〉 참조).

이를 위해서 먼저 미디어 리터러시 교육을 지원할 법적 기반이 마련되어야 한다. 미디어 리터러시 교육을 위한 법안 마련을 통해 국내 미디어 리터러시 교육의 체계성과 지속성을 위한 지원방안 또한 필요하다. 미국 워싱턴주는 2016년 '미디어 리터러시'를 담은 학교법을 최초로 통과시켰으며, 캘리포니아주는 2018년 '미디어 리터러시'를 필수 교과목으로 삼고 있다. 2021년 기준, 미국 14개주가 미디어 리터러시 교육을 법률로 제정하고 있다. 프랑스의 경우에는 〈학교 재정립

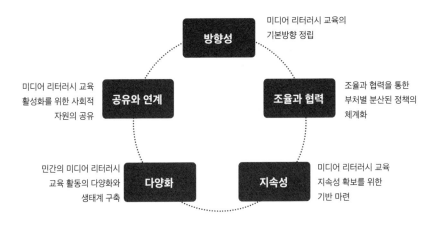

[그림6] 미디어 리터러시 정책을 위한 5가지 방향성

방향성 — 미디어 리터러시 교육의 기본방향 정립

조율과 협력 — 조율과 협력을 통한 부처별 분산된 정책의 체계화

지속성 — 미디어 리터러시 교육 지속성 확보를 위한 기반 마련

다양화 — 민간의 미디어 리터러시 교육 활동의 다양화와 생태계 구축

공유와 연계 — 미디어 리터러시 교육 활성화를 위한 사회적 자원의 공유

을 위한 교과과정에 관한 기본법 개정(2013)〉을 통해 디지털 교육 전담 기구를 마련하였고, 〈정보 조작 대처법〉(2018)으로 도덕 및 시민교육에서 미디어 및 정보교육을 의무화함으로써(교육법 L312-15조), 초등 및 중등 과정 미디어 리터러시 교육을 수행하고 있다. 국내도 미디어 리터러시 교육을 위한 법안을 제정하여 그간 파편화되고 분산된 미디어 리터러시 교육을 생애 단계에 맞춘 종합적인 지원 정책과 방향성을 수립해야한다. 이를 통해 미디어 리터러시 교육이 특정 매체, 특정 역량에 집중하거나, 새로운 미디어 등장으로 인한 사회적 문제를 해결하기 위한 수단으로 실행되지 않도록 해야 한다. 또한 미디어 리터러시 지원을 위한 법체계를 통해 방송사, 신문사, 포털, 게임사, 소셜 플랫폼 등이 미디어 리터러시 교육을 지원하고 참여할 수 있는 방안

을 마련해야 한다.

두 번째로, 미디어 리터러시 정책을 설계하고 실행할 콘트롤타워의 설립이다. 생애 단계별 미디어 리터러시 역량 및 교육의 방향성을 구축하고, 이를 위한 종합계획을 수립 및 실행하기 위한 (가칭)미디어교육위원회와 같은 콘트롤타워가 설립되어야 한다. 핀란드의 국가시청각연구소^{KAVI}와 프랑스의 끌래미^{CLEMI}가 대표적 사례이다. 이들은 각기 미디어 리터러시 전문가 그룹을 통해 미디어 리터러시 콘텐츠를 개발 공유한다. 또한 다양한 미디어 리터러시 기관들과의 협업을 위해 현장의 미디어 리터러시를 조사하고 기록하는 등 국가 단위의 미디어 리터러시 교육이 일관성 있게 실행될 수 있도록 지원하는 역할을 한다. 국내의 경우에 미디어 리터러시 교육을 위한 사회 영역에서의 주체는 국내 미디어 리터러시 교육의 다양한 주체(시민단체, 교육자, 학계, 미디어사업자, 정부부처 등)의 협업 허브 플랫폼으로서의 역할 수행을 통해 미디어 리터러시 교육의 방향성 및 교육과정 개발, 미디어 리터러시 교육 인력 양성에 기여할 수 있어야 한다.

세 번째로, 미디어 조직의 미디어 리터러시 지원과 협력의 강화이다. 미디어 리터러시 교육의 실행에는 미디어 조직의 협력이 필요하다. 영국의 BBC는 'BBC 티치^{Teach}' 채널을 통해 초중등 과정의 학생들에게 미디어 리터러시 교육 콘텐츠를 제공하고, 'BBC 영 리포터$^{Young\ Reporter}$'를 통해 11~18세의 청소년이 제작한 뉴스를 제작하고 송출하고 있다. 또한 'BBC 사운드 이팩트$^{Sound\ Effects}$'는 16,000여 개의 효과음을 무료로 다운로드 할 수 있도록 제공한다. 호주의 ABC는

[그림7] 정부-민간-학교의 협력과 연결을 통한 미디어 리터러시 체계

제도 지원
· 미디어 리터러시 교육
  지원을 위한 법체계 구축
· 미디어 리터러시 교육
  컨트롤타워 마련
· 정부-민간-전문가
  허브 플랫폼 구축
· 미디어기업 등의 사회적
  참여를 위한 제도 마련

교육 지원
· 학교 교육 지원
· 시민단체, 미디어와 연계 교육
  콘텐츠 개발
· 교사, 강사의 미디어
  리터러시 역량 강화

협력 지원
· 미디어기업의 협력과 지원(콘텐츠, 인프라 등)
· 미디어 리터러시 인식 제고를 위한 캠페인 및 프로그램 제작
· 미디어 종사자의 미디어 리터러시 역량 함양을 위한 교육 지원
· 미디어 센터, 시민단체의 교육 지원 공유와 연계

'ABC 에듀케이션'에 미디어 리터러시 세션을 개설하고, 미디어 리터러시 교육을 위한 콘텐츠를 제공하고 있다. 핀란드의 공영방송 일레YLE는 미디어 리터러시 교육을 위한 'YLE뉴스클래스'를 2016년부터 운영하고 있다. 이처럼 미디어 조직은 미디어 리터러시 교육의 실행자로, 교육을 위한 콘텐츠 지원자로, 그리고 제작교육을 위한 인프라 제공자로서의 역할을 담당할 수 있다.

네 번째로, 사회영역에서 자발적으로 성장한 미디어 리터러시 교육을 활성화할 수 있는 생태계가 구축되어야 한다. 그간 시민단체, 미디어 조직 등 사회영역에서 실천해온 미디어 리터러시 교육 경험을 공유할 수 있는 시스템이 필요하다. 시민단체와 미디어조직 등이 온-오프라인 네트워크를 통해 서로의 경험과 교육적 자원을 공유하는 것이

가능해야 한다. 온라인 플랫폼을 통한 공유뿐만 아니라, 미디어 리터러시 주간을 통해 미디어 교육의 실행자인 학교, 유치원, 도서관, 박물관, 미디어센터 등의 다양한 단체들의 참여를 이끌어내야 한다. 이를 통해 각 단체와 교사, 강사, 전문가들이 함께 미디어 리터러시 교육을 기획하고 설계할 수 있는 협력의 장을 마련해야 한다.

미디어 리터러시 역량 함양을 위한 미디어 리터러시 교육은 미디어 이용자 혼자만의 노력으로 이뤄지지 않는다. 미디어 리터러시 교육이 효과적으로 실현되기 위해서는 미디어를 생산하는 조직과 제작자, 미디어 이용자, 학교, 그리고 국가가 함께 고민하고 노력해야 한다. 앞서 제시한 내용을 토대로 미디어 리터러시 교육 및 지원 정책을 위한 정부 – 학교 – 사회 차원의 역할을 구조화하면 위 그림과 같다. 이들이 각각의 역할과 책임을 적극적으로 수행할 때, 디지털 시민을 위한 미디어 리터러시 지원체계를 수립할 수 있다.

관계부처 합동 (2020), 『디지털 미디어 소통역량 강화 종합계획: 소통과 배려의 새로운 디지털 공동체 실현』, 방송통신위원회 보도자료, 2020.8.27 [붙임자료]

교육부 (2019), 학교 미디어 교육 내실화 지원 계획, 교육부 보도자료, 2019. 7. 29 [붙임자료]

교육부 (2021), 2022 개정 교육과정 총론 주요사항(시안), 교육부 보도자료, 2021. 11. 24 [붙임자료]

김수아 (2020), 디지털 미디어 시대 '개인화'와 사회의 의미, 〈문학과 사회〉 33(1), 26-28

김윤화 (2022), 세대별 OTT 서비스 이용 현황, <KISDI STAT Report>, 22(7), 1-7, Retrieved from https://www.kisdi.re.kr/report/view.do?key=m21011130 25790&masterId=4333447&arrMasterId=4333447&artId=657336 (검색일자 2022.4.30)

김양은 (2009), 『디지털 시대의 미디어 리터러시』, 서울: 커뮤니케이션북스

김양은 (2017), 『한국미디어교육의 현황』, 미디어교육법추진위 출범세미나 발표문

김양은 · 최성은 · 고영준 · 원환섭 (2019), 『전국미디어센터 및 마을공동체미디어, 강사 운영현황 조사』, 서울: 시청자미디어재단

배상률 · 심우민 · 최현정 (2021), 『미디어 리터러시 교육 지원체계 구축방안 연구』, 세종: 한국청소년정책연구원

안정임 · 김양은 · 전경란 · 최진호 (2018), 『한국 미디어교육 정책 사업 실태분석 및 정책체계 개편방안 연구』, 방송통신위원회, 방통융합정책연구 KCC-2018-14

연합뉴스 (2021.8.5), 인터넷상에서 '1분간 벌어지는 일', Retrieved from https://www.yna.co.kr/view/GYH20210805001600044

오픈서베이(2022), 소셜미디어 · 검색포털 트렌드 리포트 2022, Retrieved from https://blog.opensurvey.co.kr/trendreport/socialmedia-2022/(검색일자 2022. 5.20)

원용진 (2002), 대중매체 참여를 위하여: 퍼블릭액세스권과 커뮤니케이션권, 〈문화과학〉, 30 289-302

이수영 · 기소진 · 박상희 · 김기윤 · 김군주 · 좌영녀 · 엄지영 (2010), 『시청자권익증진활동 지원사업 개선방안 연구』, 방송통신위원회.

이행미 (2022), 웹툰 〈웰캄 투 실버라이프〉의 노년 재현과 스토리텔링 연구, 〈리터러시 연구〉, 13(1), 39-77

정병욱 (2019), 나비의 꿈: 중력을 거스르는 낭만의 날개짓, 〈지금, 만화〉, 5, 180-187

정현선 · 장은주 (2022), 『2022 개정 교육과정의 미디어 리터러시 교육 강화 방안』, 세종: 교육부, 한국청소년정책연구원

한겨레신문 (2019. 1, 5), '집단지성의 성채' 위키백과, '지식정보의 편향' 넘을 수 있을까?, Retrieved from https://www.hani.co.kr/arti/society/society_general/877109.htm

Buckingham, D. (2003). *Media education: Literacy, Learning and Contemporary Culture*. Cambridge: Polity Press.

Council of Europe (2018). *Recommendation CM/Rec(2018) of the Committee of Ministers to Member States on Media Pluralism and Transparency of Media Ownership*, Retrieved from https://rm.coe.int/1680790e13 (검색일자: 2022.5.28)

EAVI(European Association for Viewers Interests) (2009). *Study on Assessment Criteria for Media Literacy Levels*. Retrieved from https://ec.europa.eu/assets/eac/culture/library/studies/literacy-criteria-report_en.pdf (검색일자: 2022.6.9)

Eubanks, Virginia (2018). *Automating Inequality How High-Tech Tools Profile, Police, and Punish the Poor*, New York: Picador, St Martin's Press, 홍기빈 해제, 김영선 역 (2018), 『자동화된 불평등 첨단 기술은 어떻게 가난한 사람들을 분석하고, 감시하고, 처벌하는가』, 북트리거

European Commission (2021). *Digital Education Action Plan (2021-2027)*, Retrieved from https://education.ec.europa.eu/focus-topics/digital-education/digital-education-action-plan (검색일자: 2022. 5. 20)

Hobbs, R. (2010). *Digital and media literacy: A plan of action. A white paper on the digital and media literacy recommendations of the knight commission on the information needs of communities in democracy*. Washington, DC: The Aspen Institute.

ISTE (2016). *ISTE Standard for Students*. Retrieved from http://iste.org/standards (검색일자: 2022. 4. 30)

Jenkins, H.(2009). *Confronting the Challenges of Participatory Culture: Media Education for the 21st Century*. The MacArthur Foundation.

Lankshear, C., & Knobel, M. (2003). *New Literacies: Changing Knowledge and Classroom Learn-*

ing. Open University Press.

Lee McIntyre (2018). *Post-Truth*, The MIT Press, 정준희 해제, 김재경 역(2019), 『포스트 트루스: 가짜 뉴스와 탈진실의 시대』, 두리반

Livingstone, S. (2004). Media Literacy and the Challenge of New Information and Communication Technology, *The Communication Review 7*, 3-14

Media Smart (2022). *From Access to Engagement: Building a Digital Media Literacy Strategy for Canada*, Retrieved from https://mediasmarts.ca/sites/default/files/publication-report/full/from_access_to_engagement_-_building_a_digital_media_literacy_strategy_for_canada_2022_0.pdf (검색일자: 2022. 5. 3)

Meyrowitz Joshua (1998). "Multiple Media Literacies", *Journal of Communication, 48(1)*, 96-108

Ofcom (2004). *Ofcom's Strategies and Priorities for the Promotion of Media Literacy : a Statement.* Retrieved from https://www.ofcom.org.uk/__data/assets/pdf_file/0021/58206/plain_english.pdf (검색일자: 2022. 4. 22)

Vic Ministry of Education (1989). *The art framework 9-10 : for total growth.* Victoria Australia.

Walter J Ong (1982). *Orality and Literacy*, London and New York ; Routledge, 임명진 역 (1995), 『구술문화와 문자문화』, 문예출판사

Reuters Institite (2022). 2022 Digital News Report 2022, Retrieved from https://reutersinstitute.politics. ox.ac.uk/digital-news-report/2022 (검색일자: 2022. 6. 17)

Rheingold H. (2012). *Net Smart: How to Thrive Online.* MIT Press. 하워드 라인골드 (2014) 김광수(역), 『넷스마트』, 문학동네

UK (2021). *Online Media Literacy Strategy*, Retrieved from https://assets.publishing.service.gov.uk/government/uploads/system/uploads/attachment_data/file/1004233/DCMS_Media_Literacy_Report_Roll_Out_Accessible_PDF.pdf (검색일자: 2022. 5. 3)

UNESCO (1984). *Media Education*, Paris

UNESCO (2017). *Outcome Document, Conference on Digital Citizenship Education in Asia-Pacific*, Retrieved from https://en.unesco.org/sites/default/files/dkap-conference-outcome-mar2017. pdf (검색일자: 2022. 5. 3)